Neue
Kleine Bibliothek 296

Kemal Bozay / Serpil Güner
Orhan Mangitay / Funda Göçer (Hg.)

Damit wir atmen können

Migrantische Stimmen zu Rassismus,
rassistischer Gewalt und Gegenwehr

PapyRossa Verlag

© 2021 by PapyRossa Verlags GmbH & Co. KG, Köln
Luxemburger Str. 202, 50937 Köln
Tel.:   +49 (0) 221 – 44 85 45
Fax: +49 (0) 221 – 44 43 05
E-Mail: mail@papyrossa.de
Internet: www.papyrossa.de

Umschlag: Verlag, unter Verwendung einer Abbildung
          © by CACTUS Creative Studio/Stocksy | Adobe Stock 377427968
Druck: CPI – Clausen & Bosse, Leck

Die Deutsche Nationalbibliothek verzeichnet diese Publikation in
der Deutschen Nationalbibliografie; detaillierte bibliografische
Daten sind im Internet über http://dnb.d-nb.de abrufbar

ISBN 978-3-89438-748-8

Inhalt

III.
GEGENWEHR

IV.
MEHR ALS NUR KUNST

Vorwort

In der Kontinuität des Rassismus in Deutschland nehmen die Morde von Hanau vom 19. Februar 2020 einen wichtigen Platz ein. Die Ermordeten hießen Ferhat Unvar, Mercedes Kierpacz, Sedat Gürbüz, Gökhan Gültekin, Hamza Kurtović, Kaloyan Velkov, Vili Viorel Păun, Said Nesar Hashemi und Fatih Saraçoğlu – ihnen und allen anderen Opfern rassistischer Gewalt sind die ersten Abschnitte und Seiten dieses Buches gewidmet. Nicht auszublenden ist das Leid der Betroffenen und Familien, die einen geliebten Menschen verloren haben. Sie alle sind nicht nur Opfer und Betroffene rassistischer Gewalt, sondern zugleich Symbol für eine antirassistische Haltung und Gegenwehr.

In einer Videoansprache anlässlich des ersten Jahrestages der Morde von Hanau erinnerte die Bundesregierung: »Ich habe es vor einem Jahr gesagt und wiederhole es voller Überzeugung heute: Rassismus ist ein Gift, der Hass ist ein Gift.« (Angela Merkel) Hier wird die *Vergiftung* des gesellschaftlichen Klimas problematisiert, die durch Rassismus und rassistische Gewalt ausgelöst wird. Doch die gegenwärtigen Entwicklungen zeigen, dass Rassismus mehr als eine toxikologische Frage ist: er ist in der Mitte der Gesellschaft verwurzelt. Rassismus hat System und ist Teil eines Systems, es bedarf einer konsequenten Auseinandersetzung mit ihm.

In diesem Buch kommen Opfer und Betroffene rassistischer Gewalt zu Wort. Sie setzen sich mit Ursachen und Formen von Rassismus auseinander, erinnern an Orte rassistischer Gewalt und greifen unterschiedliche Möglichkeiten von Gegenwehr auf. Der Band will den Erfahrungen von Betroffenen, die in Politik, Publizistik, Wissenschaft, Kultur und antirassistischen Initiativen aktiv sind, eine Stimme verleihen. Aus migrantischer Perspektive verfasst, verstehen sich die Beiträge als Anstoß zur Diskussion.

Bedanken möchten wir uns bei allen Autorinnen und Autoren für die unkomplizierte und konstruktive Zusammenarbeit sowie beim PapyRossa Verlag, der uns im Publikationsprozess mit Anregungen, Kritik und mit einem gelungenen Cover zur Seite stand.

Köln, 2021
Kemal Bozay, Serpil Güner,
Orhan Mangitay und Funda Göçer

Bengü Kocatürk-Schuster / İbrahim Arslan

Aktive Stärke und Solidarität

Brief an die Familie Şimşek

Köln / Hamburg, 9. September 2020

Liebe Adile Abla, liebe Semiya, lieber Abdul Kerim,[*]

wir können uns nicht genau erinnern, wo wir am 9. September vor 20 Jahren waren. Während ich, Bengü, mit einem kleinen Baby wieder ins Berufsleben zurückkehrte, hatte ich, İbrahim, zeitgleich ganz andere Sorgen. Meine Familie und ich wollten endlich den rassistischen Ausgrenzungen in der Stadt Mölln entkommen, in der wir 1992 Opfer eines feigen rassistischen Brandanschlags wurden. Man könnte meinen, dass nach so einem tragischen Ereignis eine Stadtgesellschaft respektvoll und empathisch Opfern rassistischer Gewalt gegenüber sein würde. Dies war aber nicht der Fall in Mölln. So entschieden wir im Jahr 2000, aus Mölln wegzuziehen.

Also waren wir beide viel mit uns selbst beschäftigt, mit unseren neuen Aufgaben, mit dem Ankommen. Wir kannten uns zu der Zeit noch nicht und konnten nicht ahnen, dass die Lücke, die Bahide und Yeliz Arslan sowie Ayşe Yılmaz im November 1992 in unsere Mitte riss, uns später im Widerstand gegen Rassismus vereinen würde. Während ich, Bengü, im November 1992 an meiner ersten antirassistischen Demonstration in Deutschland teilnahm und mich

---

[*] Diesen Brief überreichten wir der Familie Şimşek, die sich über den solidarischen Beitrag freut.

dabei fragte, wieso ich überhaupt in dieses Land gekommen war, wo ich erst seit zwei Jahren lebte, musste ich, İbrahim, mich nach dem Brandanschlag bereits im Grundschulalter mit Rassismus auseinandersetzten. Offener und subtiler Rassismus hing damals wie heute wie ein dunkler Schatten über uns. Mal hatten wir den falschen Namen, mal zu dunkle Haare, mal wurde uns die Herkunft unserer Eltern und Großeltern unter die Nase gerieben – in den Behörden, bei der Job- oder Wohnungssuche, in der Schule oder einfach auf offener Straße, im Grunde überall.

Über die Ermordung Enver Şimşeks erfuhren wir in den Nachrichten. Der Mord an einem muslimischen Migranten interessierte jedoch die Öffentlichkeit wenig und geriet schnell in Vergessenheit. Wir erfuhren, lieber Abdul Kerim, dass am 9. September 2000, eine Woche nach Deinem 13. Geburtstag, Deine Kindheit endete. Mir, dem kleinen, siebenjährigen İbrahim, ging es im November 1992 genauso. Wir erfuhren, liebe Semiya, dass sich der Anblick Deines Vaters auf der Intensivstation für immer in Dein Gedächtnis einbrannte. Diesen unerträglichen Moment musstest Du mit 14 Jahren leider ganz alleine ertragen. Adile Abla, Du konntest nicht bei Deiner Tochter sein, da Du zeitgleich von der Nürnberger Kriminalpolizei verhört wurdest. Man könnte meinen, dass die Polizei die Familie eines Mannes, der mit acht Schüssen aus zwei Pistolen erschossen wurde und im Sterben lag, respektvoll und empathisch behandeln würde. Dies war aber nicht der Fall in Nürnberg. Eure schlimmsten Befürchtungen wurden am 11. September wahr: An dem Tag war klar, Abdul Kerim würde nie wieder mit seinem Vater angeln gehen können und Semiya nie wieder mit ihm die lauen Abende auf dem Balkon in dem kleinen türkischen Dorf genießen.

Jahre später solltest Du, Adile Abla, Trost bei den zwei Bäumen finden, die fast zärtlich, unzertrennlich hinter dem Haus beieinanderstehen, das Ihr gemeinsam gebaut habt. Gepflanzt hattest Du »Enver« und »Adile« mit Deinem geliebten Ehemann – einen für Dich, einen für ihn. Auch der ehemalige Kollege, dessen Schicht der Blumenliebhaber Enver Şimşek am 9. September übernommen hatte, sollte später Bäume in dem an den Tatort angrenzenden Waldstück in Nürnberg pflanzen, damit sie seiner Seele Schatten spenden. Das alles erfuhren wir beide aber erst Jahre später – auch von Eurem Schmerz, dem unerträglichen Druck jahrelanger falscher Anschuldigungen, Verdächtigungen, krankmachender Anhörungen, Beschattungen, beschämender Irreführungen, die zutiefst erniedrigten. Erst nach über elf Jahren und neun Morde später, im November 2011, wussten es alle: der NSU war für all das Leid verantwortlich. Zeit und Ruhe zum Trauern wurde Euch nicht gegönnt. Ähnlich erging es auch den Familien Özüdoğru, Taşköprü, Kılıç, Turgut, Yaşar, Boulgarides, Kubaşık, Yozgat, deren Angehörige ebenso ermordet wurden, sowie den Betroffenen der rassistischen Bombenanschläge des NSU in der Keupstraße und Probsteigasse in Köln. Man sollte meinen, dass spätestens jetzt an Euch und die anderen Familien Worte des Bedauerns seitens der Ermittlungsbehörden gerichtet worden wären. Dies war aber nicht der Fall, nicht in Nürnberg, Köln, Hamburg, München, Rostock, Dortmund, auch nicht in Kassel. Ihr musstet aus dem Fernsehen erfahren, dass die Neonazis hinter dem brutalen Mord an Eurem Vater und Ehemann steckten und das Motiv endlich einen Namen hatte: Rassismus!

* * *

Weder Politik, Justiz, Ermittlungsbehörden noch die Medien nahmen das Wort Rassismus bis dato in den Mund. Stattdessen vermuteten die allermeisten, so auch die Ermittler*innen der »SoKo Bosporus«, »Waffenschmuggel«, »Drogen- oder Menschenhandel«. Händeringend wurde nach der Täterschaft der »Döner-Morde« gesucht, nur in falschen Kreisen. Um die »Türken-Mafia« aufzudecken, wurden keine Kosten und Mühen gescheut – Ermittlerteams recherchierten sogar in der Türkei. Die herablassenden Bezeichnungen in den Medien drehten uns den Magen um, sie erregten und verletzten uns. Wir erinnern uns, vor dem Fernseher geflucht zu haben, als bereits einen Tag nach dem Nagelbombenanschlag in der

Kölner Keupstraße hochrangigen Politiker*innen zufolge die Erkenntnisse nicht auf einen »terroristischen Hintergrund« deuteten, sondern auf ein »kriminelles Milieu« – vorbehaltlich abschließender Beurteilung. Man könnte meinen, die Regierung eines Landes müsste höchste Verantwortung für alle Bürger*innen tragen und sich der Auswirkung verharmlosender Aussagen nach einem verheerenden Anschlag in einer migrantisch geprägten Straße bewusst sein. Dies war aber nicht der Fall in Köln. Uns kam das alles äußerst verdächtig vor. Gewusst haben wir aber erst seit November 2011, dass unser Gespür richtig war.

Euch wurde damals nicht zugehört, nicht geglaubt. Euer Wissen um und Verdacht von Rassismus wurde von allen staatlichen Instanzen vehement ignoriert und heruntergespielt. Auch die starke, eigenmächtige Demonstration »Kein 10. Opfer« im April 2006 in Kassel, kurz nach der Ermordung Halit Yozgats, haben die zuständigen staatlichen Verantwortlichen nicht wahrgenommen bzw. wahrnehmen wollen. Wir beide hatten sie leider auch nicht mitbekommen. Auf Euch Familien hörte keiner – obwohl Ihr leider recht behalten solltet. Der nächste Mord nach Halit Yozgat, das zehnte Opfer, ließ nicht lange auf sich warten. Bereits ein Jahr später wurde die Polizeibeamtin Michèle Kiesewetter mit einem Kopfschuss ermordet. Dabei hattet Ihr, die Angehörigen, lauthals gerufen, dass nur Nazis als Täter*innen in Frage kommen würden, und selbstbewusst die Aufklärung der Mordserie gefordert – viele Jahre bevor bekannt wurde, dass der neonazistische NSU für all diese Morde und Anschläge verantwortlich war.

* * *

Uns schmerzt es heute, dass wir beide damals Euch so nah und doch so fern waren, Eure Stimmen nicht gehört haben und Euch nicht unterstützen konnten. Dabei hatten wir die Pogrome, Morde und die Anschläge der 1990er Jahre noch in unseren Knochen; die Mahnungen unserer Eltern im Ohr, die immerwährend Angst um uns hatten, wenn wir uns auch nur ein wenig verspäteten. Wir wussten von den ausverkauften Seilen in den Baumärkten nach den rassistischen Brandanschlägen in Mölln und Solingen, die sich viele Familien für ein Abseilen aus dem Fenster besorgt hatten; wir wussten von den Eimern voller Wasser, die bereitstanden, falls es in den Migranten-häusern wieder brennen sollte. Die Dimension war für uns trotz-dem nicht richtig zu fassen. Bis die Konfrontation mit dem NSU uns 2011 endgültig wachrüttelte und uns einmal mehr bewusst wurde, dass der Hass auf uns Kontinuitäten hat. Rassismus ist und war nie eine Einzeltat. Er ist in der Mitte der Gesellschaft verankert, wird oft durch politische und gesellschaftliche Stimmungen aufgeladen, ge-zielt eingesetzt, bis er in Teilen der Gesellschaft auf Akzeptanz und Legitimation stößt und schließlich aus Worten Taten werden.

Ich, İbrahim, griff kurz darauf zu Stift und Papier, um meine So-lidarität mit Euch und den anderen Angehörigen zu zeigen. Meine Familie ging nach November 1992 einen ähnlich leidvollen Weg. Den Anwält*innen der NSU-Opferfamilien schickte ich neun Brie-fe, mit der Bitte diese weiterzuleiten. Die Briefe sollten Euch nie er-reichen.

* * *

Am 23. Februar 2012 gab Bundeskanzlerin Angela Merkel Euch, den Angehörigen der NSU-Mordopfer, ein großes Versprechen – das Versprechen auf Aufklärung und Gerechtigkeit. Man könnte meinen, der nicht enden wollende Alptraum – wie Merkel es formu-lierte – könnte nach diesem Versprechen für Euch ein Ende haben. Dies war aber nicht der Fall in der Bundesrepublik.

Und so überraschte auch das milde Urteil im NSU-Prozess nicht und ließ trotzdem viele Menschen vor dem Gerichtsgebäude und im ganzen Land erstarrt zurück. Wir hörten die herzzerreißende An-klage İsmail Yozgats, die sich direkt an die Bundeskanzlerin richtete. Wo bleibe ihr Versprechen, dass alle Schuldigen überführt würden und nichts im Dunkeln bleibe? Warum ist nichts aufgeklärt? Ihr An-gehörigen wusstet nicht viel mehr als vor dem Prozess: Warum wur-den gerade Eure Männer, Väter, Brüder ermordet? Warum wurden nicht alle Helfershelfer bestraft oder deren Netzwerke aufgedeckt? Wie viele Nazis liefen und laufen noch frei herum? Warum wurde jahrelang verharmlost, vertuscht, geschwiegen und geschreddert? Nach einem gigantischen Prozess mit 437 Verhandlungstagen, der über fünf Jahre und zwei Monate dauerte, war das Urteil wie eine heftige Ohrfeige für Euch Angehörige, aber auch für alle, die in Deutschland tagtäglich Rassismus erfahren. Deutschland gab ein äußerst beschämendes Bild ab.

Das Vertrauen in den Staatsapparat nahm immensen Schaden. In den Folgejahren entstanden viele zivilgesellschaftliche Initiativen und Bündnisse, in denen Opfer rassistischer Gewalt, deren Angehörige und solidarische Menschen sich zusammenschlossen. Inzwischen organisieren wir uns aktiv im Kampf gegen Rassismus, bilden bundesweit Allianzen mit weiteren antirassistischen und antifaschistischen Bündnissen und versuchen unterschiedliche migrantische Kämpfe zusammenzubringen. Wir erkennen Rassismus und benennen ihn beim Namen. Wir hören den Betroffenen genau zu und klagen gemeinsam rassistische Strukturen und Gewalt an, unterstützen die Forderungen der Opferfamilien, fordern eine solidarische, gerechte Gesellschaft ein. Wir fordern, dass die Namen und Geschichten der Menschen mit Rassismuserfahrungen in Geschichtsbüchern Platz einnehmen: Eure Namen und Eure Geschichten. Wir fordern, dass Migrations- und Kolonialgeschichte sowie Rassismuskritik selbstverständliche Bestandteile der Lehrpläne werden.

Wir trauern gemeinsam, trösten und stärken uns gegenseitig. Die Kraft, die wir aus der gegenseitigen Solidarität schöpfen, mündet in Widerstand, was in ganz Almanya nicht mehr ignoriert werden kann. Sie spiegelt sich in unseren Schriften, in unseren Ausstellungen, Diskussionsveranstaltungen, diversen weiteren Projekten sowie Demonstrationen wider, die aus eigener Ermächtigung heraus organisiert und realisiert werden. »Schmerzliche Heimat« solltest Du Dein Buch nennen, Semiya, das Deine jahrelange Wut und Trauer bemerkenswert entlud.

Die Kraft der Eigenermächtigung wird bei den Gedenkveranstaltungen besonders deutlich. Die Gesichter und Namen der Opfer rassistischer Gewalt sowie die Erinnerungen an sie und ihr Leben, stehen dabei im Mittelpunkt. Überlebende und Angehörige, also die Hauptzeug*innen der Geschehnisse, ergreifen immer mehr das Wort – manchmal erst nach mehreren Jahrzehnten. Sie gestalten das Erinnern um ihre Lieben auf ihre Weise – ohne sich von staatlichen Instanzen instrumentalisieren zu lassen. Dabei geht es nicht bloß um das Erinnern an die Morde und Anschläge. Das Erinnern ist Widerstand, es ist ein aktiver politischer Kampf gegen Rassismus, für Aufklärung und Gerechtigkeit.

Mittlerweile fehlt es nicht an Betroffenen von Rassismus und rassistischer Gewalt, die aktiv ihre Perspektiven teilen und sich politisch engagieren. Denn genau diese Perspektiven müssen gehört und verstanden werden – sie wurden viel zu lange überhört. Doch Lippenbekenntnisse reichen uns nicht aus, mal Zuzuhören, kurzzeitig Bestürzung zu zeigen oder schwarze Quadrate in den »Sozialen Medien« zu posten. Wir brauchen finanzielle und ideelle Unterstützung, nachhaltige Lösungsansätze, ein erhöhtes Bewusstsein für Rassismus, vor allem den politischen Willen für lückenlose Aufklärung und Anerkennung rassistischer Tatbestände, unabhängige Untersuchungsausschüsse, mehr Beratungs- und Antidiskriminierungsstellen sowie sichere Räume, in denen wir nicht Gäste, sondern aktiv Mitwirkende sind. Wir brauchen nachhaltige strukturelle Veränderungen, gesetzliche Rahmenbedingungen, die unsere Leben schützen, unsere Rechte verteidigen und unser Dasein respektieren.

Man könnte meinen, dass im Jahr 2020, nach Merseburg, Hamburg, Duisburg, Eberswalde, Saarlouis, Rostock-Lichtenhagen, Mölln, Solingen, Nürnberg, Dessau, Dortmund, Kassel, Chemnitz, Halle oder Hanau, die Frage mehr als überflüssig wäre, ob es Rassismus in diesem Land gibt. Dies ist aber nicht der Fall in Deutschland. Wir legen jedoch schon lange keinen Wert mehr darauf, uns in dieser Gesellschaft zu rechtfertigen und es ist nicht unsere Pflicht,

Rassismus zu belegen. Rassismus ist ein gesamtgesellschaftliches Problem, wofür nicht wir verantwortlich sind. Und, nein – wir übertreiben nicht, wir sind auch nicht übersensibel.

Wir sind und bleiben hier, wir haben Stimmen! Und solange wir atmen, werden wir die von uns erwartete Opferrolle in aktive Stärke und Solidarität umwandeln und nicht müde werden, laut unsere Rechte einzufordern, damit wir kein einziges weiteres Opfer aus unserer Mitte mehr beklagen müssen. Wir wollen in einem Land leben, in dem unsere Existenz nicht in Frage gestellt wird.

Wir vergessen niemanden, wir erlauben keinen Schlussstrich und Ihr seid nicht allein wie vor 20 Jahren.

Liebe Adile Abla, liebe Semiya, lieber Abdul Kerim, wir gedenken heute und alle Tage mit Respekt an Enver Şimşek und senden Euch herzliche und solidarische Grüße aus Almanya.

I.
RASSISTISCHE
KONTINUITÄTEN

Orhan Mangitay

Rassismus als Gift?

Zum Nährboden von rechter Gewalt

»Rassismus ist ein Gift, Hass ist ein Gift und dieses Gift ist schuld an schon viel zu vielen Verbrechen, von den Untaten des NSU, über den Mord an Walter Lübcke bis zu den Morden von Halle« – so Bundeskanzlerin Angela Merkel anlässlich des rassistischen Anschlages von Hanau am 19. Februar 2020, an dem neun junge Menschen mit Zuwanderungsgeschichte gezielt in ihren Räumen (Shisha-Bar) kaltblütig ermordet wurden. In ihrer Rede verurteilte Merkel diesen rechten Terroranschlag und sprach richtigerweise von Rassismus und nicht von »Fremdenfeindlichkeit« bzw. »Ausländerfeindlichkeit«. Diese klare Benennung des Rassismus als Kern des Problems empfand ich als sehr wichtiges und richtiges Zeichen. Allerdings bezeichnete Merkel zugleich den Rassismus als ein »Gift«. Zunächst stellte ich mir die Frage, ob dieses »Gift« schuld daran ist, was in Hanau und zuvor in Halle und in Kassel innerhalb eines Jahres passiert ist. Beschreibt der Topos »Gift« überhaupt das Problem in seinem Kern? Ist diese Beschreibung letztendlich nicht zu unpolitisch?

Unter Gift versteht man zunächst einen Stoff, der einem Lebewesen Schaden zufügt, dies kann unter Umständen zum Tode führen. Vergiftung beschreibt demnach in der Regel einen toxischen Zustand bei einem Individuum, der medizinisch – teilweise durch Gegengift – abgemildert bzw. geheilt werden kann. Die Analogie zum Rassismus erscheint nicht passend, da der Begriff »Gift« die Komplexität und die Kontinuitäten rassistischer Einstellungsmuster in unserer Gesellschaft ausblendet.

Rassismus hat viele Facetten sowie Erscheinungsformen, und er ist vor allem eine politische Ideologie der Ungleichwertigkeit, die andere Menschen aufgrund ihres Hintergrundes bzw. ihrer vermeintlichen Andersartigkeit abwertet, benachteiligt und in letzter Konsequenz auch tötet (»Rassismus tötet«). Müssen wir uns nicht vielmehr politisch, argumentativ sowie mit den Denkkonstruktionen von Rassismus auseinandersetzen, um die zunehmende rassistische Gefahr in unserer Gesellschaft wirksam anzuprangern? Rassismus ist keine neue Erscheinung, sondern wird durch Teile der gesellschaftlichen »Mitte« (Debatte um Sarrazin und andere selbsternannte »Islam-« bzw. »Kulturkritiker«) zunehmend salonfähig gemacht. Dabei werden die Grenzen des Sagbaren fortwährend überschritten. »Das wird man ja noch sagen dürfen« wird häufig in kontroversen Debatten entgegnet. Gerade im Kontext des antimuslimischen Rassismus stellt der kulturelle Rassismus gegenwärtig eine »unheilige Allianz« zwischen großen Teilen der bürgerlichen »Mitte« und des Rechtspopulismus bzw. der extremen Rechten dar.

Das Problem heißt Rassismus

Sechs Monate nach den rassistischen Morden von Hanau wurden am 20. August 2020 zwei Hinterbliebene von Opfern in die ZDF-Sendung »Markus Lanz« eingeladen. Saida Hashemi und Ajla Kurtović betonten in dieser Sendung mehrfach, dass dieser Anschlag nicht aus fremdenfeindlichen, sondern aus rassistischen Gründen begangen wurde. Auch wenn bzw. weil der Gastgeber der Sendung im Verlauf des Gesprächs die Begriffe »Rassismus« und »Fremdenfeindlichkeit« zum Teil synonym verwendete, hoben sowohl Saida Hashemi als auch Ajla Kurtović zu Recht hervor, dass »Fremdenfeindlichkeit« nicht passend ist: »Mir stellt sich die Frage, was überhaupt mit ›fremd‹ gemeint ist. Diese Menschen haben ihr Leben in Hanau verbracht. Sie haben Familien, Freunde, sie sind in Hanau zu Schule gegangen, haben gearbeitet. Deswegen: Ich verstehe nicht, was mit ›fremd‹ gemeint ist. Das waren Menschen wie Sie und ich gewesen«, so Saida Hashemi (Lanz 2020: 55:14).

Genau hier legt das Problem: Fremdenfeindlichkeit, Ausländer-feindlichkeit und Rassismus werden in den medial-gesellschaftlichen Diskursen häufig undifferenziert als Synonyme verwendet und dadurch wird Rassismus relativiert und als Problem einzelner Individuen verharmlost.

Häufig wird nach einem rassistischen Anschlag von »Fremden-feindlichkeit«, schlimmer noch: von »Ausländerfeindlichkeit« gesprochen. Allerdings sind beide Begriffe unzutreffend: Wie kann ein Mensch fremd in einem Land sein, in dem er geboren wurde, zur Schule geht, seine Ausbildung macht und in dem sich der ganze Lebensmittelpunkt befindet? So wie Saida Hashemi dies zu Recht dargestellt hat. Zudem impliziert »fremd« eine negative Klassifikation, der Menschen letztendlich zu Fremden macht, etikettiert und abwertet.

WIR sind nicht fremd! Wir sind Kölner*innen, Berliner*innen, Hanauer*innen, Augsburger*innen, ja, und natürlich auch (neu-)deutsche, die sichtlich eine Zuwanderungsgeschichte aufweisen – das ist und wird zunehmend eine gesellschaftliche Normalität.

Ebenso wie wir keine Fremden sind, so sind wir auch keine Ausländer*innen. Dieser Begriff markiert uns vielmehr als Agenten der Andersartigkeit und genau solche Markierungen und Zuschreibungen machen uns zu Menschen zweiter Klasse, die nach dieser Logik nicht dazu gehören dürfen.

Der zweite Begriffsteil, nämlich »Feindlichkeit« (»Fremden- bzw. Ausländerfeindlichkeit«), passt zu dem politischen Phänomen Rassismus ebenfalls nicht: Feindlichkeit markiert in diesem Zusammenhang eine ablehnende Haltung auf der interpersonalen Ebene; somit wird Rassismus individualisiert, psychologisiert und entpolitisiert.

Nennen wir lieber das Kind beim Namen: Das Problem heißt in seinem Kern Rassismus! Zum einen gehören wir nicht zu der dominanten Gruppe der Mehrheitsgesellschaft und zum anderen maßt sich die dominante Gruppe häufig auch die Deutungshoheit über bestimmte Minderheiten im gesellschaftlichen Kontext an. Gerade diese Doppelstruktur steht gegenwärtig für das rassistische Macht- und Herrschaftsprinzip.

Wir müssen uns, ob wir es wollen oder nicht, kritisch mit den Kontinuitäten rassistischer Einstellungen in Deutschland beschäftigen. Daher gilt: Wer über Rechtsextremismus und rechten Terror von Solingen bis Hanau oder über den NSU redet, darf über den tiefverankerten gesellschaftlichen Rassismus und dessen (intellektuelle) Vordenker nicht schweigen.

Klassifizierung durch defizitorientierten Diskurs

Nach der Selbstenttarnung des »Nationalsozialistischen Untergrunds« (NSU) 2011 sowie seiner Mord- und Bombenanschläge, der Gewalttaten gegenüber Geflüchteten und ihren Einrichtungen, der Ermordung des Regierungspräsidenten von Kassel, Walter Lübcke, und den Anschlägen von Halle und Hanau rückt jedes Mal das Thema Rechtsextremismus und Rassismus nur für eine kurze Zeit in den Mittelpunkt der Berichterstattung. Die Zunahme rechtsextremer Gewalttaten zeigt, dass rechter Terror und Rassismus nicht nur die Summe von Einzelfällen ist, sondern in allen Erscheinungsformen systemische Kontinuitäten aufweist. Dabei stützt sich Rechtsextremismus gegenwärtig auf Rassismus in den gesellschaftspolitischen Diskussionen rund um die Themen »Integration«, »Islam« und »Flüchtlinge«. Solche häufige mediale Diskurse dienen dabei als Katalysator rassistischer Denkmuster und -strukturen für den Mainstream.

Wenn wir auf die letzten zehn Jahre der Migrationsdebatten zurückschauen, fällt auf, dass viele dieser Debatten häufig aus einer defizitorientierten Perspektive geführt wurden und werden. Wenn es um die Themen Migration, Flucht und Muslime geht, tauchen in den Diskursen nach wie vor folgende Einstellungsmuster auf:

- *Belastungs-Topos*: Die »Belastungsgrenze«, die »Aufnahmefähigkeit« und/oder die »Integrationsfähigkeit« der Bevölkerung bzw. des Aufnahmelandes sei erreicht und überschritten. Am Beispiel der sogenannten »Flüchtlingskrise« sprach Horst Seehofer (CSU) als amtierender Bundesinnenminister etwa davon, dass die Migration die »Mutter aller Probleme« sei, und Markus Söder (CSU) sorgte 2018 mit dem Begriff »Asyltourismus« für Furore.

- *Gefahren-Topos*: Darstellung im Einwanderungsdiskurs über »unkontrollierte« Zuwanderung im Kontext der sogenannten »Flüchtlingskrise« oder die explizite Verknüpfung mit Begriffen wie »Parallelgesellschaft«, »Kulturkreis« oder »Gefahr«, wodurch Ängste vor sozialen Spannungen, Wertekonflikten, »Minderheitenkonflikten«, Kriminalität und »Überfremdung« erzeugt werden.

- *Überfremdungs-Topos*: Durch eine vermeintlich höhere »muslimische« Geburtenrate würden »die Deutschen« »fremd im eigenen Land«. Diesen demografiepolitischen Diskurs hat bereits Thilo Sarrazin populär gemacht. Rechtspopulistische bzw. extrem rechte Parteien wie die AfD, Identitäre Bewegung u. ä., aber auch einzelne Akteure wie die ehemalige Tagesschausprecherin Eva Herman, greifen auf diese Narrative zurück und sprechen von einem gezielten »Bevölkerungsaustausch« in Deutschland – einem neueren rechtspopulistischen Begriff, der zu gesellschaftlichen Polarisierungen beiträgt.

Durch solche defizitorientierten bzw. rassistischen Narrative wird der vermeintliche gesellschaftliche Gegensatz zwischen *Ihr* und *Wir* weiter verfestigt. Dabei werden die »Fremden« als eine Bedrohung für die hiesige Gesellschaft klassifiziert. Folglich diskutieren wir nicht miteinander, sondern übereinander, dadurch werden rassistische Vorurteile zunehmend verfestigt.

Zehn Jahre nach der Zäsur:
Rassistische Kontinuität im Mainstream

Im Gegensatz zum »klassischen Rassismus« (biologischer Rassismus) hat sich eine neue Form von Rassismus in Gestalt eines kulturellen Rassismus (»Rassismus ohne Rasse«) herausgebildet und gesellschaftlich etabliert. In diesem neuen Rassismusdiskurs geht es vor allem um die gesellschaftliche Reproduktion kultureller Differenzen (Balibar/Wallerstein 1992). Einer der bekanntesten Agitatoren des kulturellen Rassismus in Deutschland ist Thilo Sarrazin. Seine Thesen im *Lettre International*-Interview (2009), in seinem

Bestseller »Deutschland schafft sich ab« (2010) und in zwei weiteren Büchern (2018 bzw. 2020) haben den kulturellen Rassismus rund um »Integration«, »Islam« sowie »Zuwanderung« mainstream-tauglich gemacht und dienen als Blaupause für die politischen Argumentationen von rechten Parteien und Netzwerken.

In »Der Staat an seinen Grenzen« (2020) bettet Sarrazin die Themen Zuwanderung und Migration in eine »Gefahren-Rhetorik« ein. So kommt er in dem Internet-Talkformat *Tichys Einblick* (TE Talk) zu folgenden Schlüssen: »In weit über 95 Prozent aller Fälle von Migration waren Wanderungsbewegungen für die autochthone oder indigene Bevölkerung schädlich für die Einheimischen. Genützt hat Einwanderung, wenn sie nützte, meist nur den Einwanderern. Einwanderung war zudem immer extrem blutig, war verbunden mit Tod, Verderben, mit Vergewaltigung, mit dem Untergang ganzer Völker und Stämme und letztlich können wir insoweit einheitliche Muster der Wirkung von Einwanderung aus der Vorgeschichte bis in die Gegenwart erkennen« (TE-Talk 2020: 9:10). In dieser völkisch-nationalistisch geprägten Argumentation werden nicht nur Ängste ausgelöst, sondern wird auch der Nährboden für rechtspopulistische bis hin zu extrem rechten Einstellungen gelegt.

Neben der grundsätzlich ablehnenden Haltung zu Migration und den kulturrassistischen Thesen haben Sarrazin und andere rechte »Intellektuelle« bestimmte Begriffe im politischen Diskurs etabliert. So provozierte Sarrazin im Interview mit *Lettre International* damit, dass »die Türken« und »die Araber« ständig neue »Kopftuchmädchen« erzeugen würden (2009). Gerade durch diesen Begriff wird neben einer Abwertung auch eine Entindividualisierung und Objektivierung der betroffenen Gruppe dauerhaft im Bewusstsein zu verankern versucht. So nutzte Alice Weidel (AfD) in der Generaldebatte im Bundestag 2018 Sarrazins Steilvorlage: »Burkas, Kopftuchmädchen und alimentierte Messermänner und sonstige Taugenichtse werden unseren Wohlstand, das Wirtschaftswachstum und vor allem den Sozialstaat nicht sichern« (Schuler 2018). Am Beispiel des »Kopftuchmädchen«-Symbols wird deutlich, wie rassistische Be-

griffe von der gesellschaftlichen »Mitte« denk- und sagbar gemacht
und von einer rechtspopulistischen bzw. -extremen Partei wie der
AfD aufgegriffen werden.

Neben der Etablierung von rassistischen Begriffen beziehen sich
die AfD und die rechtsextreme »Identitäre Bewegung« auch auf den
Überfremdungsdiskurs von Thilo Sarrazin. So prognostizierte dieser
bereits 2010, dass innerhalb von vier Generationen rund 71,5 Prozent der in Deutschland lebenden Menschen einen Migrationshintergrund aus dem Nahen und Mittleren Osten oder aus Afrika und
nur noch 28,5 Prozent keinen oder einen anderen haben würden
(S. 359). Daraus folgt für Ihn: »Dass die autochthonen Deutschen
innerhalb kurzer Zeit zur Minderheit in einem mehrheitlich muslimischen Land mit einer gemischten, vorwiegend türkischen, arabischen und afrikanischen Bevölkerung werden, wäre die logische
und zwingende Konsequenz aus dem Umstand, dass wir als Volk
und Gesellschaft zu träge und zu indolent sind, selbst für ein be-
standerhaltendes, unsere Zukunft sicherndes Geburtenniveau Sorge
zu tragen, und diese Aufgabe quasi an Migranten delegieren« (Sarrazin: 2010: 323).

Für den Politikwissenschaftler Christoph Butterwegge ist offensichtlich, dass der Demografie-Diskurs, der zunächst auf dem
rechten Rand verortet war, die bürgerliche Mitte erreicht hat (2013:
207). Diese wiederum unterfüttert seit Jahren den Demografie-Diskurs mit Argumenten, die abermals vom rechten Rand aufgegriffen
werden. Dementsprechend sprach Alexander Gauland (AfD) 2018
nicht von einer Überfremdung, sondern von einem »Bevölkerungsaustausch« in Deutschland. Das Ziel bei diesem Verschwörungsmythos konzentriert sich auf die Behauptung, dass die (weiß-deutsche)
Bevölkerung gegen andere Menschen (Muslime und nicht-weiße)
ausgetauscht werden soll, und das durch die herrschenden Klasse
(Elite) (Hentges 2018: 86 ff.). Auch Sarrazin (2020) greift auf den
Begriff »Bevölkerungsaustausch« zurück: »Der teils schleichende,
teils gewaltsame Bevölkerungsaustausch ganzer Ethnien und Kulturen in teilweise sehr großen Regionen ist eine Konstante in der

gesamten Menschheitsgeschichte. Die Tabuisierung dieses Begriffs in den deutschen und europäischen Debatten als rechtspopulistisch und gar als rechtsradikal ist unhistorisch und wirkt nicht erkenntnisfördernd« (Sarrazin 2020: 165f.). Gerade durch diese Wechselbeziehung zwischen Teilen der bürgerlichen »Mitte« und dem rechten Rand werden rassistische Denkmuster sowie Verschwörungserzählungen zunehmend gesamtgesellschaftlich manifestiert. In extrem rechten Milieus wird wiederum mit Verweis auf solche Narrative die Anwendung von Gewalt gegen »Fremde« als eine Form des »Widerstandes« bzw. als »Notwehr« legitimiert. Dabei werden rassistisch motivierte Anschläge häufig mit Verschwörungsmythen gerechtfertigt und mit Einzeltätererzählungen verharmlost. Das war auch in Hanau der Fall, als der Täter Tobias R. am 19. Februar 2020 gezielt vermeintliche »Fremde« ermordete.

Antirassismus als Haltung

Nach dem Anschlag von Hanau und dem rassistischen Polizeimord an George Floyd in den USA hat Bundespräsident Steinmeier erklärt: »Es reicht nicht aus, kein Rassist zu sein. Wir müssen Antirassisten sein.« (Welz 2020). Diese Aussage teile ich, da dies eine klare, aktive Haltung aufzeigt. Allerdings darf der Antirassismus keine bedeutungslose Leerformel sein, kein bloßes Label bleiben. Antirassismus muss gelernt, geübt und vor allem gelebt werden. Um Antirassist*in zu sein, ist es zentral, sich mit rassistischen Behauptungen, Vorurteilen und »Argumenten« sowohl der vergangenen als auch der gegenwärtigen politischen Diskussion kritisch auseinanderzusetzen und diese Thesen als das zu entlarven, was sie sind. So hat der Gegenbegriff zu »rassistisch« nicht »nicht-rassistisch«, sondern »antirassistisch« zu sein. Hierin spiegelt sich neben der kritischen und bewussten Haltung auch das aktive Handeln gegen Rassismus und Rechtsextremismus wider. Deshalb ist es wichtig, dass der Rassismus nicht als »Gift« bezeichnet wird, sondern vielmehr als eine politische Ideologie verstanden wird, die gegenwärtig auf vielen gesellschaftlichen Ebenen Verbreitung findet – nicht zuletzt durch die oben skizzierten Diskurse in der gesellschaftlichen Mitte. Hierbei geht es insbesondere auch um die Wechselwirkung zwischen Rassismus und Rechtsextremismus. Im Umkehrschluss: zwar sind nicht alle Rassisten Rechtsextreme, doch alle Rechtsextremen sind Rassisten. Zumal sich Rechtsextremismus ganz zentral auf die rassistische Ideologie und Praxis stützt. Damit bildet der Rassismus den Nährboden für rechte Gewalt und rechten Terror.

Literatur

Balibar, Etienne / Wallerstein, Immanuel (1992): Rasse, Klasse, Nation: Ambivalente Identitäten. Hamburg.

Berberich, Frank (2009): Klasse statt Masse: Von der Hauptstadt der Transferleistungen zur Metropole der Eliten. Thilo Sarrazin im Gespräch, in: Lettre International, Nr. 86, S. 197-201.

Butterwegge, Christoph (2013): Themen der Rechten – Themen der Mitte: Zuwanderung, demografischer Wandel und Nationalbewusstsein. Opladen.

Hentges, Gudrun (2018): Die Identitären – eine Bewegung von rechts als Wegbereiterin einer anderen Republik?, in: Christoph Butterwegge / Gudrun Hentges / Bettina Lösch (Hg.): Auf dem Weg in eine andere Republik? Neoliberalismus, Standortnationalismus und Rechtspopulismus, Weinheim, S. 76-97.

Lanz, Markus (2020, 20. Aug.): Markus Lanz, ZDF. Mhoch2 TV, zdf.de.

Sarrazin, Thilo (2010): Deutschland schafft sich ab: Wie wir unser Land auf Spiel setzen. München.

Sarrazin, Thilo (2018): Feindliche Übernahme: Wie der Islam den Fortschritt behindert und die Gesellschaft bedroht. München.

Sarrazin, Thilo (2020): Der Staat an seinen Grenzen: Über Wirkung von Einwanderung in Geschichte und Gegenwart. München.

Schmidt-Mattern, Barbara (2020, Febr.): Merkel: Rassismus ist ein Gift, Hass ist ein Gift, deutschlandfunk.de.

Schuler, Katharina (2018, Mai): Kuscheln war gestern, zeit.de.

TE Talk (2020, 2. Sept.): Thilo Sarrazin: Merkels Einwanderungspolitik überfordert uns, youtube.com.

Welz, Franke (2020, 10. Okt.): Antirassismus lernen, üben und leben, tagesschau.de.

Bei Onlinequellen liegen die Zugriffsdaten und vollständige URLs Autor und Verlag vor.

Marvin Oppong

Schwarze Deutsche

Die Geschichte schwarzer Menschen in Deutschland ist lang. Genauso lang ist auch die Geschichte ihrer Diskriminierung und Verfolgung. Ab Mitte des 17. Jahrhunderts begannen Wissenschaftler*innen in Europa, die Existenz unterschiedlicher Menschenrassen wissenschaftlich zu konstruieren, um die Verbrechen des Kolonialismus zu legitimieren. Schwarze Menschen wurden als primitiv und minderwertig eingestuft. Bereits im 18. Jahrhundert lebte der als Kind aus Ghana nach Deutschland verschleppte Anton Wilhelm Amo am Hof des Fürstentums Braunschweig-Wolfenbüttel. Er studierte und wurde der erste schwarze Professor für Philosophie. Amos Dissertation, die sich mit der Rechtsstellung schwarzer Menschen befasste und Sklaverei als illegale Praxis einstufte, gilt als verschollen. Schon Amo war rassistischen Anfeindungen ausgesetzt und musste schließlich nach Afrika zurückkehren.

Vor mehr als zweihundert Jahren hatte Napoléon Truppen im Rheinland stationiert, darunter auch rund 30.000 Soldaten aus den afrikanischen Kolonien Frankreichs. Einige der schwarzen Soldaten zeugten Kinder mit einheimischen weißen Frauen, schätzungsweise 500 insgesamt. Nachfahren der frühen People of Color im Rheinland leben noch heute hier. Die Nachkommen schwarzer Soldaten wurden diskriminiert und »Rheinland-Bastarde« genannt. Ihnen wurde der groteske Vorwurf gemacht, für die »Bastardisierung« der »weißen Rasse« verantwortlich zu sein und sie vernichten zu wollen.

Zwischen 1904 und 1908 verübten deutsche Kolonialtruppen einen Genozid an Herero und Nama in Namibia. Historiker*innen zufolge wurden etwa 65.000 Herero und mindestens 10.000

Nama getötet. Erst mehr als hundert Jahre später, 2018, hat sich die Bundesregierung für die Taten entschuldigt. Bei der Rückgabe von Gebeinen von Herero und Nama, die für rassistische Forschung nach Deutschland gebracht wurden, sprach Michelle Müntefering, Staatsministerin für Internationale Kulturpolitik, eine Entschuldigung aus, die von einigen als unzureichend empfunden wurde, da sie nicht aus dem Munde eines/r hochrangigen Repräsentant*in des deutschen Staates kam. Eine Entschädigung wurde allerdings bis heute nicht geleistet.

Der unter Napoléon aufgekommene Begriff »Bastard« wurde dann auch in der Zeit des Nationalsozialismus noch verwendet, in der schwarze Kinder zwangssterilisiert wurden. In »Mein Kampf« schrieb Hitler: »Juden waren und sind es, die den Neger an den Rhein bringen«.

In der Antrittsrede des preußischen Justizministers Hanns Kerrl im März 1933 hieß es: »Was aus weißer Haut ist, das ist gleichartigen Blutes, das kann miteinander sich mischen. Aber hüte dich, übertritt nicht die göttliche Ordnung, geh nicht hinüber ins andere Gebiet, ins gelbe, ins schwarze. Sonst begehst du Sünde.« In der NS-Ideologie stand die sogenannte »Kulirasse« an unterster Stelle. Zu ihr wurden Afrikaner*innen gezählt.

Deutschland hatte und hat ein Problem mit Rassismus. Und zu den Leidtragenden des Problems gehören zweifelsohne die, die äußerlich als »fremd« markiert werden – seien sie in Deutschland geboren oder nicht. Internationale Stellen kritisieren Deutschland schon seit Jahren für die Menschenrechtslage. Der Sonderberichterstatter der Vereinten Nationen zu Rassismus, Rassendiskriminierung, Fremdenfeindlichkeit und zeitgenössischen Formen der Diskriminierung, Githu Muigai, empfahl in einem Bericht über eine Reise nach Deutschland schon 2009, die Antidiskriminierungsstelle des Bundes müsse mit den notwendigen personellen und finanziellen Ressourcen ausgestattet werden, um in allen Bundesländern, also auch im Osten, präsent zu sein. (vgl. institut-fuer-menschenrechte.de[1]) Zudem müsse die Stelle Vorwürfe untersuchen können und benötige ein Klagerecht, um Fälle vor Gericht zu bringen. Es solle eine Referenz für Rassismus als strafverschärfender Umstand im Strafgesetzbuch geschaffen werden und die Regierung solle Trainings zur Erkennung von Hasskriminalität für Polizeibeamt*innen und Justizbedienstete entwickeln. Ferner sollten Organisationen, die Rassismus verbreiten, verboten werden und Menschen mit Migrationshintergrund müssten in staatlichen Institutionen mehr Repräsentation erfahren.

Immer wieder im Mittelpunkt bei den Vorwürfen gegen Deutschland steht die Praxis des Racial Profiling, also rassistisch motivierter Personenkontrollen. Laut dem UN-Sonderberichterstatter formulierten Nichtregierungsorganisationen Bedenken, dass die Polizei in Deutschland nach dem 11. September 2001 rassistisches und religiöses Profiling gegen Personen afrikanischer Abstammung bemühe.

Eine Studie der EU-Agentur für Grundrechte von 2010 belegt diese Alltagserfahrung vieler schwarzer Menschen und People of Color, wonach die Polizei überdurchschnittlich viele Menschen mit sichtbarem Migrationshintergrund kontrolliert.

Das Deutsche Institut für Menschenrechte forderte 2013 anlässlich der Veröffentlichung einer Studie die »Abschaffung rassistischer Personenkontrollen durch die Bundespolizei«. Paragraf 22 Absatz 1a des Bundespolizeigesetzes verstoße »gegen das Diskriminierungsverbot im Grundgesetz und gegen internationale Menschenrechtsverträge«. Die Bundespolizei könne, so das Ergebnis der Studie, im Rahmen solcher Kontrollen »völlig frei und ›aus dem Bauch heraus‹ handeln«. 2013 übte auch das Sekretariat des Internationalen Übereinkommens zur Beseitigung jeder Form von Rassendiskriminierung (ICERD) Kritik bezüglich Racial Profiling in Deutschland*. Im Sechsten ECRI-Bericht über Deutschland (vgl. rm.coe.int), ver-

---

* Siehe auch Neunzehnter bis Zweiundzwanzigster Bericht der Bundesrepublik Deutschland nach Artikel 9 des Internationalen Übereinkommens zur Beseitigung jeder Form von Rassendiskriminierung (ICERD), institut-fuer-menschenrechte.de[2].

öffentlicht Mitte 2020, heißt es darüber hinaus: »In seinem Bericht 2015 über Deutschland zeigte sich der Menschenrechtskommissar des Europarats besorgt über das rassistisch motivierte Verhalten von Strafverfolgungsbehörden und zahlreichen Berichten über Racial Profiling, das von der Polizei praktiziert werde. 2017 kam eine Expertengruppe der Vereinten Nationen zu Menschen afrikanischer Abstammung zu dem Schluss, dass Racial Profiling unter deutschen Polizeikräften weit verbreitet sei.

Die Ausprägungen, in denen schwarze Menschen hierzulande mit Rassismus konfrontiert sind, sind vielfältig. Es fängt an mit abschätzigen Blicken und Mikroaggressionen im Alltag. Es geht weiter mit der Wohnung oder dem Job, die bzw. den eine schwarze Person nicht erhält, weil sie schwarz ist. Es ist der Verkäufer, der einer schwarzen Kundin nachstellt, weil er denkt, die schwarze Kundin könne etwas klauen, oder der Türsteher, der einem schwarzen Gast den Eintritt in die Disko verwehrt. Es diskriminieren Freunde, Lehrer*innen, Arbeitskolleg*innen, Nachbarn und die Polizei.

Rassismus ist in der deutschen Gesellschaft tief verankert. Er hat eine Tradition und ist strukturell. Dass Rassismus sich so hartnäckig halten kann, liegt auch an der Sozialisation, die Menschen hierzulande seit jeher erfahren. In der gemeinen deutschen Schulbildung spielt Rassismus, spielt die Geschichte des Kolonialismus so gut wie keine Rolle.

Die Wissenschaftlerinnen Josephine Apraku und Jule Bönkost kommen in einer Untersuchung von 2006 zu dem Ergebnis: »Die Aufarbeitung der kolonialen Vergangenheit Deutschlands und die Behandlung von (Kolonial-)Rassismus in der Bildungsarbeit aus rassismuskritischer Perspektive weist aktuell noch große Defizite auf. … Pädagog*innen sind gegenwärtig nicht adäquat vorbereitet auf den rassismuskritischen Einbezug dieser Aspekte in die eigene Bildungspraxis.« Kolonialrassismus werde dadurch »an vielen Stellen reproduziert«.

Eine ganze Generation in Deutschland ist zudem aufgewachsen mit Kulturgut wie dem Kinderspiel »Wer hat Angst vorm schwarzen

Mann«, einem »Negerkönig« in der Erzählung »Pippi Langstrumpf«
oder einem »Struwwelpeter«, in dem von einem »kohlpechraben-
schwarzen Mohr« die Rede ist.

Rassismus hat seinen festen Platz in der Mitte der deutschen
Gesellschaft. So nannte etwa der CSU-Innenminister Joachim
Hermann den Sänger Roberto Blanco einen »wunderbaren Ne-
ger«. Als es wegen der Äußerung einen öffentlichen Aufschrei gab,
schrieb einer der Herausgeber der *Frankfurter Allgemeinen Zeitung*,
Berthold Kohler, man solle doch »bitte die Kirche im Kral« lassen.
Bebildert war dies mit einer stereotypen und rassistischen Dar-
stellung eines Schwarzen. Das war 2015 – zehn Jahre nachdem der
Schwarze Oury Jalloh unter mysteriösen und bis heute ungeklärten
Umständen in der Obhut einer Sicherheitsbehörde in einer Polizeizelle in Dessau verbrannte.

Das Bundesjustizministerium, zuständig unter anderem für
Gleichbehandlungsrecht, hat bis heute seinen Sitz in der Berliner
Mohrenstraße. Das M-Wort geht zurück auf das griechische mo-
ros, was übersetzt töricht, einfältig, dumm und auch gottlos bedeutet und auf das lateinische Wort *maurus*, welches schwarz, dunkel
beziehungsweise afrikanisch bedeutet. (vgl. Arndt 2020: 98, Arndt/
Ofuatey-Alazard 2019: 649 ff.)

Nicht in allen Fällen äußert sich Rassismus nur verbal – auch
physische Gewalt gegen schwarze Menschen ist in Deutschland an
der Tagesordnung. Eine Zäsur stellten die Ereignisse von 1991 in
Hoyerswerda dar. In der sächsischen Stadt gab es rassistische Übergriffe auf ein Wohnheim, in dem Vertragsarbeiter*innen aus Mosambik lebten – die Polizei schaffte es nicht, dies zu verhindern.

Allein im Jahr 2019 gab es in Deutschland 128 Angriffe auf
Unterkünfte von Geflüchteten. Nicht alle davon wurden durch die
deutschen Strafverfolgungsbehörden aufgeklärt. Zudem gab es im
Jahr 2019 1.620 statistisch erfasste Übergriffe gegen Geflüchtete.
Vor einigen Jahren war die Zahl noch höher: Im Jahr 2016 gab es in
Deutschland sogar 3.533 Angriffe auf Geflüchtete und Unterkünfte
von Geflüchteten.

Die offizielle Statistik der Bundesregierung zählt 109 Menschen, die seit der Wiedervereinigung Opfer rechtsmotivierter Gewalt wurden. Die Amadeo-Antonio-Stiftung hat eine Recherche veröffentlicht, wonach die Zahl weitaus höher liegen soll (vgl. Webseite). Die Stiftung geht von mindestens 208 Todesopfern rechter Gewalt seit 1990 sowie von 13 weiteren Verdachtsfällen aus. Der *Tagesspiegel* kommt in einer Langzeitrecherche auf mindestens 180 Todesopfer. Wie viele der Betroffenen schwarze Menschen sind, lässt sich schwer sagen, da die Zahl nicht gesondert erfasst wird. Vielmehr ist es so, dass noch nicht einmal bekannt ist, wie viele schwarze Menschen in Deutschland überhaupt genau leben. Eine Schätzung geht davon aus, dass es rund 800.000 sind.

Literatur

amadeu-antonio-stiftung.de: www.amadeu-antonio-stiftung.de/rassismus/todesopfer-rechter-gewalt.

Arndt, Susan (2020): Die 101 wichtigsten Fragen: Rassismus, München.

Arndt, Susan / Ofuatey-Alazard, Nadja (Hg.) (2019): Wie Rassismus aus Wörtern spricht. (K)Erben des Kolonialismus im Wissensarchiv deutsche Sprache. Ein kritisches Nachschlagewerk, Münster.

institut-fuer-menschenrechte.de[1]: www.institut-fuer-menschenrechte.de/fileadmin/user_upload/PDF-Dateien/UN-Dokumente/Sonderberichterstatter/report_Muigai_mission__Germany__2009.pdf.

institut-fuer-menschenrechte.de[2]: www.institut-fuer-menschenrechte.de/fileadmin/user_upload/PDF-Dateien/Pakte_Konventionen/ICERD/icerd_state_report_germany_19-22_2013_de.pdf.

rm.coe.int: https://rm.coe.int/ecri-report-on-germany-sixth-monitoring-cycle-german-translation-/16809ce4c0.

Saba-Nur Cheema

Antimuslimischer Rassismus tötet. Aber vorher grenzt er aus

Wie das Feindbild »Muslim« verfestigt wurde – und Muslime und Nichtmuslime zu Opfern werden

Anfang der 2020er Jahre ist jedes Sprechen über (antimuslimischen) Rassismus in Deutschland geprägt durch das rassistische Attentat von Hanau vom 19. Februar 2020. Die Ereignisse beeinflussen die Gedanken und Fragen in migrantischen, muslimischen und anderen marginalisierten *Communities* nachhaltig. Während Politik und Medien von »Wehret den Anfängen« und »Alarmzeichen« sprachen, war für die Betroffenen klar: Hanau war kein Alarmzeichen! Die Befürchtung war, dass sich »Hanau« schon bald nur noch in eine Aufzählung von rassistischen Attentaten einreiht, während sich die Beileidsbekundungen und Erklärungen der Politiker*innen wiederholen. Denn wo beginnt und wo endet der Anfang? Ein Blick auf die Situation in Hessen allein reicht aus, die Floskel als solche zu enttarnen: Für die Familie Yozgat, deren Sohn 2006 in seinem Internetcafé in Kassel in Anwesenheit eines V-Manns ermordet wurde, liegen die Anfänge sicher weiter zurück. Seit 2018 tauchen bundesweit immer wieder Schreiben mit Morddrohungen gegen Personen des öffentlichen Lebens auf – unterzeichnet mit: »NSU 2.0«. Nach dem ersten Drohschreiben fanden die Ermittler*innen schnell heraus, dass die persönlichen Daten unberechtigt von einem Polizeicomputer in Frankfurt abgefragt worden waren. Dazu kommt die Ermordung des Kasseler Regierungspräsidenten Walter Lübcke, der von einem Neonazi auf der Terrasse seines Wohnhauses ermordet wurde. Zuvor hatte derselbe Neonazi den irakischen Flüchtling Ahmed I. angegriffen. Einige Zeit später ereignete sich ein versuchter Mord an einem Schwarzen in Wächtersbach. Nicht nur die hessische Liste ist lang.

Bereits wenige Tage nach dem Attentat von Hanau meldeten sich Menschen bei mir und fragten sich, weshalb die öffentliche Empörungswelle abnehme. Gerade bei denjenigen, die nicht in den *Bubbles* (Filterblasen) der Sozialen Netzwerke unterwegs sind, entstand der Eindruck: der Alltag geht einfach weiter. Die gut gemeinte Betroffenheit à la »Hanau war ein Anschlag auf uns alle« entlarvte sich als Farce, denn für viele ging es tatsächlich »ganz normal« weiter. Für die *Anderen* aber nicht. Insbesondere Kolleg*innen und Kooperationspartner*innen aus muslimischen und migrantischen *Communities* berichteten von Ängsten, die den unmittelbaren Alltag betreffen. Junge Erwachsene fragten sich, ob sie am Wochenende noch in die Stamm-Shisha-Bar gehen sollten. Oder zum türkischen Friseur? Ins libanesische Restaurant? Oder auf die geplante afghanische Hochzeitsfeier – »sollten wir Angst haben?« Wie mir ein Bekannter sagte: »Wir sollten die Botschaft der Rassisten endlich verstehen. Sie wissen, wo wir sind und leben. Wir sind nicht sicher.« Der Imam einer Moschee im bayerischen Röthenbach erhielt nach dem Attentat von Hanau einen Brief mit beigefügter Patrone und folgenden Worten: »Ihr werdet niemals sicher sein.« Eine Woche vor dem Attentat wurde die rechtsterroristische Gruppe »Teutonico« (oder: »Gruppe S.«) festgenommen, die zehn Anschläge auf Moscheen in Deutschland geplant hatte – inspiriert vom Täter aus dem neuseeländischen Christchurch, der im März 2019 mehr als 50 Menschen in zwei Moscheen tötete. Mord- und Bombendrohungen gegen muslimische Einrichtungen, wie auch Schändungen von Moscheen, gehören zum Alltag. Genauso gehören Moscheebesuche für viele Muslim*innen zum Alltag – nicht nur um Gebete zu verrichten, sondern auch um Bekannte, Freund*innen und Gleichgesinnte zu sehen. So sind vertraute und einst sichere Orte zunehmend mit Angst verbunden.

Schon wenige Stunden nach dem Attentat von Hanau waren Stimmen zu hören, die das antimuslimisch-rassistische Motiv infrage stellten. Wer von antimuslimischem Rassismus spreche, unterstütze eine Kampfparole von Islamisten. Mehr noch: wer von antimuslimischem Rassismus spreche, würde das Attentat für die eigene Agenda missbrauchen und die Opfer islamisieren. Worin man diesen Kritiker*innen zustimmen muss: der Anschlag wurde tatsächlich durch türkisch-nationalistische sowie islamistische Gruppen instrumentalisiert. Beispielsweise wurde bei einer Kundgebung nach den Anschlägen die türkische Flagge geschwenkt, und viele liefen mit, ohne sich der Agenda der Kundgebung bewusst zu sein. Ebenfalls zutreffend ist, dass politische Entscheidungsträger*innen vergessen haben, beispielsweise kurdische Gemeinden zur Trauerfeier einzuladen und diese erst nach öffentlicher Kritik kurzfristig noch kontaktierten. Man dachte nur an türkische und islamische Verbände, obwohl die Opfer nicht alle türkische Sunniten waren.

Dass man so verkürzt dachte, obwohl unter den Opfern beispielsweise auch ein Kurde und zwei Romn*ja waren, zeigt einmal mehr, wie über »die Muslime« in Deutschland gesprochen und gedacht wird. Offenbar alles dasselbe: Türken, Kurden, Araber oder etwas zugespitzt: »Schwarzköpfe«. »Kanaken«. Die *Anderen* halt. Und genauso funktioniert auch antimuslimischer Rassismus, der sich in den letzten zwei Jahrzehnten immens verbreitet hat. Wenn es in aktuellen Debatten um Migration und Integration meist nur um ›die Muslime‹ geht, ist dies das Resultat einer Wahrnehmungsverschiebung, infolge derer aus Menschen, die einst als Gastarbeiter, Ausländer oder Migrant wahrgenommen wurden, zunehmend ›Muslime‹ geworden sind (vgl. Spielhaus 2006, Shooman 2014).

Was ist antimuslimischer Rassismus?

Um zu verstehen, dass das Attentat von Hanau viel mit der Funktionsweise von antimuslimischem Rassismus zu tun hat, muss erst einmal das Phänomen an sich begriffen werden. Antimuslimischer

Rassismus liegt vor, wenn Menschen physisch oder verbal angegriffen werden, weil sie vom Täter als muslimisch identifiziert werden. Dabei sind es willkürliche und fremdbestimmte Merkmale einer Person, die das (vermeintliche) Muslimsein ausdrücken: Haut- oder Haarfarbe, Kleidung oder Name. So funktioniert Rassismus: Menschen werden durch die willkürliche Markierung von Differenz als ›anders‹ und minderwertig klassifiziert.

Diskussionen darüber, die das Phänomen des antimuslimischen Rassismus infrage stellen, da der Islam doch keine ›Rasse‹ ist, sind beispielhaft für die Omnipräsenz eines verkürzten Verständnisses von Rassismus. Schließlich ist der Begriff Rassismus schon die Kritik an dem Glauben, dass es so etwas wie ›Rassen‹ gibt. Die biologistischen Argumentationen aus dem Kolonialrassismus wurden inzwischen mit neuen Unterscheidungskategorien von ›höher- oder minderwertiger‹ und einer grundsätzlichen ›Unvereinbarkeit‹ von ›Kulturen‹ ersetzt. Dieser Kulturrassismus basiert auf einem essentialistischen Wahrnehmungssystem, das von einer gegebenen ›Kultur‹ und einer Verabsolutierung von ›kulturellem Erbe‹ ausgeht, welches einem Naturstatus ähnele. In diesem Zusammenhang ist der antimuslimische Rassismus einzuordnen. Antimuslimisch-rassistische Argumentationen richten sich gegen eine als homogen imaginierte ›islamische Kultur und Lebensweise‹, wobei ein deterministisches Verständnis zugrunde gelegt wird: ›Die Muslime‹ gelten als das Kollektiv der ›islamischen Kultur‹, ihnen werden vor dem Hintergrund (vermeintlich) sichtbarer Merkmale gewisse Wesenseigenschaften zugeschrieben. Nach dieser Logik wird fremdbestimmt, wer muslimisch ist, unabhängig davon, ob die betroffenen Menschen tatsächlich der islamischen Religion angehören. Betroffene von antimuslimischem Rassismus sind daher beispielsweise auch Sikh-Männer, die einen Dastar (Turban) tragen, jüdisch-orthodoxe Frauen, die ein Tichel (Kopftuch) tragen, christlich-syrische Menschen, die Arabisch sprechen, nichtmuslimische Menschen, die sich an Orten aufhalten, die als migrantisch und gleichzeitig als muslimisch wahrgenommen werden. Auch mit Blick auf die Anschläge von Hanau geht es also nicht darum, ob die Opfer tatsächlich Muslim*innen waren. Es geht um die Logik des Täters. Wenn ein kippatragender Nichtjude in Berlin angegriffen wird, ist das antisemitisch motiviert. Wenn ein LGBT-Club angegriffen wird und auch heterosexuelle Menschen ermordet werden, ist dies trans- und homosexuellenfeindlich motiviert.

Toxische Rhetorik: Von Sarrazin über die AfD zu Teutonico

Der erwähnte Plan der rechtsterroristischen Gruppe »Teutonico«, zehn Moscheen anzugreifen, fiel auf fruchtbaren Boden: Seit mindestens zwei Jahrzehnten stehen Moscheen in Deutschland im Fokus: »Unheimliche Gäste. Die Gegenwelt der Muslime in Deutschland«, titelte beispielsweise der *Focus* im November 2004 mit einem Cover, das betende Muslim*innen in einer Moschee aus der Sicht einer Überwachungskamera zeigt. Bald darauf erschien ein *Spiegel Spezial* zum Thema »Allah im Abendland. Der Islam und die Deutschen«, u. a. mit dem Artikel »Die Neuen Moscheen. Propagandazentren der Parallelgesellschaft?« (2008). Der Journalist Constantin Schreiber veröffentlichte 2017 sein Buch »Inside Islam«, auch die ARD verarbeitete seinen »Moscheereport«. Darin zeichnete er das Bild einer Gesellschaft, die von Muslim*innen bedroht, überfremdet und hinters Licht geführt wird. Seit mehr als einem Jahrzehnt streiten sich Politiker*innen aller Parteien darüber, ob der Islam zu Deutschland gehört und ob das muslimische Kopftuch im Öffentlichen Dienst getragen werden darf oder nicht. Bis dann die AfD kam und in aller Eindeutigkeit ihren antimuslimischen Hass in rassistischer Weise präsentierte. Alice Weidel sprach in einer Bundestagsdebatte im Mai 2018 darüber, dass »Burkas, Kopftuchmädchen und alimentierte Messermänner und sonstige Taugenichtse unseren Wohlstand, das Wirtschaftswachstum und vor allem den Sozialstaat nicht sichern« würden. AfD-Politiker*innen setzen nicht nur die Kriminalisierung von Muslim*innen und Moscheen fort, sondern nehmen sich weitere migrantische Orte vor: »Shisha-Bars: Orte des kulturellen Austausches oder Kriminalitätsschwerpunkte?« oder

»Ausreichende staatliche Kontrolle von Shisha-Bars« sind nur zwei
von zahlreichen AfD-Slogans im Zusammenhang mit den verstärkt
beanstandeten Orten.

Die muslimfeindliche Rhetorik wurde aber schon lange vor
Auftreten der AfD gepflegt. Ein entscheidender Akteur für die Sa-
lonfähigkeit von antimuslimischem Rassismus ist Thilo Sarrazin.
Er schrieb schon 2010 über eine vermeintlich unveränderliche,
rückständige ›Kultur‹ von Muslim*innen. Ähnlich wie bei eth-
nopluralistischen Argumentationen der Neuen Rechten heißt es
bei Sarrazin schon in seinem Buch »Deutschland schafft sich ab«:
»Wer Türke oder Araber bleiben will und dies auch für seine Kinder möchte, der ist in seinem Herkunftsland besser aufgehoben.«
2018 befeuerte er in einem weiteren Buch Islamisierungsfantasien,
indem er eine überdurchschnittliche Geburtenrate bei Muslim*innen als Bedrohung imaginierte und die Inkompatibilität des Islams
mit der Moderne behauptete. Das Phantasma der »Islamisierung«
ist ein Kernelement der neurechten völkischen Ideologie und wird
als Drohkulisse gegen migrationsgesellschaftliche Realitäten und
Öffnungsdiskurse verbreitet. So wurde beispielsweise die Wahl des
türkischstämmigen Grünen-Politikers Belit Onay zum Oberbür-
germeister von Hannover im November 2019 in rechten Kreisen
als faktische Bestätigung der »Islamisierung« gesehen. Das Narrativ der »Islamisierung« hatte dereinst bereits *Der Spiegel* mit dem
Titel »Mekka Deutschland. Die stille Islamisierung« (13/2007) und
dem Brandenburger Tor unter einem Halbmond und vor schwar-
zem Hintergrund auf dem Cover aufgegriffen. Diesen reißerischen
Titel übernahm der Journalist Udo Ulfkotte für das 2015 veröffentlichte Buch, das auf der Website des rechtsextremen Verlags
Antaios mit folgenden Worten empfohlen wird: »Detailliert und
ohne Rücksicht auf die Denkverbote der Politischen Korrektheit
beschreibt Bestsellerautor Udo Ulfkotte, wie Europa zu einer Ko-
lonie des Islam wird.« Dieser wahnhaften Idee liegt die rassistische
Annahme zugrunde, Muslim*innen würden vom Islam »abstam-
men«.

Rassismus benennen

Derlei toxische Rhetorik wurde über Jahre hinweg weiter zugespitzt – mit weitreichenden Konsequenzen für die Betroffenen. Rassistisch motivierte Anfeindungen gegen Muslim*innen und Angriffe auf muslimische Einrichtungen oder Moscheen werden aufgrund der steigenden Relevanz nun auch statistisch erfasst. Die Polizei stufte im Jahr 2018 bundesweit 824 Straftaten als islamfeindlich ein – und das sind nur die offiziell verzeichneten. Mehr als fünfzig Prozent der Befragten einer Studie der Bertelsmann-Stiftung bejahten die Unvereinbarkeit von »Islam und westlicher Welt«, die Verfasser*innen kommen zu dem Schluss: »Der Islam wird in der Demokratie geduldet, nicht aber als ein Teil der freien Gemeinschaft der Bürger respektiert« (Hafez/Schmidt 2015). In der Studie »Deutschland postmigrantisch« ziehen Naika Foroutan et al. (2014) das Fazit, »dass es nur einen kleinen ›harten Kern‹ gibt, der tatsächlich ein geschlossenes antimuslimisches Weltbild hat«, aber dass die Zahl der Menschen, die zumindest einzelne negative Stereotype über Musliminnen und Muslime hat, noch deutlich größer ist. Dass diese Haltungen bis heute verbreitet sind, zeigen Ergebnisse der Autoritarismus-Studie der Universität Leipzig von 2020: 40 Prozent in Ostdeutschland und über 20 Prozent im Westen stimmen der Aussage zu, dass Muslim*innen die Zuwanderung nach Deutschland untersagt werden sollte (vgl. Decker/Brähler 2020: 65). Und die Hälfte der deutschen Bevölkerung fühlt sich durch Muslim*innen »wie ein Fremder im eigenen Land.«

Antimuslimischer Rassismus ist eine Realität und für viele Menschen eine alltägliche Erfahrung. Diesen als solchen zu verstehen, zu benennen und als Tatmotiv anzuerkennen, ist notwendig für seine Bekämpfung. Es ist unglaublich, wie viel Energie, über politische Spektren hinweg, investiert wird, um die Realität des antimuslimischen Rassismus zu leugnen. Um ein gleichberechtigtes Miteinander in der pluralen Migrationsgesellschaft zu etablieren, ist bezüglich des Diskurses über ›den Islam‹ und Muslim*innen eine Korrektur des Negativimages notwendig; beispielsweise, indem die

Vielfalt und Heterogenität der deutschen Migrationsgesellschaft – und auch die von muslimischem Leben in Deutschland – thematisiert wird und indem Betroffene selbst zu Wort kommen.

Literatur

Decker, Oliver / Brähler, Elmar (2020): Autoritäre Dynamiken: Alte Ressentiments – neue Radikalität. Leipziger Autoritarismus-Studie, Gießen.

Foroutan, Naika et al. (2014): Deutschland postmigrantisch I. Gesellschaft, Religion, Identität. Berliner Institut für empirische Integrations- und Migrationsforschung. Forschungsprojekt »Junge Islambezogene Themen in Deutschland«, Berlin.

Hafez, Kai / Schmidt, Sabine (2015): Die Wahrnehmung des Islams in Deutschland. Religionsmonitor. 2. Aufl. Gütersloh.

Shooman, Yasemin (2014). »… weil ihre Kultur so ist«. Narrative des antimuslimischen Rassismus. Bielefeld.

Spielhaus, Riem (2006): Religion und Identität. Vom deutschen Versuch, »Ausländer« zu »Muslimen« zu machen. In: Internationale Politik, Nr. 3, S. 28-36.

Memet Kılıç

Gegen die Symbiose
von Rassisten und Islamisten!

Rassismus hinter der Grenze

Als oppositionelle Politiker, Journalisten und Anwälte Ende der 1980er und Anfang der 90er Jahre immer mehr Opfer von »unbekannten« Tätern wurden und das Klima in der Türkei für mich als jungen engagierten Anwalt immer prekärer wurde, war mein Magisterstudium in Deutschland sicherlich auch eine lebensrettende Maßnahme.

In Deutschland angekommen (April 1990), war die deutsche Wiedervereinigung in Vorbereitung. Kurze Zeit später begannen auch die Jugoslawienkriege[*].

Ein hohes Aufkommen an Kriegsflüchtlingen, gepaart mit der wirtschaftlichen Unsicherheit der Wiedervereinigung, wurde zu einer Verschärfung nationalistischer Töne genutzt. Manche fühlten sich berufen, Flüchtlingsheime und Migrantenwohnungen anzugreifen. Es ereigneten sich die Pogrome und Brandanschläge von Hoyerswerda (September 1991), Rostock-Lichtenhagen (August 1992), Mölln (November 1992) und Solingen (Mai 1993) mit katastrophalen Folgen. Bemerkenswert war in dieser Zeit die große Solidarität der deutschen Bevölkerung. Hunderttausende Menschen veranstalteten im Winter 1992 Lichterkettenaktionen oder andere Kundgebungen.

Bedrückt davon, dass man Faschismus und Rassismus mit der Einreise nach Deutschland nicht hinter sich lassen konnte, und er-

---

[*]   Slowenienkrieg 1991, Kroatienkrieg 1991–1995, Bosnienkrieg 1992–1995, kroatisch-bosnischer Krieg im Rahmen des Bosnienkriegs, Kosovokrieg 1999.

mutigt von der Solidarität der deutschen Nachbarn und Freunde, engagierte ich mich in den Ausländerbeiräten. Ich wurde im Jahr 1994 in den Ausländerrat der Stadt Heidelberg gewählt und habe 1998 den Bundesausländerbeirat* mitgegründet.

Der NSU als weitere Zäsur**

Zur Aufarbeitung der rassistischen Taten der rechtsextremen Terroristen des Nationalsozialistischen Untergrunds (NSU) trugen auf den Ebenen der Landtage und des Bundestages die Untersuchungsausschüsse maßgeblich bei.

Als ständiger Teilnehmer des NSU-Untersuchungsausschusses des Bundestages kann ich bezeugen, dass der Ausschuss sich fraktionsübergreifend sehr ernsthaft um die Aufklärung der Hintergründe bemüht hat. Dies gilt leider nicht für alle Institutionen des Staates. Der Bundesverfassungsschutz hat beispielsweise eine Woche nach dem Bekanntwerden des NSU viele wichtige Ordner mit den Namen von V-Leuten aus dem rechtsextremen Milieu vernichtet.

Ich kann mich an die vielen Beamten mit großen Gedächtnislücken vor dem U-Ausschuss erinnern. In der Fragestunde des Deutschen Bundestages erkundigte ich mich am 18. Januar 2012 danach, warum die Haftbefehle der Staatsanwaltschaft Gera gegen das NSU-Trio in deren Untergrundzeit fehlten bzw. erloschen waren. Die Bundesregierung antwortete, dass ihr keine Erkenntnisse vorlägen, weil der Generalbundesanwalt das Ermittlungsverfahren der Staatsanwaltschaft Gera nicht übernommen hätte.

Daraufhin schrieb ich am 10. Februar 2012 an den Generalbundesanwalt Range und erhielt eine ausführliche Antwort. Eine Passage in diesem Brief lautet: »Nach sämtlichen damals der Bundesanwaltschaft übermittelten polizeilichen Einschätzungen han-

---

*   Später: Bundeszuwanderungs- und Integrationsrat.

**   Vgl. Memet Kılıç: Lebenslang im NSU-Prozess. Das Urteil repariert nicht 14 Jahre Staatsversagen!, in: Hamburger Morgenpost, 12.7.2018.

delte es sich bei den Beschuldigten – darunter auch Uwe Böhnhardt, Mundlos und Beate Zschäpe – jedoch um ein loses Geflecht von Einzeltätern, die Straftaten weder für noch im Namen bestimmter Gruppierungen oder gar einer eigens gegründeten Gruppierung begingen. Vielmehr gingen das Landeskriminalamt Thüringen, das Bundeskriminalamt und die Staatsanwaltschaft Gera – wie auch das Bundesamt für Verfassungsschutz – nach dem damals vorhandenen Kenntnisstand davon aus, dass es sich um einen wechselnden Kreis von Verdächtigten mit wechselnder Teilnehmerzahl und wechselnden Beteiligungen ohne verfestigte Gruppenstruktur im Sinne einer kriminellen oder terroristischen Vereinigung handelt.«

Natürlich ist man im Nachhinein immer schlauer. Aber die zitierten Sätze führen uns auf dramatische Weise vor Augen, wie viele mächtige Institutionen unseres Staates in einem Sachverhalt kollektiv falsch liegen können.

Es ist kaum zu glauben, dass der NSU lediglich aus den verstorbenen Uwes und Zschäpe bestand.

Rasse-Begriff im Grundgesetz

In der Folge der NS-Zeit entstand das Grundgesetz (GG) mit Artikel 3, Abs. 2 auch in dem Geist, eine rassistische Ungleichbehandlung von Menschen zu überwinden. Jedoch klingt der Begriff »Rasse« im heutigen Kontext im Grundgesetz missverständlich, als ob das GG vom Vorhandensein unterschiedlicher Menschenrassen ausgehen würde. Daher würde ich es sehr begrüßen, wenn der Begriff der »Rasse« im GG vermieden und der Begriff »rassistisch« verwendet würde.

Doch damit ist es nicht getan. Die eigentlichen Ursachen für Rechtsextremismus, Rassismus und Antisemitismus liegen nicht am Rande der Gesellschaft, sondern in deren Mitte. Der Rassismus muss dort bekämpft werden. Stammtischmentalität ist politikfähig geworden. Mit großer Sorge verfolge ich die offene Verbreitung von rassistischen Grundhaltungen und Aussagen sowie deren Verharmlosung.

Rassismus betrifft nicht nur gesellschaftliche Minderheiten, sondern ist vor allem eine akute Gefahr für unsere Demokratie. Daher erwarten wir von der Bundesregierung konsequentere Maßnahmen zur Bekämpfung von Rechtsextremismus und Rassismus. Dies muss zu einem Grundpfeiler der Politik der Bundesregierung erklärt werden. Das bloße Feiern von Bündnissen reicht dafür nicht aus.

Binsenweisheit: Auch Migranten können Rassisten sein!
Wenn in Deutschland über Rassismus debattiert wird, wird sehr schnell über den Rassismus von Deutschen gesprochen. Hass und Angriffe ausgehend von Menschen mit Migrationshintergrund gegen Kurden, Griechen, Armenier sind jedoch keine Folklore, sondern auch Rassismus! Alle wissen, dass auch Menschen mit sogenanntem Migrationshintergrund Rassisten sein können, doch kaum jemand wagt es zu artikulieren, weil man nicht riskieren möchte, selbst als Rassist und islamophob gebrandmarkt zu werden.

Als im Jahr 2018 die türkische Armee und islamistische Söldner in Syrien einmarschiert sind, um die kurdischen Gebiete zu erobern, gab es wieder Kriegsgeschrei in Deutschland: »In DITIB-Moscheen in Deutschland rezitieren Imame ›Eroberungs-Suren‹ des Koran. Erdoğans Troll-Armee macht die Deutsch-Türken, die sich gegen diesen Krieg positionieren, namentlich zur Zielscheibe. Diese werden als Vaterlandsverräter und Hurensöhne beschimpft.«[*]

Zeitgleich wollten die Repräsentanten unserer Gesellschaft aber mehrheitlich diesen Rassismus überhören und bei der nächsten Sonntagsrede wieder über die »wehrhafte Demokratie« referieren.

Die »Lies-Aktion« – oder: Richtschnur Grundgesetz
Im Juni 2012 startete ich eine »Lies-Aktion« für das Grundgesetz und gegen religiösen Fanatismus. Bundesweit stieß diese Aktion auf großes Interesse, sie war als Antwort auf die Koran-Verteilungen der

---

[*]   Memet Kılıç: Kriegsgeschrei aus Deutschland. Politisches Feuilleton vom 29.1.2018, in: deutschlandfunkkultur.de.

Salafisten entstanden. Es war mir ein Anliegen, in der Mitte der Gesellschaft mit Aktionen wie dieser die Vernunft zu verteidigen und die Deutungshoheit im Sinne demokratischer Grundwerte (wie im GG verankert) unbestreitbar zu machen.

Ein hartes Vorgehen gegen die *Salafisten* ist richtig und wichtig. Jedoch geht die eigentliche Gefahr nicht nur von Salafisten und IS-Terroristen, sondern auch von den konservativen Islamverbänden, die sich in Relation zum »Islamischen Staat« und den Salafisten als »moderat« verkaufen können. Werden diese Kräfte die Politik bald dazu bringen, Kinder noch früher religiös zu bilden, um sie gegen Salafisten zu »immunisieren«? Nein, die Kinder und Jugendlichen würden nicht immunisiert, im Gegenteil: sie würden *kontaminiert*, wenn es nach diesen Verbänden geht, und zwar mit einem erzkonservativen und formelhaften (drei Mal musst du das tun, fünf Mal dies) Religionsverständnis. Wer der Religion Liebe, Kunst, Philosophie und Aufklärung entzieht, hinterlässt einen Nährboden für Fanatismus und Terrorismus.

Spätestens in den USA unter der Ära Trump ist es unübersehbar geworden, dass der Rechtspopulismus eine Gefahr für Rechtsstaatlichkeit und Demokratie wie auch für den Weltfrieden sein kann. Deshalb ist es wichtig, dass wir es nicht nur bei schönen Statements in den Medien belassen, sondern mit unseren Konzepten und Visionen (wie Abrüstung, Entwicklungshilfe, Vergangenheitsbewältigung, Antirassismus, Stärkung der UN, Umweltschutz) auch die Deutungshoheit auf der Straße gewinnen. Es ist wichtig, dass wir deutlich machen, dass wir jene Menschen nicht vergessen, die sich entweder abgehängt fühlen oder in ständiger Abstiegsangst leben.

Wer aber glaubt, dass nur die Frage der sozialen Gerechtigkeit ein Grund für den Zulauf zu den populistischen Parteien ist, sieht nur einen Teil des »Waldes«. *Der Verlust der kulturellen Identität ist eine tief verankerte Angst der Menschheit.* Entsprechend geschürt, kann sich daraus schnell Xenophobie (Fremdenangst) und daraus wiederum Rassismus entwickeln. Daher muss unsere Bestrebung darin bestehen, dass wir nicht möglichst viele Menschen zu Rassisten erklären, sondern verstehen, woher diese Ängste und Sorgen stammen. Solche, die als berechtigt erscheinen, müssen wir ernst nehmen; die, die aus unserer Sicht unberechtigt sind, mit Argumenten und Fakten ausräumen.

Islamisten und Rassisten schaukeln sich gegenseitig hoch!
Nach dem Zweiten Weltkrieg gab es Einwanderungsbewegungen, die auch aus muslimisch geprägten Ländern erfolgten. Das Zusammenleben von Immigranten und autochthonen Deutschen war schon immer von sowohl guten Nachbarschaften als auch von Spannungen begleitet. Seit Mitte der 90er Jahre ist zu beobachten, dass eine u. a. verbandsmäßig organisierte Auseinandersetzung der Muslime mit der verfassungsmäßigen Grundordnung verschiedener europäischer Länder stattfindet. Diese rechtlichen Auseinandersetzungen finden teilweise mit der mittelbaren Unterstützung von ausländischen Staaten statt.

Im Laufe der Jahrhunderte und im Lichte der Aufklärung haben viele Länder in Europa ihr Verhältnis zu Kirche und Glaubenseinrichtungen geregelt. Daher sahen sie ursprünglich keine gesellschaftliche Notwendigkeit für neue Regelungen.

Zwei große europäische Staaten gehen bei der Verteidigung ihrer säkularen Grundordnung unterschiedliche Wege. Frankreich mit der strengeren Laizität, Deutschland versucht mit vielen Ausnahmen und Nebensätzen fein zu justieren. Dabei spielt die Haltung der Kirchen, die um ihren Status fürchten, eine entscheidende Rolle.

In beiden Ländern werden seit drei Jahrzehnten intensive Diskussionen zu Themen wie Kopftuch, Burka oder Schwimmunterricht geführt. Deutschland hat in zwei Entscheidungen des Bundesverfassungsgerichts versucht, die Verantwortung des Gesetzgebers zu definieren. Mit dem neueren Urteil wird die Auseinandersetzung auf die Mikroebene getragen. Womöglich werden wir in Kürze mit üppig finanzierten Klagen überforderte Schulen und andere Einrichtungen erleben.

Die gesellschaftliche Bruchlinie der Zukunft wird mit großer Wahrscheinlichkeit zwischen religiösem Fanatismus und Rechtsstaatlichkeit laufen. Menschen können die Bilder in den Köpfen nicht verdrängen, in denen der IS Menschen enthauptet, Frauen und Kinder versklavt und vergewaltigt. Diese Bilder dürfen wir nicht verdrängen! Wir müssen diese Gefahr im Kopf haben und Gegenmaßnahmen gegen den Fanatismus entwickeln.

Islamisten und Rassisten schaukeln sich gegenseitig hoch und gefährden eine solidarische und pluralistische Gesellschaft. Daher müssen die demokratischen Kräfte unserer Gesellschaft auch auf der Straße unübersehbar und unüberhörbar sein. Wir müssen Islamisten und Rassisten deutlich und entschiedener bekämpfen, ihnen aber dabei die vernünftigen Gläubigen und besorgten Menschen nicht überlassen, sondern auf unsere Seite ziehen. Wir brauchen breitere Meinungsfronten gegen die Engstirnigkeit.

Was tun gegen Islamisten?

Die Antwort auf die religiöse Engstirnigkeit bedeutet aber nicht die religiöse Erziehung der Gesellschaft, nicht mehr Islamunterricht, mehr Kopftuch, mehr Imame als Seelsorger, sondern *eine umarmende Säkularität, mehr Ethik, Philosophie, Kunst und Aufklärung.*

Anfang der 90er Jahre wurde von der sogenannten Mehrheitsgesellschaft das Erlernen der deutschen Sprache als Integrationsleistung gefordert. Wir »Lobbyisten« von Immigrant*innen haben wirtschaftliche Teilhabe und Chancengleichheit bei der Bildung gefordert. Jetzt merken wir, dass wir nur teilweise Recht hatten. Wir müssen diese Punkte zwar zur gelungenen Integration zählen, aber darüber hinaus auf der Teilhabe an der politischen Kultur unseres Landes pochen – mit all ihren Grundrechten. Wenn in Deutschland geborene und aufgewachsene Menschen, die Bildung genossen haben und in Arbeit stehen, und trotzdem islamistischen Gruppierungen und Ideologien hinterherrennen – ob diese jeweils an der Macht sind oder nicht – und deren Propaganda in Deutschland verbreiten, dann läuft etwas falsch. Diese Mitläufer verstehen die demokrati-

schen Rechte scheinbar als Freibrief. Hier sollte man auch fordernd
auftreten, um mehr Respekt für die verfassungsmäßigen Grundwerte und die Einhaltung der universellen Menschenrechte von allen
Bürgerinnen und Bürger einzufordern.

Wir müssen deutlich machen, dass wir solidarisch mit Menschen sind, die in Not und auf der Suche nach einem menschenwür-
digen Leben zu uns kommen und ihre Kinder im wahrsten Sinne
des Wortes über Wasser zu halten versuchen. Wir müssen deutlich
machen, dass wir die Glaubensfreiheit, die auch die Freiheit des
Nicht-Glaubens beinhaltet, verteidigen.

Wir müssen noch deutlicher machen, dass wir die Feinde der
Demokratie und die Feinde der universell gültigen Menschenrechte
erbittert bekämpfen werden, gleichgültig welcher Couleur.

Emre Arslan

Symbolische Schulden und wohltemperierter Rassismus

Zur »Zauberformel« des kapitalistischen Systems

Es gehört zum Alltagswissen von Migrant*innen und Minderheiten: »Wenn du in diesem Land erfolgreich sein möchtest, musst du doppelt so gut sein wie ein Deutscher*«. Eine andere befolgte Weisheit lautet: »Achte auf alle Regeln doppelt so gut wie ein Deutscher, sei bloß nicht so auffällig.« Solche Aussagen sind nicht Ergebnisse einer umfangreichen wissenschaftlichen Analyse, sondern drücken vielmehr ein Weltgefühl des Minderheitendaseins aus. Solche Sätze höre ich von Migrant*innen aller Schichten, die mit ihren Kindern oder Freund*innen Lebensweisheiten teilen. Auch in den Memoiren von Juden und Jüdinnen über deren Vergangenheit in Europa begegne ich stets solchen Aussagen.**

---

*   »Deutscher« symbolisiert hier die Zugehörigkeit zu der Mehrheitsgesellschaft in Deutschland. Je nachdem, wo ein Mehrheit-Minderheits-Verhältnis gegeben ist, variieren Namen der Normtypen.

** Eine Passage aus einem Roman von Amos Oz kann als ein spezielles Beispiel für die zweite Aussage hier genannt werden: »Tausendmal hämmerte man jedem jüdischen Kind ein, auch dann nett und höflich zu behandeln, wenn sie grob oder betrunken waren, sie auf keinen Fall zu provozieren, keinesfalls dem Goj Widerworte zu geben, man dürfe sie nicht reizen … Kurz – man müsse sich sehr, sehr bemühen, einen guten Eindruck bei ihnen zu hinterlassen, und kein Kind dürfe diesen guten Eindruck verderben, denn bereits ein einziges Kind, das seinen Kopf nicht richtig wäscht und Läuse einschleppt, kann das ganze jüdische Volk in Verruf bringen.« (Amos Oz: Eine Geschichte von Liebe und Finsternis, Frankfurt a.M. 2002, 312 f.)

Was steckt hinter dem Alltagswissen der Minderheiten?

Die oben genannten Verhaltensaufforderungen aus der Alltagssozio-
logie der Minderheiten sind komplementär: Sie zeigen zwei Gesichter des gleichen soziologischen Prozesses der rassistischen symbolischen Herrschaft. Pierre Bourdieu geht von vier Kapitalarten aus,
darunter das ökonomische, kulturelle und soziale Kapital. Darauf
basierend erlangen Menschen häufig eine besondere Form des Kapitals, nämlich das symbolische (Bourdieu 1993). Durch Erkennen
und Anerkennen bestimmter Symbole erhalten diese Menschen
Kredit oder Vorschuss in ihren Interaktionen in der Gesellschaft.
Man schreibt ihnen zu, dass sie bestimmte Tätigkeiten problemlos
ausüben oder bestimmte Ämter würdevoll bekleiden können. Es hat
einen schönen Beiklang, wenn Menschen Kredit und Vertrauen ge-
schenkt bekommen. Allerdings muss dieser gesellschaftlich gegebene Kredit von irgendwo hergeholt werden. Auf der wirtschaftlichen
Ebene ist dieses Prinzip des Vertrauensvorschusses im Kreditwesen
klar verankert. Aber auf der symbolischen Ebene wird häufig vergessen, dass deren Werte einer eigenen Ökonomie unterliegen. Gerade
Vergessen oder genauer, Verkennen dieses banalen Wissens über die
symbolische Ökonomie ist eine Grundbedingung der symbolischen
Herrschaft. Der Hokuspokus der symbolischen Magie basiert auf der
Verschleierung der untrennbaren Beziehung zwischen Kredit und
Schulden. In der Wirtschaft erwartet man selbstverständlich, dass
der erhaltene Kredit später wieder (mit Gewinn) beglichen wird. In
der symbolischen Ökonomie wird nicht von einer Schuldentilgung
ausgegangen, da der gegebene Kredit nicht als solches, sondern als
eine inhärente Wesenseigenschaft der Menschen betrachtet wird.
Ein Ehrenmann ist ein Ehrenmann, weil er ein Ehrenmann ist. Seine
Ehre entsteht aus seinem Naturell und seinem eben »ehrbaren« Charakter. Sobald man jedoch die soziologischen Entstehungsprozesse
der Ehre versteht und dieses als symbolisches Kapital definiert, lässt
die Magie nach, die den Ehrbegriff umgibt.

Wenn die Ehre ein symbolisches Kapital ist, und wenn ehrbare
Menschen diesen Kredit selbst nicht bezahlen müssen, woher kommt

dann dieses Kapital? Wenn es ein symbolisches Kapital wie Ehre gibt, muss es auch eine symbolische Schuld wie Stigma geben. In der Praxis bedeutet symbolisches Guthaben einer Person automatisch symbolische Schulden einer anderen Person. In einem Herrschaftsverhältnis verfügen die Herrschenden über symbolisches Kapital, während die Beherrschten symbolische Schulden haben.

Herrschaft ist aber kein einmaliges oder sporadisches Machtverhältnis, sondern basiert auf einer langfristigen und kontinuierlichen Reproduktion von Ungleichheiten zwischen verschiedenen Menschengruppen. Das Entscheidende bei der Herrschaft ist Gehorsam und Konsens der Beherrschten. Auch die beherrschte Gruppe muss in den eigenen symbolischen Schulden etwas Natürliches und Normales sehen bzw. empfinden. Man fragt sich, woher diese gewollte oder zumindest akzeptierte Selbsterniedrigung kommt. Eine schnelle Erklärung eines solchen Gehorsams liegt auf der Hand: Die seit Jahrhunderten bestehende ungeheure Kultur- und Ideologiearbeit der Symbolmaschine in Bildung, Medien, Kunst und Politik. Weitergehend würde ich jedoch als den wichtigsten Grund der Herrschaftssituation Folgendes benennen: Unmittelbare Wirkungen der bestehenden Verhältnisse, die man als »Daseinseffekt« bezeichnen kann. Das Sein existiert nicht nur, sondern kommuniziert und beansprucht ein – ziemlich aggressives – Existenzrecht. Unsere Instinkte sind im Prinzip wahrhaftige Hegelianer: Was da ist, muss richtig sein, was noch nicht da ist, nur eine Fantasie. Wir sehen mit bloßen Augen, was da ist. Was aus dem Rahmen fällt, ist gewöhnungsbedürftig, nicht üblich. Qualität wird als selbstverständlicher Beurteilungsfaktor herangezogen, ohne jedoch zu reflektieren, woher das eigene Qualitätsempfinden stammt. Meist bleibt man instinktiv im Vorstellungshorizont des Üblichen. Auf einer Ebene des »Bauchgefühls« tendiere ich dazu, folgender Aussage zuzustimmen: »Wir würden ja gerne Menschen mit Migrationshintergrund anstellen; es fehlt aber einfach an qualifizierten Migrant*innen.« Intuitiv akzeptiere ich dies als Wahrheit. Das Bestehende zeigt sich unmittelbar und bequem. Um herauszufinden, wieso hochqualifizierte Migrant*innen weniger in der Öffentlichkeit sichtbar sind und über welche besonderen Ressourcen sie verfügen, benötige ich jedoch mehr Zeit und Mühe. Das Mögliche zeigt sich demnach mittelbar, und mit Anstrengung.

Warum genießt das Kapital Rassismus am besten wohltemperiert?
Wenn man in Deutschland über Rassismus redet, denkt man in erster Linie an Rechtsextremismus oder Fremdenfeindlichkeit.[*] Durch diese Reduktion wird das Phänomen hauptsächlich als ein Problem der Ignoranz und Dummheit von Randgruppen betrachtet. Die Mitte der Gesellschaft und insbesondere das Bildungsbürgertum werden so von der Notwendigkeit von anstrengender Selbstreflexion und ungemütlicher Selbstkritik befreit. Wenn man liberal, sozialdemokratisch, grün oder links ist, noch dazu engagiert gegen Nazis, erscheint es absurd, rassistischen Denkstrukturen unterlegen zu sein. Rassismus ist aber kein ausschließliches Bildungs- oder Intelligenzproblem, sondern im System und in Strukturen verankert. Wenn man dieses Postulat vollends aufnimmt und reflektiert, muss man akzeptieren, dass niemand – auch nicht weiße Menschen, die »aufgeklärt« oder »woke« sind, oder sogar Opfer von Rassismus selbst – frei von rassistischen Denkstrukturen ist.

Immanuel Wallerstein beschreibt die besondere Natur des bestehenden Systems wie folgt: »Was wir also vor uns haben, ist ein System, dessen Funktionieren auf einer engen Verbindung zwischen Universalismus und Sexismus/Rassismus (jeweils in der richtigen Dosierung) beruht« (Wallerstein 1992: 48). Also braucht der Kapitalismus einen wohltemperierten Rassismus und einen Sexismus in der richtigen Dosierung. Sowohl eine zu hitzige Form von Rassismus – zum Beispiel exkludierende Fremdenfeindlichkeit oder vernichtender Faschismus – als auch eine zu egalitäre Haltung gegenüber verschiedenen Gruppen kann auf Dauer unproduktiv oder sogar vernichtend für das System sein. Wallerstein bringt in diesem Abschnitt

---

[*]   Terkessidis setzt sich in seinem Buch mit dieser Reduktion des Rassismus in Deutschland auseinander und zeigt eindrucksvoll die Psychologie der Verdrängung des Rassismus hierzulande (Terkessidis, 2004).

sehr deutlich zum Ausdruck, welche Funktion Rassismus im System einnimmt: Ein expandierendes kapitalistisches System (und es expandiert während der Hälfte der Zeit) benötigt die gesamte Arbeitskraft, die es finden kann, weil nur sie die Güter hervorbringt, mittels derer mehr Kapital produziert, realisiert und akkumuliert werden kann. Von daher ist der Ausschluss aus dem System sinn- und zwecklos. Doch zur Maximierung der Kapitalakkumulation ist es notwendig, zugleich die Produktionskosten (und mithin die Kosten der Arbeitskraft) *und* die Kosten, die durch politische Störungen entstehen, zu minimieren (das heißt, den politischen Protest der Arbeiterschaft möglichst gering zu halten, denn gänzlich beseitigen lässt er sich nicht). Der Rassismus ist die Zauberformel, die diese Zielvorstellungen miteinander in Einklang bringt. (Wallerstein 1992: 44)

Mit Hilfe der Überlegungen von Wallerstein könnte Rassismus im Kern als eine *integrative Fremdenabwertung* definiert werden. Kapital ist integrativ, weil jede Exklusion von Arbeitskraft ein Verlust eines möglichen Profits darstellt. Fremdenabwertung wird gleichzeitig vom Kapital begrüßt, weil jegliche Form der Abwertung von Arbeitskraft die Erhöhung des Profits bedeutet. Integrativ und abwertend – widersprüchliche Tendenzen, die dazu führen, dass der Rassismus im Kapitalismus als ein labiles Konstrukt erscheint, das immer wieder richtiggestellt werden muss. Hier geht es nicht um eine bewusste Regulationsarbeit einiger weniger mächtiger Kapitalist*innen, sondern um einen für die Logik des Kapitals produktiven Dauerkrisenzustand mit Pendelbewegungen, an dem die Mehrheit der Menschen auf verschiedene Art und Weise beteiligt ist. Das folgende Beispiel kann als eines des wohltemperierten Rassismus betrachtet werden:

Nejla erinnerte sich an eine Rede ihres Schuldirektors auf dem Gymnasium »in der Phase, wo diese Brandschläge waren. Da hielt er dann eine Rede von wegen: »Wir brauchen die Ausländer, stellt euch nur vor, sie wären jetzt alle nicht mehr da. Wie würde es da in Deutschland aussehen? Der ganze Müll würde auf der Straße liegen.« Das habe ich dann so gehört, aber ich fand das nicht gut. Ich wusste nicht warum, aber ich fand das nicht gut, was er gesagt hatte. Es war halt so eine konservative Meinung, dass die Ausländer dazu da sind, den Dreck weg zu machen. … Also ganz komische Rechtfertigung dafür, dass wir in Deutschland bleiben dürfen (Terkessidis, 2004: 164).

Das niedrige Reflexionsniveau des Schuldirektors ist für Kinder wie Nejla traurig, aber für eine wissenschaftliche Analyse ein Glücksfall, weil es die Logik des Systems aus der Sicht des Kapitals fast reibungslos wiedergibt. Der Schuldirektor in dem Beispiel ist gegen einen hitzigen Rassismus, der Menschen verbrennt. Aber nicht aus solidarischen oder egalitären, sondern utilitaristischen bzw. kapitalistischen Gründen. »Wir brauchen doch deren Arbeitskraft. Wie dumm ist es denn, die nützlichen billigen Arbeitskräfte verantwortungslos einfach so zu verbrennen?! Wollt ihr etwa selbst als Müllabfuhr statt zum Beispiel als Lehrer oder sogar als Schuldirektor arbeiten?« Um den Vorstellungshorizont möglichst sachgerecht darzustellen, erscheint mir eine primitive Computersprache angemessen:

Ausländer verbrennen: negativ
Ausländer exkludieren: negativ
Ausländer integrieren: positiv
Ausländer als Müllabfuhr: positiv
Ausländer als Schuldirektor: system failure!

Muss man symbolische Schulden bezahlen?

Nein, muss man nicht, und kann man auch nicht. Wegen der ganzen Logik der symbolischen Herrschaft sind symbolische Schulden nicht abzahlbar. Je mehr man symbolische Schulden versucht zu begleichen, desto schneller wächst der Betrag des eigenen Schuldkontos. Genau die Bemühung der Schuldenbegleichung gibt der »rassischen« Symbolik neue Nahrung. Die Nahrung der symbolischen Herrschaft ist Erkennen und Anerkennen vermeintlich sinnvoller Symbole wie Rasse oder Geschlecht. Wenn man diese Logik der symbolischen Herrschaft im Kopf behält, stellt sich heraus, dass migrantisches Wissen selbst häufig Mitproduzent von Rassismus sein kann. Das in der Einleitung erwähnte migrantische Wissen wie »Wenn du hier erfolgreich sein möchtest, musst du doppelt so gut sein wie eine Deutsche« oder »Achte auf alle Regeln doppelt so gut wie ein Deutscher, sei bloß nicht so auffällig« ist eine selbsterzeugte Falle für Migrant*innen. Durch solche vermeintlich klugen Lebensweisheiten wird ein rassistisches Spiel akzeptiert und reproduziert, das nie gewonnen werden kann. Sich über die Maßen zu verausgaben und die eigenen Grenzen zu überschreiten, ist nicht nur ein Zeichen trauriger Selbstzerstörung, sondern bewirkt auch eine Legitimation des Systems, weil man dadurch die Verantwortung der Ergebnisse der systemischen Ungleichheit auf den Bemühungsgrad der Migrant*innen verlagert.

Wenn ich – soziologisch gestützte – Faustregeln für migrantische Mitmenschen formulieren müsste, würde ich zunächst betonen, dass man sich selbst und die anderen vor einer vergleichenden Wettbewerbsmentalität schützen muss. Man kann und soll nicht mehr als 100 % Mühe für einen Erfolg im Beruf oder Studium geben. Für die freigelassenen 100 % der doppelten Bemühung würde ich besser vorschlagen: Statt seine Ressourcen und Fähigkeiten über die Maßen für Beruf oder Studium zu erschöpfen, sollte auch Energie für Folgendes verwendet werden:

- *10 % Toleranzarbeit:* Da der Rassismus fest in den gesellschaftlichen Strukturen verankert ist, wird jeder Mensch aus dieser Struktur mindestens 10 % Blindheit für Rassismus aufweisen. Toleranz und zeitweilige Aufklärung sind für solche Fälle angebracht.

- *10 % Antirassismusarbeit:* In Institutionen oder im Alltag tauchen harte oder sanfte Formen von Rassismus auf. Sowohl für die Stabilität der eigenen Psyche als auch für die Erziehung der Mitmenschen ist eine angemessene Aggression (je nachdem wohltemperiert oder hitzig) empfehlenswert.

- *20 % Selbstreflexion:* Die selbstzerstörerischen Bilder der Betroffenen, die durch den strukturellen Rassismus unbewusst entstehen, können weiterbestehen, wenn die materiellen Verhältnisse nicht reflektiert werden. Daher kommt der Selbstreflexion durch Wissenschaft, Kunst oder Politik mindestens ein genauso hoher Stellenwert zu wie der antirassistischen Aufklärung Nicht-Betroffener. Vor allem bedeutet die Veränderung eigener Wahrnehmungs- und Verhaltensmuster automatisch die Veränderung der Anderen, des Systems, da das soziale Handeln immer relational ist.

- *60 % Chill-Out-Zone:* Dieser wichtigste Teil der Bemühung hört sich nach dem einfachsten an, ist aber eigentlich der schwerste. Im Grunde genommen bedeutet es, dass man sich »normal« fühlen kann. Sich selbst normal zu fühlen und entsprechend zu denken und sich zu verhalten, ist im Kontext des strukturellen Rassismus eigentlich eine Form von Widerstand und Utopie. Es bedeutet in der Praxis, alle im herrschenden Diskurs zirkulierenden überflüssigen und zerstörerischen Fragen abgeklärt und gelassen zu ignorieren: »Wie integriert bist du?« »Du bist schon integriert, aber woran hapert es bei deinem Kulturkreis?«, »Welche Identität hast du? Fühlst du dich eher deutsch oder XY?«, »Gehört Shintoismus zu Deutschland?«, »Wo ist deine Heimat? Was bedeutet für dich Heimat?« usw. Solche Fragen lenken von den eigentlichen Fragen der Welt ab. Geschütze Räume sind für Minderheiten wichtig, um sich vor dem penetranten Diskurszwang des Mainstreams zu schützen und um bisher einseitig gestellte Fragen von Kommunikation, Gleichheit, Freundschaft, Respekt, Freiheit, Kunst und Natur für alle Menschen neu zu definieren.

Literatur

Bourdieu, Pierre (1993): Sozialer Sinn. Kritik der theoretischen Vernunft, Frankfurt a. M.

Elias, Norbert / Scotson, John L. (2002): Etablierte und Außenseiter, Kapitel IX: »Ein theoretischer Schluss«, Frankfurt a. M.

Gomolla, Mechtild / Radtke, Frank-Olaf (2009): Institutionelle Diskriminierung. Die Herstellung ethnischer Differenz in der Schule, 3. Aufl., Wiesbaden.

Terkessidis, Mark (2004): Die Banalität des Rassismus. Migranten zweiter Generation entwickeln eine neue Perspektive, Bielefeld.

Wallerstein, Immanuel (1992): Ideologische Spannungsverhältnisse im Kapitalismus: Universalismus vs. Sexismus und Rassismus. In: Rasse, Klasse, Nation. Ambivalente Identitäten, Hamburg/Berlin, S. 39-48.

II.
ORTE
RASSISTISCHER GEWALT

Kemal Bozay

Die Wunden liegen tief

»Unser« Solingen 1993

»Wenn du deine Identität nur durch
ein Feindbild aufrechterhalten kannst,
dann ist deine Identität eine Krankheit.«
Hrant Dink

Diese prägenden Worte stammen von dem armenischen Journalisten und Schriftsteller Hrant Dink, der am 19. Januar 2007 in Istanbul
ermordet wurde. An jenem Tag, an dem ich gemeinsam mit einer
Delegation der Rosa-Luxemburg-Stiftung anlässlich eines Türkei-
Projekts zu Austauschgesprächen mit Gewerkschaften und demokratischen Organisationen nach Istanbul eingeladen war. Wir sitzen an diesem Tag im Büro des Gewerkschaftsdachverbandes DISK
(Konföderation der Revolutionären Arbeitergewerkschaften) im
Istanbuler Stadtviertel Beşiktaş und führen vertiefte Gespräche mit
den Projektpartnern. Im Hintergrund laufen durchgehend die Nach-
richten des damals noch konservativ-liberalen privaten Fernsehsen-
ders CNN Türk. Nach einer gewissen Zeit läuft über den Ticker des
Senders die Eilmeldung »Hrant Dink wurde vor dem Verlagshaus
AGOS erschossen ...« Den gesamten Raum, in dem Sekunden zuvor
noch lautstarke Gespräche zu hören waren, nahm eine Stille ein. Die
Stimmung wandelte sich in Trauer, aber auch in Wut. Bis einer der
Anwesenden darauf aufmerksam machte, dass der Tatort einige Straßen entfernt von dem Gewerkschaftshaus liegt. Wir machen uns eilig
auf den Weg und erreichen nach wenigen Gehminuten den Tatort,
an dem gerade die bedeckte Leiche von Dink abtransportiert wird.
Eine kleine trauernde Menge hatte sich bereits vor dem Verlagshaus

versammelt. Die Trauer und Wut der versammelten Menschen hatte sich in ein tiefes Schweigen verwandelt. Keiner unter ihnen fand Worte, vielmehr waren es die Tränen, die den Platz der Worte eingenommen hatten. Bis die darauffolgenden Tage Hunderttausende von Menschen unter dem Motto »Wir sind alle Armenier« auf die Straße gingen, um in der Türkei ein Zeichen gegen rassistische Gewalt zu setzen. Kurze Zeit später wurde der Täter, ein 16-jähriger Jugendlicher, festgenommen. Er gestand die Tat und zeigte keinerlei Reue. Der Privatsender CNN Türk zitierte ihn mit den Worten: »Ich habe ihn nach dem Freitagsgebet erschossen. Ich bedaure es nicht.« Zudem berichteten Medien, dass der Täter Kontakte zu einer rechtsextrem-islamistischen Jugendorganisation (*Alperenler*) gehabt habe. Er wurde als Einzeltäter dargestellt und angeklagt, doch die rechtsextremen Netzwerke sowie die Rolle von Politik, Staat und Medien blieben im Dunkeln.

Mit seiner Aussage zu »Identität« und »Feindbild« machte Dink auf die Reproduktion von Feindbildern und Hass aufmerksam, der in der Türkei gegenüber Armenier*innen, Kurd*innen, Alevit*innen und Jüd*innen stark verbreitet ist. Vor allem prangert er damit den staatlichen und institutionellen Rassismus an, der seine Existenz in »*kranker*« Weise auf die Manifestierung von Feinbildern und staatlich bestimmten Identitäten aufbaut. Zu Fragen ist, welchen Einfluss Staat, Politik und Medien auf diesen grausamen Mord und die rassistische Pogromstimmung gegenüber Armenier*innen hatten.

Nun lag er da... Auf dem Platz beugten sich die Menschen der Stille. Diese Stille trieb meine Erinnerungen nach Solingen 1993; einem Jahr, das meine politische Sozialisation als junger Student in der Auseinandersetzung mit meinen eigenen Rassismuserfahrungen sehr stark prägte.

Solingen war mein Hanau...

Solingen wurde in den 1990er Jahren nicht nur zu einer Station von Rassismus, sondern auch zum Höhepunkt rechtsextremer und rassistischer Gewalt. Am 29. Mai 1993 wurden Gürsün Ince (27), Hatice

Genç (18), Gülistan Öztürk (12), Hülya Genç (9) und Saime Genç (4), fünf junge Frauen und Mädchen mit Migrationsgeschichte, bei einem rassistischen Brandanschlag getötet. Solingen, die Stadt im Oberbergischen, die bis dahin für ihre Messerklingen bekannt war, wurde durch diesen Anschlag zum Zentrum der Auseinandersetzung um rechtsextreme Gewalt in der Geschichte der Bundesrepublik.

Meine Erinnerungen an Solingen gehen auf jenen 29. Mai 1993 zurück. Als ich vom Brandanschlag erfuhr, war ich zunächst schockiert. Meine Reise führte nach Solingen, unmittelbar auf die Untere Wernerstraße. Den Ort, an dem sich das in Brand gesteckte Haus der Familie Genç befand. Vor dem nahezu in eine Ruine verwandelten Haus hatte sich bereits eine kleine Menge zusammengefunden. Vor dem Haus konnte ich immer noch den Geruch der Verbrannten wahrnehmen: ein Bild des Grauens … Eine tiefe Wunde, welche heute noch meine Erinnerungen an Solingen verbindet.

Zum Gedenken wurden Blumen, Kerzenlichter, Bilder, Transparente u. ä. vor dem Hauseingang aufgestellt. Von einem Familienangehörigen erfuhren wir, dass sich die Familie gerade in einer Übergangswohnung aufhielt. Wir gingen zur Wohnung und besuchten die Familie Genç. In der Wohnung hatten sich bereits Familienmitglieder zusammengefunden. Als wir unser Beileid aussprachen, zeigte sich neben Trauer und Betroffenheit auch Wut. Wut auf ein System, das den immer stärker werdenden Rassismus jahrelang ignoriert, gar ausgeblendet hatte. Wut auf ein System, das politisch gesehen den Weg für diese Kette der rassistischen Hetze geebnet hatte. Nach dem Solinger Brandanschlag wurde unter vielen Migrationsfamilien eine Welle der Angst und Panik sichtbar, ein Gefühl des Abgewertetseins und Nicht-Dazugehörens. Viele sahen den Schutz vor solchen Anschlägen darin, Brandschutzseile und -leitern zu kaufen. Ein Misstrauen gegenüber dem kollektiven Schutzgedanken des Staates!

Erinnern kann ich mich daran, dass an der Trauerzeremonie für die Opfer des rassistischen Anschlags von Mölln (1992) der damalige Bundeskanzler Helmut Kohl seine Teilnahme verweigerte, weil die Bundesregierung angeblich nicht in einen »Beileidstourismus« verfallen wolle. So weigerte er sich auch, nach Solingen zu kommen. Waren es nicht diese Worte, die durch die Haltung und das Deutungsmonopol des Staates erst Rassismus strukturell ermöglicht und verbreitet haben? Waren es nicht die damals verbreiteten Bilder und Parolen wie »Das Boot ist voll«, »Asylantenflut stoppen«, »Wirtschaftsasylanten abschieben« und »Ausländer raus«, die rechtsextreme Gewalt salonfähig gemacht haben.

So hat mich der Brandanschlag in Solingen nicht nur tief betroffen gemacht, sondern zugleich meine politische Sozialisation geprägt und vor allem meine Sensibilität in der Auseinandersetzung mit Rassismus und Rechtsextremismus gestärkt. Ich kann sagen, dass Solingen mein Hanau war. Was viele Migrationsjugendliche nach den Mord- und Bombenanschlägen des rechtsterroristischen NSU und den rassistischen Morden von Hanau kollektiv empfunden haben, habe ich in Solingen als Jugendlicher der »Zweiten Generation« unmittelbar gefühlt. Als Jugendlicher, dessen Eltern als sogenannte Gastarbeiter*innen nach Deutschland eingewandert waren und jahrelang aus unterschiedlichen Gründen gegenüber ihren eigenen Rassismuserfahrungen zum Schweigen gedrängt wurden. Und die oftmals keine Möglichkeit hatten, Widerstand zu leisten oder sich zu artikulieren.

Hanau hat gezeigt, dass rassistische Gewalt und rechter Terror hierzulande keinen Einzelfall bilden, sondern historisch und politisch gesehen in einer Kontinuität standen. Genauso wie die NSU-Morde und der Mordanschlag von Hanau war auch Solingen ein Meilenstein dieser kontinuierlichen Gewaltwelle. Neben dieser Zäsur wurde Solingen in den 1990er Jahren ebenso zum Symbol des antirassistischen Widerstands. Schon am gleichen Tag wurden Demonstrationen angekündigt und dem folgten wochenlang weitere Protestaktivitäten, die querbeet alle gesellschaftlichen Milieus und Altersgruppen umfassten. Ich erlebte ältere Menschen, die ihre migrantischen Nachbarn umarmten und die mittrauerten. So ging vor meinen Augen eine kleine Gruppe türkeistämmiger Jugendlicher spontan aus einer Spielhalle auf die Straße und blockierte diese unter

»Nazis raus«-Parolen. Es waren unpolitische Jugendliche, die aber Teil der kollektiven Wut waren. Ich erinnere mich aber auch an die bundesweit initiierten Lichterketten-Aktionen, die durch soziale Bewegungen, Kirchen, Migrantenorganisationen u. ä. organisiert waren und von Hunderttausenden getragen wurden. Sehr einprägend war für mich das in Solingen getragene Transparent mit dem Motto »In Solingen geboren, hier gelebt, hier getötet«. Es suggerierte für mich die Spaltung einer Gesellschaft in *Wir* und *Sie*, zugleich den Hass und die Feindschaft, die von der Ungleichwertigkeit der Anderen ausgingen. Ich denke an die Worte Dinks zurück, in denen das Aufrechterhalten einer Identität nur durch ein Feindbild als Krankheit bezeichnet wird. In Solingen war es nicht anders.

Auch türkisch-rechtsextreme Netzwerke, insbesondere aus dem Umfeld der Grauen Wölfe, versuchten den Brandanschlag in Solingen politisch zu instrumentalisieren. Sie verwüsteten Läden, legten abends Feuer auf Straßen und provozierten antifaschistische Demonstrationen. Die Medien berichteten damals von angeblich »rivalisierenden« türkischen Gruppen, ohne dabei eine feine Unterscheidung zu machen, welche türkisch-rechtsextremen Gruppen dafür verantwortlich sind.

Doch Solingen kam nicht über Nacht …

Solingen fiel nicht vom Himmel …

Max Horkheimer und Theodor W. Adorno haben als Vertreter der Frankfurter Schule anlehnend an den Sieg des Faschismus in Deutschland in ihrem Werk »Dialektik der Aufklärung« (1969) sehr früh versucht, die Begriffe *Vernunft* und *Aufklärung* einer radikalen Kritik zu unterziehen. Sie beschäftigten sich mit der Frage, wie es in entwickelten Gesellschaften eigentlich zu unterschiedlichen Formen der Barbarei kommen kann. So stellten sie fest: »Seit je hat Aufklärung im umfassendsten Sinn fortschreitenden Denkens das Ziel verfolgt, von den Menschen die Furcht zu nehmen und sie als Herren einzusetzen. Aber die vollends aufgeklärte Erde strahlt im Zeichen triumphalen Unheils.« (Horkheimer/Adorno 1975: 7) In der Auseinandersetzung mit Aufklärung sahen Adorno und Horkheimer keine durchgehend kontinuierliche Entwicklung, sondern mehr deren Dialektik. Doch die Kehrseite ist letztendlich das Scheitern der Aufklärung, die mit dem Faschismus eine andere Wendung bekommen hat. Die Kritische Theorie versuchte zudem, den Bedingungen einer autoritär-rassistischen Dynamik auf gesellschaftspolitischer Ebene auf den Grund zu gehen. So ging Adorno in seinen Studien zum autoritärem Charakter (vgl. Adorno 1973) von einer engen Beziehung zwischen Familienerziehung, autoritären Charaktertypus und Faschismusanfälligkeit aus. Ergänzend zum Modell des autoritären Charaktertypus nehmen auch die Aspekte der Gruppenzugehörigkeiten und sozialen Lebenseinstellungen einen wichtigen Platz ein. Daher geht es in dem Konzept auch um die Wechselwirkung zwischen politischen, sozialen, ökonomischen und kulturellen Aspekten.

All diese Fragen können auch am Beispiel von Solingen diskutiert werden. So ist Solingen im Kontext der Wechselbeziehung zwischen den politischen, sozialen, ökonomischen und kulturellen Dimensionen der 1990er Jahre zu betrachten. Ebenso im Zusammenhang mit rassistischen und rechtsextremen Kontinuitäten, die durch die damaligen Umbrüche eine neue Revitalisierung erlebt haben. Daher ist der Brandanschlag in Solingen nicht über Nacht entstanden…

Im Zuge der Wiedervereinigung 1990 kam es bundesweit unter dem Label der »Asyldebatte« zwischen 1991 und 1993 zu einer pogromartigen Stimmung in Teilen der Öffentlichkeit. Den Höhepunkt dieser rassistisch geführten Debatte bildet im Jahre 1993 der »Asylkompromiss«, der von CDU/CSU, SPD und FDP getragen wurde und die faktische Abschaffung des Asylrechts beinhaltete. Am 26. Mai 1993 wurde er im Bundestag verabschiedet und drei Tage später ereignete sich der Brandanschlag in Solingen. Das spricht Bände!

Geschürt wurde diese *moralische Panik* durch eine zuvor verbreitete migrationsfeindliche Stimmung, die insbesondere von Politik und Medien mit angeheizt wurde. Das Ergebnis war der rasante

Anstieg einer Welle von rassistischer Gewalt insbesondere gegen Geflüchtete und Migrant*innen. Den Beginn dieser rassistischen Gewaltwelle bildeten die Brandanschläge auf Flüchtlingsunterkünfte in Hoyerswerda und Rostock-Lichtenhagen. Dem folgten als »Höhepunkte« die Anschläge von Mölln und Solingen.

Ein wichtiger Auslöser dieser Gewaltwelle waren einerseits die im Zuge der Wiedervereinigung zwischen Ost- und Westdeutschland angestiegene Arbeitslosigkeit, sozioökonomischen Belastungen und andererseits die gesellschaftlich reproduzierten rassistischen Mentalitätsbestände sowie die Mobilisierung der extrem rechten Bewegungen und Jugendkulturen. Bedient wurde immer wieder die primitive Sündenbocktheorie »Ausländer nehmen uns die Arbeitsplätze weg«.

Weg von dem Mythos des Einzeltäters
Kurze Zeit nach dem Brandanschlag konnte die Polizei die vier jungen Täter zwischen 16 und 23 Jahren, die aus einer Solinger Neonazi-Szene stammten, festnehmen. Im April 1994 fand der Prozess vor dem Oberlandesgericht Düsseldorf statt, und die Jugendlichen wurden wegen fünffachen Mordes angeklagt. Nach Jugendstrafrecht wurden sie zu zehn bis 15 Jahren Haft verurteilt. Schnell verbreitete sich auch in der politischen Landschaft das Bild des Einzeltäters. So wurden die im Hintergrund agierenden Neonazi-Netzwerke, die diese Jugendliche mobilisiert hatten und auch an diesem Brandanschlag maßgeblich mitschuldig waren, nicht in den Blick genommen. Ausgeblendet wurden die Aktivitäten des rechtsextremen Kampfsportvereins, der vor dem Brandanschlag in Solingen Jugendliche anwarb, aber auch die vorher aktiv auftretenden Neonazi-Strukturen in der Stadt. Vergessen wurde zudem, dass in den 1990er Jahren erst durch die Verschärfung des Ausländergesetzes, durch den sogenannten »Asylkompromiss« und durch die politisch-mediale Stimmung rund um die Themenfelder »Flucht« und »Migration« der Nährboden für diese rassistischen Morde, Brandanschläge und die Hetze gelegt wurde.

Auch die jüngeren Erfahrungen – etwa mit den NSU-Morden, dem Mord an Walter Lübcke in Kassel, dem antisemitischem Anschlag von Halle, dem rechten Mob in Chemnitz, den Brandanschlägen und Angriffen gegen Geflüchtete seit 2014/15 oder mit den Morden von Hanau – zeigen: Innerhalb der politischen und öffentlichen Debatten ist sehr schnell die These vom Einzeltäter zur Hand, in der gerne auf jugendkulturelle Belastungen, familiäre Brüche und starke psychische Probleme der Täter hingewiesen wird. Einer Naturkatastrophe gleich, hätten sich die Täter allein radikalisiert, die Tat vorbereitet und umgesetzt. Dafür sei niemand außer ihnen selbst verantwortlich. Für die Opfer und deren Angehörige sei das zwar tragisch, Konsequenzen werden aber nicht gezogen.

Eine solche Sichtweise ist einerseits zynisch, vor allem gegenüber den Opfern. Sie ist andererseits immer Ausdruck einer längeren biographischen Entwicklung, die bei allen Tätern auch von diversen Personenkreisen und Netzwerken geprägt wurde. Kein Täter war und ist jedoch ein vollständiger Einzeltäter, selbst dann nicht, wenn es sich um offensichtlich vereinzelte und vereinsamte Menschen handelt. So haben viele Hinweise gezeigt, dass auch die jugendlichen Täter aus Solingen in Neonazi-Szenen involviert waren und in Kontakt zu verschiedenen rechtsextremen Netzwerken standen. Nicht anders war es bei dem Mordanschlag auf Hrant Dink.

Rassismus hat viele Gesichter
Annita Kalpaka, Nora Räthzel und Klaus Weber haben sich in ihrem Band »Rassismus. Die Schwierigkeit, nicht rassistisch zu sein« (Kalpaka/Räthzel/Weber 2017) mit den Wirkungsformen von Rassismus in Deutschland beschäftigt. In dem Band werden insbesondere Formen von Alltagsrassismus und institutionellem Rassismus sowohl ideologie- und kulturtheoretisch als auch subjektbezogen untersucht. Sie konstatieren, dass Begriffe wie Fremdenfeindlichkeit oder Ausländerfeindlichkeit nicht den Kern treffen, zumal sie im Gegensatz zum Terminus Rassismus die Machtasymmetrien

zwischen den stigmatisierenden und stigmatisierten Gruppen nicht problematisieren. Vielmehr stellt Rassismus auf ideologischer Ebene einerseits ein Macht- und Herrschaftsverhältnis dar, andererseits werden dadurch konstruierte *Wir-Gruppen* legitimiert und *Fremdgruppen* abgewertet. Der gegenwärtige Rassismus-Begriff bedient daher einen kulturalisierenden und ethnisierenden Diskurs, um letztendlich auf subtile Weise Ausgrenzungsformen zu legitimieren. Die Übergänge sind fließend. So müssen die rassistischen Gewalttaten und Mordanschläge von Mölln, Solingen, Kassel, Halle, Hanau sowie des NSU in diesem Lichte analysiert werden.

Rassismus hat viele Gesichter. Oder wie es Christoph Butterwegge (2017: 66) auf den Punkt bringt: »Rassismus ist ein Gattungsbegriff für Haltungen und Handlungen, durch die Personen aufgrund ihrer ethnischen Herkunft oder phänotypischer Merkmale … in Großgruppen … eingeteilt, deren Mitglieder bestimmte Charaktereigenschaften, Fähigkeiten und Fertigkeiten zu- oder abgesprochen werden, was scheinbar rechtfertigt, sie gegenüber anderen zu bevorzugen bzw. zu benachteiligen. … Größere Resonanz findet der Rassismus besonders dann, wenn Wirtschaftskrisen, gesellschaftliche Umbrüche und Katastrophen zu schärferen Verteilungskonflikten führen.« Die Abwertung der *Anderen* ist in dieser Beziehungsebene zugleich die Glorifizierung und Aufwertung der *eigenen* Gemeinschaft oder Gruppe. Étienne Balibar und Immanuel Wallerstein sprechen hier von der »Konfiguration eines Neorassismus« (Balibar/Wallerstein 1988), der sich insbesondere gegen Migrant*innen und Geflüchtete richtet. Letztendlich werden diese ausgegrenzten Gruppen zugleich zum Spielball für Projektionen von sozialen Problemen gemacht.

Gerade am Beispiel der rassistischen und rechtsextremen Gewalt in den 1990er Jahren und dem Brandanschlag von Solingen erkennen wir, wie gesellschaftliche Umbrüche, einhergehend mit Verteilungskämpfen, Wirtschaftskrise und Arbeitslosigkeit, den Weg für einen neuen Rassismus ebnen können.

Was hat uns Solingen zurückgelassen ...?

Rassistische Anschläge sind wie eine tiefe Wunde, die immer wieder aufbricht, wenn darüber gesprochen oder berichtet wird. Diese tiefe Wunde ist nicht nur ein Schmerz, sondern zugleich ein Riss, der durch die gesamte Gesellschaft geht. Ferner ist es eine Lücke, die mitten in einer Stadtgesellschaft entsteht. Wir spüren diese Lücke sowohl in Hoyerswerda, Rostock, Mölln, Solingen, Halle, Chemnitz, Hanau als auch tief in unseren Herzen.

Die Familie Dink und der Dink-Solidaritätskreis kämpfen seit Jahren dafür, dass im Rahmen einer Erinnerungskultur an die Vernichtung der Armenier sowie an den Mord an Hrant Dink erinnert wird. Der türkische Staat unter dem islamisch-nationalistischen Staatspräsidenten Recep Tayyip Erdoğan verhindert immer noch eine Auseinandersetzung mit der Armenier-Thematik in der Türkei. Daher fehlen auch Orte der Erinnerung und Begegnung, an denen zugleich auch an Dink erinnert wird.

In Solingen dagegen hat sich die Familie Genç entschieden, trotz allem dort zu bleiben. Mevlüde Genç, die älteste Überlebende, setzt sich seitdem für Verständigung und gesellschaftliches Miteinander ein. Dafür erhielt sie einen internationalen Preis für Zivilcourage. Und die nordrhein-westfälische Landesregierung stiftet seit Ende 2018 jährlich die »Mevlüde-Genç-Medaille« für besondere Verdienste um Toleranz, Versöhnung zwischen den Kulturen und um das friedliche Miteinander der Religionen.

Solingen hat lange gekämpft, damit in der Stadt Orte entstehen, die an den grausamen Mordanschlag erinnern. Tatsache ist, dass es in Städten bis heute sehr wenige Orte zum Gedenken an Opfer, Betroffene und Widerständige gibt. Die erste Initiative ging von dem Leiter der Solinger Jugendhilfe-Werkstatt aus, der auf eigene Initiative vor dem Mildred-Scheel-Berufskolleg gemeinsam mit Berufsschüler*innen ein Denkmal gegen Rassismus und rechte Gewalt aufgestellt hat. Ein Symbol, zusammengesetzt aus Stahlringen, in der jeder Ring den Namen seines Spenders trägt. Solch ein Denkmal bildet ein Puzzlestück eines Gesamtbildes, an dem Erinnerungskultur und antirassistischer Widerstand weiterarbeiten können. Die Kommunalpolitik in Solingen dagegen hat lange Zeit gebraucht, um einen Ort als »Mercimek-Platz« zu benennen – nach jenem Dorf, aus dem die Familie Genç ursprünglich kommt.

Das Haus in der Unteren Wernerstraße existiert nicht mehr. Heute erinnert eine Lücke an den Brandanschlag, ergänzt durch eine Gedenktafel für die Opfer des Mordanschlages. Eine Lücke, die zugleich an die tiefen Wunden erinnert. Anstelle des verbrannten Hauses erinnern in dieser entstandenen Lücke heute symbolisch fünf Kastanien-Bäume an den rassistischen Anschlag.

Die Auseinandersetzung mit Rassismus und rechtsextremer Gewalt benötigt gegenwärtig nicht nur einen gesellschaftspolitischen Umgang, sondern auch eine Opfer- und Betroffenenperspektive, die eine wichtige Säule in der Ver- und Bearbeitung des Themenkomplexes bildet. Aus dieser Perspektive gilt es, das Schweigen zu brechen und einen Raum für Mitsprache, Artikulation und Akzeptanz zu erhalten, insbesondere in der Auseinandersetzung mit neuen Rechtsextremismen und rechtspopulistischer Polarisierung (AfD, Pegida). Für die kommenden Generationen von Migrationsjugendlichen bleibt die Antwort auf die Kontinuität der rassistischen Anschläge, des rechten Terrors und der rechtspopulistischen Mobilisierung in erster Linie das Engagement für Partizipation und eine aktive Politik der Anerkennung, in der Unterschiedlichkeiten in der »*Gesellschaft der Vielen*« gefördert und nach dem gemeinsamen »*WIR*« und »*UNSER*« gesucht wird. Ferner geht es auch um den gesellschaftlichen Widerstand und die Auseinandersetzung mit den eigenen Rassismuserfahrungen. Daher müssen Politik und Gesellschaft gemeinsam Räume der Begegnung schaffen, um allen Formen von Rassismus und Rechtsextremismus entgegenzuwirken.

Literatur

Adorno, Theodor W. (1973): Studien zum autoritären Charakter. Frankfurt a. M.
Adorno, Theodor W. / Horkheimer, Max (1975): Dialektik der Aufklärung. Frankfurt a. M.

Balibar, Étienne / Wallerstein, Immanuel (1988): Rasse, Klasse, Nation. Ambivalente Identitäten. Hamburg.

Butterwegge, Christoph (2017): Rassismus im Zeichen globaler Wanderungsbewegungen und vermehrter Fluchtmigration nach Deutschland. In: K. Bozay / D. Borstel. Ungleichwertigkeitsideologien in der Einwanderungsgesellschaft. Wiesbaden.

Kalpaka, Annita / Räthzel, Nora / Weber, Klaus (2017): Rassismus. Die Schwierigkeit, nicht rassistisch zu sein. Hamburg.

Mehmet Gürcan Daimagüler

Ich habe aus dem NSU gelernt

> Wenn man wirklich wissen will, wie die Justiz in einem Land arbeitet, fragt man nicht die Polizeibeamten, die Juristen oder die behüteten Angehörigen des Mittelstands. Man geht zu den Schutzlosen – exakt zu jenen, die am meisten auf den Schutz des Rechtsstaates angewiesen sind! – und lässt sie Zeugnis ablegen. Frage irgendeinen Mexikaner, irgendeinen Puerto Ricaner, irgendeinen schwarzen Mann, irgendeine arme Person – frage die Elenden wie es ihnen ergeht in den Hallen der Gerechtigkeit, und dann wirst Du erfahren, nicht ob das Land gerecht oder ungerecht ist, sondern ob das Land überhaupt eine Liebe zur Gerechtigkeit oder auch nur eine Idee von Gerechtigkeit hat. Sicher ist auf jedem Fall, dass Ignoranz gepaart mit Macht der grausamste Feind ist, den Gerechtigkeit haben kann.
>
> *James Baldwin,*
> *aus: »No Name in the Street« (1972)*

»Wir haben aus dem NSU gelernt«. Diesen Satz höre ich zuweilen, wenn Politiker über den »Nationalsozialistischen Untergrund« sprechen. Dieser Satz ist bemerkenswert. Wer ist das »Wir«, das am Anfang des Satzes steht? »Wir« Deutschen? »Wir« Migranten? »Wir« Mächtigen aus der Politik? Je nach dem kann es – vorsichtig ausgedrückt – einen großen Unterschied machen, ob und was aus »dem NSU gelernt« wurde.

»Wir« Deutschen haben, jedenfalls in unserer großen Mehrheit, das Thema NSU schon lange abgehakt, ist mein Eindruck. Schließlich hat Deutschland andere Sorgen.

»Wir« Migranten haben gelernt, dass man sich gegen einen mörderischen Rassismus nicht unbedingt auf den Schutz des Staates verlassen kann, auch das ganz vorsichtig ausgedrückt.

»Wir« Verfassungsschützer haben gelernt, dass Schreddern, Lügen und Vertuschen nicht wirklich schädlich sein müssen. Im

Gegenteil: Im Ergebnis kann man stärker aus dem Skandal herauskommen, als man hineingegangen ist. Mehr Personal, mehr Geld, mehr Befugnisse. Einen neuen Chef und Muster-Demokraten wie Hans-Georg Maaßen gibt es obendrein dazu.

Die Preisfrage lautet: Was hat die Politik gelernt aus dem NSU? Die einen sagen, es sei die Tatsache, dass es tatsächlich Rassismus und Rechtsterrorismus in Deutschland gäbe. No shit, Sherlock! Als wären Oktoberfest-Attentat, Mölln und Solingen und so vieles mehr unter dem Ausschluss der Öffentlichkeit geschehen. Davon ganz abgesehen: So richtig »gelernt« wurde noch nicht einmal dies. Warum sonst versuchten Behörden, allen voran der Freistaat Bayern, das rechtsradikale Attentat von München im Jahr 2016, bei dem ein 18-jähriger Rassist am und im Olympia-Einkaufszentrum (OEZ) sieben Muslime, einen Rom und einen Sinto ermordete, hartnäckig als Amoklauf eines psychisch Gestörten zu entpolitisieren? Weil man sonst darüber sprechen müsste, woher der mörderische Hass auf Muslime und auf Sinti und Roma kommt? Weil man dann auch über die politische Mitverantwortung für die Morde sprechen müsste? Die Story von einem geisteskranken Teenager ist sehr viel praktischer, und was nicht passt, wird passend gemacht.

Welches Narrativ wird sich durchsetzen?
Das der Opfer? Das des Staates?
Wenn wir über die Analyse des NSU-Komplexes und die Lehren aus dem NSU sprechen, kommt es also auf die Perspektive an. Diese Feststellung ist eine Banalität. Dennoch ist es wichtig, sie im Hinterkopf zu behalten. Denn es kann, mehr noch, sehr wahrscheinlich, *wird* sich am Ende in der kollektiven Erinnerung eine Analyse, eine Perspektive durchsetzen.

Es geht um Narrative. Laut *Wikipedia* handelt es sich bei einem Narrativ um »eine sinnstiftende Erzählung …, die Einfluss hat auf die Art, wie die Umwelt wahrgenommen wird. Er transportiert Werte und Emotionen, ist in der Regel auf einen Nationalstaat oder ein bestimmtes Kulturareal bezogen und unterliegt dem zeitlichen Wandel.

In diesem Sinne sind Narrative keine beliebigen Geschichten, sondern etablierte Erzählungen, die mit einer Legitimität versehen sind.«

Die staatliche Erzählung gleicht einem Theaterstück in drei Akten. Jeder dieser Akte baut auf einer Lüge auf, und so gleicht das ganze Stück einem Schmierentheater, geschrieben für ein anspruchsloses Publikum mit kurzem Gedächtnis.

Im ersten Akt werden aufgeführt: Pleiten, Pech und Pannen. Große und kleine Fehler wurden gemacht und im Ergebnis konnten die Nazi-Mörder des NSU leider, leider erst superspät enttarnt werden. (Ermittlungs-)Pannen sind doch aber irgendwo ganz menschlich, die kommen vor, da kann man nichts machen, oder nicht?

Im zweiten Akt folgt die tätige Buße: Alles ganz schlimm. Wird aber lückenlos aufgearbeitet. Schließlich sind wir Weltmeister bei der Bewältigung von Vorgängen, die in der Vergangenheit liegen. Der Staat gibt alles. Alles *Wesentliche* wird aus-ermittelt.

Im dritten Akt folgt das unvermeidliche Happy End: Wir haben die bundesdeutsche Katharsis hinter uns. Also die Läuterung der Seele nach einer Katastrophe. So etwas wie der NSU kann sich nicht wiederholen, dafür hat der Staat gesorgt.

Das Drehbuch und die Begrifflichkeiten sind Framing vom Feinsten. Es geht eben nicht um »Pannen«, die zum Leben gehören und für die man nichts kann. Es geht um ein *systematisches* Versagen – ich weiß, klingt seltsam –, dessen Ursache institutioneller Rassismus in deutschen Amtsstuben ist.

Der NSU wurde auch nicht »enttarnt« – schon gar nicht von der Polizei –, sondern hat sich selbst aufgedeckt. Hätten Mundlos, Böhnhardt, Zschäpe die Česká 83, mit der sie neun Migranten kaltblütig ermordeten, weggeworfen und das Bekennervideo nicht produziert: Noch heute würden mit einiger Sicherheit die Mordopfer selbst und ihre Angehörigen durch die Polizei der Zugehörigkeit zur Drogenmafia beschuldigt.

Alles *Wesentliche* wird aus-ermittelt? Was ist mit den NSU-Netzwerken? Wer sind die Mittäter und Helfershelfer? Bundeskanzlerin Angela Merkel hatte auf der Trauerfeier für die Ermordeten gesagt:

»Als Bundeskanzlerin der Bundesrepublik Deutschland verspreche ich Ihnen: Wir tun alles, um die Morde aufzuklären und die Helfershelfer und Hintermänner aufzudecken und alle Täter ihrer gerechten Strafe zuzuführen. Daran arbeiten alle zuständigen Behörden in Bund und Ländern mit Hochdruck.«

Aufklärung? Mit Hochdruck? Alle zuständigen Behörden? Welche Rolle haben denn deutsche Geheimdienste gespielt und welche Rolle spielen sie noch immer? Warum wurden Akten über Akten geschreddert? Akten wurden verschwunden – ich weiß, klingt auch seltsam. Fragen über Fragen.

So etwas wie der NSU kann sich nicht wiederholen? Soll das ein schlechter, geschmackloser Witz sein? Dass sich eine rassistische Mordserie wiederholen kann, liegt auf der Hand. Vielleicht wiederholt sie sich gerade in diesem Moment. Und was ist mit Hanau? Was ist mit dem NSU 2.0? Der Schriftsteller Oliver Hassencamp mahnte einmal völlig richtig: *Aus Lügen, die wir glauben, werden Wahrheiten, mit denen wir leben.*

Wollen wir wirklich mit dieser Form der »Wahrheit« leben? Es ist nicht so, dass nichts aufgeklärt wurde, das ist richtig. Ich behaupte nicht, dass der Staat insgesamt vollkommen untätig war. Er war aber vor allem dort engagiert, wo die Schuld auf einige wenige Nazi-Verbrecher begrenzbar erschien. Der Staat wurde hingegen sehr einsilbig, wo es für den Staat selbst drohte *heikel* zu werden. Überall dort, wo der Staat und seine Organe selbst Schuld auf sich geladen hatte, erlahmte oder gar erlosch der Aufklärungseifer. 2011 enttarnte sich der NSU selbst, doch kennen wir bis heute im besten Falle die halbe Wahrheit. Die *halbe* Wahrheit ist aber nicht die *Hälfte* der Wahrheit. Die halbe Wahrheit kommt der Lüge näher als der ganzen Wahrheit.

No shit, Sherlock: Der weiße Mann
erklärt den unwissenden Schwarzköpfen die Welt

Das Verfahren *6 St 3/12 gegen Beate Zschäpe u. a.* fand vor der Staatsschutzkammer des Oberlandesgerichts München statt. Schnell wurde klar, dass in München der Begriff »Staatsschutzkammer« eine doppelte Bedeutung hat: Hier wurden Nazis wegen Straftaten gegen Staat und Gesellschaft angeklagt. Gleichzeitig war die Kammer aber bemüht, auch den Staat zu schützen. Immer wieder wurden Beweisanträge von Nebenklägern abgelehnt, Zeugen nicht geladen und auch die dreistesten Lügen von Verfassungsschützern einfach hingenommen.

Auch außerhalb des Gerichts war die Situation nicht besser. Nach einem Skandal wie dem NSU hätte ich erwartet, dass eine ernsthafte, tiefgründige Debatte um Rassismus stattfindet. Aber davon konnte keine Rede sein. Stattdessen erklärten Nicht-Betroffene den Betroffenen, was alles kein Rassismus ist. Der weiße Mann erklärt den unwissenden Schwarzköpfen die Welt, lautete das Motto.

Rassismus. Schon das Wort allein führte und führt zu heftigen Abwehrreaktionen beim Gegenüber. Sofort wird abgestritten, relativiert, beschwichtigt. Viele Deutsche empfinden es als eine Frechheit, mit diesem Thema konfrontiert zu werden. Nicht der Rassismus wird als das Problem wahrgenommen, sondern der Betroffene, der darüber spricht und der einen Einblick in seine Realität geben will. Ein Gespräch oder eine Auseinandersetzung mit dem Gesagten findet dann in der Regel gar nicht statt und schon gar nicht auf Augenhöhe.

Ich könnte kotzen, wenn ein blonder, blauäugiger Zahnarzt, der Sohn eines Zahnarztes ist, mir erklären will, warum dieses oder jenes Erlebnis kein Rassismus sei. Solche Leute können oder wollen nicht verstehen, warum ein Betroffener, der sich gezwungenermaßen ein Leben lang mit Problemen wie Rassismus auseinandersetzen muss, es als herablassend empfindet, sich von jemandem die Situation erklären zu lassen, der persönlich nicht betroffen ist, der sich weder wissenschaftlich noch beruflich mit der Thematik beschäftigt hat, der aber zum Ausgleich eine ganz feste Meinung hat. In den USA nennt man das treffend Whitesplaining. Ganz ehrlich: dann ist mir ein Nazi und Rassist als Counterpart fast lieber. Bei dem wissen alle Beteiligten, auch der Nazi selbst, woran sie sind.

Nein, eine Debatte hat nicht stattgefunden. Dabei brauchen wir diese Debatte. Wir müssen verstehen, *wer* wir sein wollen und *was* wir sind. Wir müssen *gemeinsam* diskutieren und entscheiden, wie wir unsere offenkundigen Probleme lösen können (ja, auch Du, der nicht an Rassismus glaubt: Ganz tief im Innern weißt Du, wovon ich spreche).

Eine der größten Herausforderungen im Diskurs ist das geradezu synonyme Verwenden der Begriffe »Nazi« und »Rassist«. Jeder Nazi ist ein Rassist, aber nicht jeder Rassist ist ein Nazi. Um es an einem Beispiel zu illustrieren: Ein Herr Sarrazin ist nach meinem Verständnis ein Rassist – das Stichwort: »Juden-Gen« sei hier genannt. Anhaltspunkte dafür, dass er ein Nazi ist, habe ich hingegen nicht.

»Rechtsextremismus und Rechtsterrorismus sind eine der größten Bedrohungen für die Sicherheit in Deutschland«, erklärte Bundesinnenminister Horst Seehofer anlässlich der ersten Sitzung des Kabinettsausschusses zur Bekämpfung von Rechtsextremismus und Rassismus. No shit, Sherlock!, möchte man spontan bei einem solchen Satz, fast neun Jahre nach der NSU-Selbstenttarnung, rufen. Was aber Herr Seehofer nicht versteht oder nicht verstehen will, ist, dass der Rechtsextremismus nicht vom Himmel fällt. Er ist auch Folge einer gesellschaftlichen Akzeptanz für Rassismus, insbesondere wenn er in der Form der »Islamkritik« daherkommt. Das Verbreiten von negativen Werturteilen, die alltägliche Abwertung von Muslimen, das Beschwören der »Gefahr Islam«: alles dies ist doch ein Soundtrack, den wir täglich hören, auch aus dem Mund von Politikern und Publizisten, die gemeinhin als Demokraten durchgehen. Ähnliche Mechanismen laufen auch in der Debatte über Geflüchtete oder Sinti und Roma ab. Wenn aber der Hass gegenüber Minderheiten Mainstream ist oder als solcher erscheint, dauert es nicht lange, bis selbsternannte »Patrioten« zur Waffe greifen. Sie sehen sich dann als Vollstrecker einer untätigen Mehrheit, die immer redet, aber nicht handelt. Warum waren denn die Opfer des NSU, die Opfer der Morde vom Olympia-Einkaufszentrum und die Opfer aus Hanau überwiegend Muslime, Sinti und Roma?

Wenn wir über den Kampf gegen Rechtsextremismus sprechen wollen, kommen wir an einer Debatte über den Rassismus in den Köpfen der demokratisch-bürgerlichen Mitte nicht vorbei. »Bürgerlich« ist nicht der ideologische Gegenentwurf zum Rechtsextremismus: »Bürgerlich« ist oft das Labor, in dem Rassismus kreiert wird.

Pseudowissenschaftlich untermauert wird dieses vorgefertigte Selbstbild der bürgerlichen Mitte durch die Extremismus-Doktrin. Und die geht so: Der gesellschaftliche Mainstream ist demokratisch, weltoffen und definiert sich durch das klare Bekenntnis zur freiheitlich-demokratischen Grundordnung. Mit dem linken und rechten Rand – die im Übrigen natürlich vollkommen *gleichermaßen* gefährlich sind – verbindet nichts außer der zufälligen geografischen Nähe. Ideologische Schnittmengen sind selbstverständlich vollkommen ausgeschlossen. Die »Mitte« kann ja schon per Definition gar nicht extremistisch sein. Dass rund die Hälfte der Deutschen meint, es gebe zu viele Ausländer im Land – gemeint ist natürlich deren Aussehen und Herkunft, nicht die Staatsangehörigkeit –, passt da natürlich nicht so richtig ins Bild. 28 Prozent der deutschen Eliten (mit einem Jahresgehalt von mindestens 100.000 Euro) behaupten, Juden hätten zu viel Macht in der Wirtschaft und 26 Prozent stimmen zu, wenn es heißt, Juden hätten »zu viel Macht in der Weltpolitik« – Aussagen, die zum klassischen Repertoire des Antisemitismus gehören.

Die Vorstellung, Rassismus, Antiziganismus und Antisemitismus wären nur in rechtsextremen Kreisen verbreitet, bagatellisiert nicht nur die Gefährlichkeit gewaltbereiter Neonazis, sondern befreit auch die sogenannte Mitte von jeder Verantwortung.

Wir werden als Land nicht weiterkommen, wenn wir nicht in den Abgrund schauen, auch auf die Gefahr hin, dass der Abgrund zurückblickt. Das Verständnis von der Würde des Menschen, von der Demokratie, vom Rechtsstaat: Alles dies sind keine Resultate von Naturgesetzen. Es sind Resultate menschlichen Ringens. Daraus folgt aber, dass auch das Ende von alledem das Resultat menschlichen Ringens sein kann. Was haben wir aus dem NSU gelernt? Ganz ehrlich: Ich weiß es. Ich weiß, was ich gelernt habe: Wir müssen über Rassismus sprechen, auch wenn viele nicht zuhören wollen. Wir müssen kämpfen. Jeden Tag. Für die Menschenwürde. Für die Demokratie. Für den Rechtsstaat.

Caleb Duczak

Die Initiative Oury Jalloh
und der Kampf um die Aufklärung

Die Rufe nach der »Migrantifa« werden immer lauter. Rufe nach einem Zusammenschluss unterschiedlichster Migrant*innengruppierungen im Kampf gegen Rassismus, Neonazis und Diskriminierung aller Art. Ihre Botschaft: Die bereits obsoleten »Integrationsdebatten« durch Forderungen nach physischer und psychischer Sicherheit von Migrant*innen zu ersetzen.

Ja, hier in Deutschland.

Dass sich die Polizeigewerkschaften, insbesondere die GdP, von diesem Aufruf angesprochen fühlen – und das zu Recht –, war ebenso wenig überraschend wie der Umstand, dass das Innenministerium Fragen der eigentlichen inneren Sicherheit »verneint«. Es sind Fragen der Betroffenheitsperspektive von Migrantinnen und Migranten, Fragen zu Racial Profiling, zu nationalistisch und rassistisch motivierten Kräften und deren engem Draht zu hohen Beamt*innen aus Polizei und Bundeswehr – auch sind es vermeintlich private Chatgruppen oder Tweets, welche antidemokratischen und hetzerischen Gesinnungen Ausdruck verleihen – eben auch von Personen, die ihren Eid auf die Verfassung schworen. Diese Kultur des »Verneinens« beschwört mantraartig, dass es in Deutschland weder strukturelle noch institutionelle Räume rassistischer Gewalt gebe. Zur Ironie der Geschichte gehört, dass die empörten »Verneiner« aus den Chefetagen jener Institutionen kommen, die Rassismusprobleme in den eigenen Reihen offenbar nicht loswerden und in aller Regel bestreiten. In diesen Führungspositionen sind wir Migrant*innen nicht vertreten.

Wer nimmt sich der Ohnmacht unserer Perspektiven an? Die Rufe nach der »Migrantifa« werden noch lauter werden.

Oury Jalloh, das war M***!

Oury Jalloh wurde am 7. Januar 2005 in einer Dessauer Polizeizelle, wie es offiziell heißt: tot aufgefunden. Betrachten wir den Fall genauer, so stellt sich die Frage, ob die handelnden Akteur*innen lediglich in die Mechanik der Macht verstrickt sind oder ob die rassistischen Praxen einer bestimmten politischen Agenda folgen:

Am Freitag, dem 7. Januar 2005, wird der asylsuchende Oury Jalloh aus Sierra Leone in Dessau festgenommen. Passant*innen hatten die Polizei verständigt, da diese sich von ihm bedroht fühlten. Zu jener »Bedrohung« lässt sich Gabriele Dietzes Theorie des »Ethnosexismus« heranziehen, die nach einer sexualpolitisch argumentierenden Abwehr von Migrant*innen und Geflüchteten fragt: Nach Migrationsfeindlichkeit, im Sinne einer komplexen Intersektionalität von Geschlecht, Ethnie, Sexualität, Religion, Klasse und geopolitischer Positionierung. Vor allem Afrikaner werden demnach häufig in das Klischee einer Hypersexualität und animalischen Potenz gedrückt (Dietze: 2016), und das mit historischer Tradition. Zu verweisen ist etwa auf die speziell angefertigten Münzen zur »Schwarzen Schmach« (auch: »Schwarze Schande«), einer angesichts der Rheinlandbesetzung in der Folge des Versailler Vertrags Anfang der 1920er Jahre von Deutschland ausgehenden internationalen Kampagne gegen den Einsatz und die Stationierung französischer Kolonialtruppen aus Westafrika.

Umstandslos wurden den kolonialisierten Soldaten massenhafte Vergewaltigungen an Frauen und Kindern unterstellt. Die Prägung enthält auf der einen Seite eine Weiße* Frau, gefesselt an einen erigierten Penis, und auf der anderen einen Soldatenkopf, deutlich einem Schwarzen Afrikaner zuzuordnen. Von welcher

---

*   Die Worte ›Schwarz‹ und ›Weiß‹ benutze ich nicht als Adjektive und Farbbeschreibungen, sondern als politische und deshalb als großgeschriebene Bezeichnungen.

»Bedrohung« die Passantinnen in Oury Jallohs Fall ausgingen, lässt sich auch mehr als 15 Jahre später nicht genau sagen. Fakt ist: Oury Jalloh verbrannte an diesem Freitag in der Arrestzelle 5 des Polizeireviers Dessau-Roßlau. Gefesselt auf einer feuerfesten Matratze und laut Protokoll zuvor zweimal durchsucht. Dennoch zündete Oury Jalloh sich bzw. die Matratze mit einem Feuerzeug selbst an, so zumindest gemäß der Staatsanwaltschaft Dessau. Dieser Variante folgten Justizbehörden des Landes Sachsen-Anhalts zwölf Jahre lang.

2017 kam es zu einer Wende: Auf Druck der Familie sowie von Freunden und Initiativen untersuchte ein Würzburger Sachverständigengremium, bestehend aus Dessauer Staatsanwälten, Brandexperten, Toxikologen, Rechtsmedizinern und Chemikern, die Theorie des Selbstanzündens erneut. Mit Hilfe von Experimenten und Analysen gelangte man zu dem Ergebnis, dass Oury Jalloh bereits verstorben sein musste, bevor er verbrannte. Zudem müssen laut der Sachverständigen Brandbeschleuniger eingesetzt worden sein. Oury Jallohs niedriger Adrenalinspiegel diente den Expert*innen als Indiz, dass er zum Zeitpunkt der Verbrennung nicht mehr gelebt haben dürfte. Vergleiche mit anderen Verbrennungsopfern zeigen gegenteilige Reaktionen. Verbrennungen sind ein unglaublicher Stressfaktor für den Körper und die Psyche, weshalb enorme Mengen an Adrenalin ausgeschüttet werden. Warum ein Gremium sich erst zwölf Jahre später der Sache annimmt, lag mitunter an der systematischen Vernichtung der Spuren am Tatort. In uns bekannter NSU-Tradition wurde der Tatort der Spurensicherung besenrein übergeben. Im ordentlichen Eifer entsorgte der Hausmeister der Polizeiwache zudem eine der Handschellen, in denen Oury Jalloh sich angezündet haben soll. Die Liste lässt sich nach Belieben erweitern. Ermüdend.

Ein weiteres Gutachten, 2019 von der Goethe-Universität Frankfurt am Main angefertigt, stellte Frakturen an Kopf, Gesicht und der 11. Rippe fest. »Alles keine ausreichenden tatsächlichen Anhaltspunkte für eine Beteiligung Dritter«, so die Staatsanwaltschaft Halle.

Parallelen zu dem Fall der im März 2020 in Louisville (Kentucky/ USA) »irrtümlich« erschossenen jungen Schwarzen Frau Breonna Taylor kommen auf und zu einer Justiz, die Polizeieinsätze mit Todesfolgen weder transparent aufarbeitet noch die Akteur*innen unverhältnismäßiger Gewaltanwendung oder Nachlässigkeit zur Rechenschaft zieht. Trotz der genannten Gutachten schloss das Oberlandesgericht Naumburg im Oktober 2019 die Akte Oury Jalloh und ließ kein weiteres Verfahren mehr zu. Das Gericht erkannte die Gewaltspuren an der Leiche Oury Jallohs an, dies sei jedoch kein Grund für einen sogenannten Verdeckungsmord. Institutioneller Rassismus sei dem Gericht zufolge ebenfalls kein Motiv. Erneut stehen wir einer Aufarbeitung allein gegenüber.

Kampf um Aufklärung – Widerstand gegen Rassismus

Über Communities, Initiativen, Verbände und Netzwerke halten wir die Akte Oury Jalloh, allen Widerständen zum Trotz, geöffnet. Erneut stehengelassen und gedemütigt von der deutschen Justiz, erleben wir die Auswirkungen rassistisch motivierter Gewalt in ihrer strukturellen Erscheinung am deutlichsten. Wie in so vielen Fällen, ob Hoyerswerda, Mölln oder Solingen, sterben Menschen in der Obhut eines Staates, welcher vorgibt, sie zu schützen. Ein übergeordnetes Justizministerium sieht keinen Grund zur Aufklärung des Sachverhalts, obwohl ein enormer Teil der deutschen Medienlandschaft den Fall Oury Jalloh als einen der größten Justizskandale seit 1945 betitelt. Zudem zeigt sich hier ein lupenreiner politischer Skandal, indem Akteur*innen des Innenministeriums, der Polizeigewerkschaften und von Parteien, allen voran CDU/CSU und AfD, Täter*innen zu Opfern machen und die leidtragend marginalisierten und migrantisierten Menschen dämonisieren. So weit würde die deutsche Medienlandschaft dann doch nicht gehen: einen Justizskandal als Ausdruck rassistischer Kontinuitäten in Deutschland zu bezeichnen. Denn nach deren Lesart passt »individueller Rassismus« in kein strukturelles Gesamtbild und muss deshalb individuell betrachtet werden. Laut Thorsten Schulz, dem Polizeipräsidenten Leipzigs, schaden die überführten »Einzeltäter« dem Ansehen der Polizei. Zu betrachten sind immer die Perspektiven: Mag das Ansehen der Polizei aus Sicht nicht migrantisierter Bürger*innen sinken, so bestätigt der »Einzeltäter« die Perspektiven der migrantisierten Betroffenen auf die Polizei als gesamtpolitisches Organ mehr denn je. Zur Verdeutlichung: Argumentiert die AfD mit einer »Hetzjagd auf Polizeibeamte« oder »einem von links geführten politischen Zirkus«, so sprechen wir über »Copculture«, dem »Code of Silence« oder die hermetisch abgeriegelten »Kontrollinstanzen« innerhalb der deutschen Polizei. Was bleibt, ist die Sorge, all dem ohnmächtig ausgesetzt zu sein. Die immer wiederkehrenden, zermürbenden Debatten über Integration und Zugehörigkeit müssen durch Debatten über intellektuell daherkommende Erscheinungsformen von Rassismus ersetzt werden, die in ihren Ausprägungen von Sprache und Diskursen längst in der Mitte der Gesellschaft verankert sind. Die beiden Polizeibeamten der Polizeiwache Dessau bezeichneten Oury Jalloh in Tonaufnahmen als »Schwarzafrikaner«. Warum sind wir nicht ähnlich präzise in der Bezeichnung von Racial Profiling? Forderungen wie diese sind schwer, geradezu unmöglich, jenseits von Chefetagen umzusetzen, eben wenn Weiße, oftmals männliche Menschen ohne Betroffenheitsperspektiven, den narrativen Ton angeben und über politische Maßnahmen entscheiden.

Dennoch braucht es keine Resignation. Im Gegenteil, es bedarf mehr denn je noch intelligenterer, noch durchdachterer Empowermentstrategien und Widerstandsformen gegen rassistische Praxen und Kontinuitäten. Der Fall Oury Jalloh muss für unseren Kampf um Aufklärung auf allen Ebenen stehen.

Auf den Straßen wurde »OURY JALLOH, DAS WAR MORD!« skandiert. Gemeint war, ob wörtlich oder sinnbildlich: Mord an uns allen, die wir Schwarz sind und in Deutschland leben; Mord an uns allen, die wir migrantisiert werden und in Deutschland leben. Wir rufen gemeinsam, da uns die Angst verbindet, Oury Jallohs Schicksal auch eines Tages teilen zu müssen. Durch die Hände von Weißen Polizeibeamtinnen und Polizeibeamten und gedemütigt von einer deutschen Justiz, welche an der Aufklärung des Falls Oury Jalloh offensichtlich niemals interessiert war. So werden wir auch in Zukunft laut sein.

Der Kampf um Aufklärung beginnt jetzt und hier. Bündnisse wie die »Migrantifa« betreiben aktive Aufklärung rassistischer Polizeigewalt. Wie im Fall Oury Jalloh, Halim Dener, Amad Ahmad oder Samuel Yeboah, der 1991 bei einem rassistischen Brandanschlag ermordet wurde. In allen Fällen trug niemand auch nur ansatzweise irgendeine juristische Schuld. Judith Butler fragt: »When is a life grievable?« Wann ist ein Menschenleben zu betrauern? »An ungrievable life is one that cannot be mourned because it has never lived, that is, it has never counted as a life at all« (Butler: 2010). Daraus lässt sich folgender Grundsatz ableiten: betrauern wir nicht die getöteten Menschen rassistischer Überfälle, erkennen wir ihr Leben nicht als überlebenswürdig an und nehmen ihnen das Recht, ein psychisch und physisch unversehrtes Leben zu führen.

Die Amadeu Antonio Stiftung kämpft gegen das Vergessen von Todesopfern rassistischer Gewalt in Deutschland. Es sind Zusammenschlüsse wie diese, die mit ihren täglichen Bemühungen um Aufklärung marginalisiertem und migrantischem Leben den gleichen Wert zukommen lassen wie dem der Weißen deutschen Mehrheitsgesellschaft. Es ist das Mahnmal auf dem Oranienplatz in Berlin-Kreuzberg, welches an Polizeigewalt erinnert und den Geschädigten einen Ort des Gehörs und der Trauer bietet. Errichtet durch Gruppierungen, die sich dem »migrantischen« Spektrum zuordnen. Während sich die deutschen Polizeistationen in einem Klima der Unfehlbarkeit suhlen, führen uns jene Todesopfer rassistischer Gewalttaten unsere eigene Zerbrechlichkeit vor Augen. Oury Jalloh starb nicht einfach so, er starb in der Haft einer Dessauer Polizeidirektion, deren stellvertretender Polizeipräsident seine Untergebenen aufforderte, die Erfassung rechtsextremer Straftaten zu bremsen. Das deckte der Berliner *Tagesspiegel*-Redakteur Frank Jensen bereits 2007 auf. Oury Jalloh starb in einem Bundesland mit den bundesweit höchsten Zahlen rechtsextremer Kriminalität. Und

doch kämpft Oury Jalloh weiter, er kämpft weiter als Leitbild etli-
cher in Deutschland lebender migrantisierter Generationen. Oury
Jalloh lebt weiter als Wahrzeichen eines kollektiven Gedächtnisses
gegen das Vergessen und für die Aufklärung jahrhundertealter Ressentiments.

Literatur

Gabriele Dietze (2016): Ethnosexismus. Sex-Mob-Narrative um die Kölner Silves-
ternacht, online: https://movements-journal.org (pdf), S. 177-184.
Judith Butler (2010): Frames of war. When is a life grievable?, London.
https://initiativeouryjalloh.wordpress.com.

Dîlan Karacadağ

Hanau – oder: Für einen Journalismus jenseits von Rassismus

19. Februar 2020, 22:05 Uhr
Ahnungslos lese ich einen Tweet von einem Genossen: »Was ist in Hanau los«. Um Näheres zu erfahren, wollte ich mich an jemanden vor Ort wenden. Als erstes fiel mir meine Freundin Serpil ein, und ich schrieb ihr: »Serpil, canım. Hanau'da neler oluyor?« *(Serpil, meine Liebe, was ist in Hanau los?)* – Blaue Häkchen, keine Antwort. Wie hätte ich ahnen können, dass sie sich in diesem Moment vor dem Tatort besorgt nach ihrem Sohn sehnte, der Minuten zuvor ermordet worden war.

Mit der Hoffnung, über Twitter mehr Informationen zu bekommen, tippe ich mehrmals »Hanau« in das Suchfenster, nach und nach tauchen die ersten Videos auf. Zu sehen waren Polizist*innen, die Jugendliche festnehmen, besorgte Menschen, die versuchen, an die Tatorte zu gelangen, die von der Polizei aufgehalten werden, eine weinende Frau – heute ahne ich, dass sie die Mutter des ermordeten Gökhan Gültekin war, die vom Tod ihres Sohnes erfährt.

Rassistische Spekulationen und Medienmanipulation
»Man spricht von einem Streit zwischen Kurden und russischer Mafia.« (*BILD*) – Damit fingen die ersten rassistischen Spekulationen an, und mir war sofort klar, ich musste einen Bericht verfassen. An den »Erkenntnissen« von *BILD* konnte ich mich ohnehin nicht orientieren, also übernahm ich die Nachtschicht und recherchierte weiter.

Außer der Live-Übertragung auf *bild.de* erschien so gut wie nichts in den Medien – was ein übergeordnetes Problem darstellte. Auch andere Informationen, gepaart mit tendenziösen Ansichten, waren unglaubwürdig. Eine Berichterstattung sollte ohne Manipulation machbar sein. So stellt sich die Frage, wie wichtig die Meldung ist, dass der Tod von neun Menschen durch »einen Streit zwischen Kurden und russischer Mafia« entstanden ist? Die Absicht bei dieser Wortwahl ist nichts Weiteres als die »Empathie« der rassistischen Gesinnung zu erwecken. »Streit«, »Mafia« und »Kurden« – da kann ja nichts Gutes (!) erfolgen. Wie ein Puzzleteil des ganzen Vorurteils.

Aus »Döner« wurden »Shisha«

Diese Wortwahl und das Gedankengut der Medien kennen wir auch von den NSU-Morden. Von 2000 bis 2006 sind bundesweit neun Menschen Opfer der rassistischen Anschläge geworden, die in der Berichterstattung häufig als »Döner-Morde« bezeichnet wurden. Nicht Mörder, sondern die Mordopfer wurden in den Fokus genommen. Auch die von der Polizei vorgegebenen Spekulationen gingen immer in Richtung Kriminalität und Kriminalisierung der Opfer. Auch hier sollte hinterfragt werden: Wie wichtig ist die Lebensweise der Opfer? Zu dem Behörden- und Staatsversagen kam ein Medienversagen hinzu. Den Aussagen der Polizei wurde unkritisch gefolgt und damit zur Dehumanisierung der Opfer ermutigt. Sowohl die Behörden als auch die Medien schrieben die Verantwortung für die Morde den Opfern zu. Hier geht es nicht nur um Boulevard-Zeitungen, sondern auch eine Zeitung wie die *taz*, die als »links« gesehen wird, machte nicht davor halt, den Begriff der »Döner-Morde« zu verwenden. Wenig verwunderlich, wurde die Bezeichnung der »Döner-Morde« auch in der *FAZ*, der *Süddeutschen Zeitung* oder in der *Welt* benutzt.

Staatstragende Medien und die Rolle von Sprache

Bezeichnen wir doch jene Medien, die auf einem Auge blind sind, die diskriminierenden staatlichen Spekulationen unkritisch folgen und die Opfer zu Tätern machen, doch als staatstragend.

Eine Gruppe abzuwerten, ist einfacher als das Agieren der Behörden zu kritisieren und dort strukturellen Rassismus zu erkennen. Teil des Journalismus ist es zu hinterfragen. Systemfragen, struktureller Rassismus und staatliche Diskriminierung sind eben nicht mit einfachen Schablonen einzuordnen. Aber mehr noch: in einer staatstragenden Funktion kommt den Medien vor allem in Krisenzeiten auch die Funktion zu, eine gesellschaftliche Spaltung mitunter noch zu vertiefen. Es wird versucht, mit irrelevanten, teilweise irrigen Informationen die Lebensweise der Opfer in den Fokus zu rücken, um weiteres Hinterfragen zu vermeiden. Mit verschiedenen Mitteln werden Mordmotive ergründet, um diese dann auch den Opfern zuzuschreiben. Auch das Interesse, somit »durchschlagende Erfolge« zu erzielen, wird verfolgt. Zahlreiche Medien verharmlosten das Rassismusproblem unter dem Begriff »Fremdenfeindlichkeit«. Zu lange wurde von verwirrten Einzeltätern gesprochen. Die achtlose Wortwahl bereitet Rassismus den Boden.

Nochmal und simpel erklärt: Einer ignoranten deutschen, weißen Gesellschaftsgruppe vorzumachen, dass in Shisha-Bars nur »Kanaken« wären, die »dealen und schmarotzen«, ist nicht schwer. Dass dies zur Verharmlosung eines rassistischen Mordes dient, wird kaum noch hinterfragt.

Die zweite Erklärung wäre »simpler«: auf einem rassistischen Boden, den die Medien mitbereitet haben, konnten die Täter agieren. So änderte sich die Sprache auch nach dem Anschlag von Hanau kaum. Die Rede war etwa von »Schießereien in Shisha-Bars« (verschiedene Medien), einer »Spielautomaten-Mafia« (Welt-Reporter) oder von »ersten Bildern nach den Shisha-Morden« (Focus Online). Diese Wortwahl zeigt, dass Rassismus einen festen Platz in unserer Gesellschaft hat und dass sich nach der Mordserie des NSU in der Sache nichts geändert hat. Aus »Döner« wurde »Shisha.« Es ist weiterhin eine »Das darf man ja wohl noch sagen dürfen«-Gesellschaft, die anstandslos das N-Wort, M-Wort und weitere, antisemitische, rassistische und sexistische, Begriffe hartnäckig verwendet.

Doch wie folgenreich ist die Art von Sprache? Und inwieweit hat die antirassistische Sprache Einfluss auf antirassistisches Denken? Auch wenn das nicht immer zu ermessen ist: Rassismus in der Sprache zu erkennen und darauf zu reagieren, gehört zum Teil des Kampfes gegen Rassismus. Den Versuch ist es wert.

Gerne wird danach gefragt, was die Behörden und die Regierung aus NSU-Morden gelernt haben. Doch ist nicht auch zu hinterfragen, welche Schlüsse wir, u. a. kritische migrantische Journalist*innen, daraus gezogen haben? Zu verweisen wäre etwa auf die positive Reaktion des Hanauer Oberbürgermeisters Claus Kaminsky, der unmittelbar nach dem Anschlag – sagte: »Die Opfer (von Hanau) waren keine Fremden!« Wir haben uns über eine solche eigentlich selbstverständliche Haltung gegenüber rassistischen Anschlägen »gefreut« und diese dankbar begrüßt. Dankbar dafür, dass er sich nicht landläufig verhalten hat!?

Absichtliches Einschlagen in die falsche Richtung

Nach dem Anschlag von Hanau haben staatstragende Medien zunächst versucht, rassistische Motive auszublenden. Den Forderungen nach Aufklärung und Gerechtigkeit für die Opferfamilien wurde mit teilweise frei erfundenen, bemitleidenswerten Geschichten entgegengewirkt. So sei Mercedes Kierpacz mit einem dritten Kind schwanger gewesen. Oder: Ferhat Unvar habe sich eher als Deutscher denn als Kurde gefühlt, die Türkei habe er auch nie gesehen. Einfach zu sagen, dies sei »aus dem Ärmel geschüttelt, um die Lesbarkeit zu erhöhen, verharmlost die Absicht der Medien. Mitunter wurden auch herzzerreißende Überschriften gewählt, die eine inhaltliche Kritik verdeckten. So kritisierte Filip Goman, Vater der ermordeten Mercedes Kierpacz, in einem Interview mit *bento*, ein zwischenzeitliches Jugendmedium des *Spiegel,* das Agieren der Polizei in der Nacht des Anschlages und weist darauf hin, dass die Tat verhindert hätte werden können, wenn die Behörden nicht weggeschaut bzw. versagt hätten. Die Kritik ging bei der Überschrift »Sie wollte doch nur Pizza holen, für die Kinder« unter.

Ein weiteres Beispiel, wieder aus einem *bento*-Interview, in dem Serpil Temiz Unvar, Mutter des ermordeten Ferhat Unvar, sagt: »Hätte die Polizei ihre Arbeit richtig gemacht, dann wären unsere Kinder jetzt noch am Leben.« Ebenso wie Filip Goman, weist auch sie auf das Versagen der Behörden hin. »Und ich muss gegen Rassismus kämpfen. Für ihn kann ich nichts mehr machen. Aber ich kann etwas für andere tun.« Doch auch diese starken Worte gehen mit folgendem Titel unter: »Ich erschrecke immer noch, wenn ich seinen Namen unter denen der Verstorbenen sehe.«

Auch das Interview mit Çetin Gültekin ist in diesem Kontext sehr aufschlussreich und enthält konstruktive Kritik. Gültekin wird grundsätzlicher: »Im Bundestag, bei der AfD, sitzen Rassisten – natürlich nicht alle, aber einige. Und bei der Polizei sitzen Rassisten und bei den Behörden und so weiter. Und wenn sich daran nichts ändert, dann kommt der nächste Anschlag.« Doch statt dieses Bewusstsein hervorzuheben, bevorzugt es *bento*, rührende Momente in den Fokus zu stellen und betitelt das Interview mit »In der Hand hielt er das Herz meines Bruders« (Gültekin berichtet über die Bilder, die er sich nach der Autopsie seines Bruders angesehen hatte.)

Weitere Beispiele, die vom eigentlichen Thema ablenken, ließen sich ergänzen, sowohl aus *bento* als auch aus anderen Magazinen, Zeitschriften oder Zeitungen – teilweise übernommen von Nachrichtenagenturen. Dass Hanauer Familien die Opferrolle nicht akzeptieren, wäre bei einem Gespräch mit ihnen das Mindeste gewesen zu wissen, was hätte gewusst werden können. Doch viele Medien transportierten offenbar lieber Gefühle und Geschichten der Opfer.

BKA-Erkenntnisse als Deckmantel

Wenige Wochen nach dem Anschlag von Hanau wurde in der *Tagesschau* über einen Abschlussbericht des Bundeskriminalamtes (BKA) berichtet, der davon ausgeht, der Täter Tobias R. habe »zwar eine rassistische Tat verübt«, sei aber »kein Anhänger einer rechts-extremistischen Ideologie gewesen«. Vielmehr habe er, so ein dpa-Bericht, »seine Opfer ausgewählt, um größtmögliche Aufmerk-samkeit für seinen Verschwörungsmythos von der Überwachung durch einen Geheimdienst zu erlangen«. Hier wird das Rassismus-problem relativiert, indem die Tat nicht im gesellschaftlichen Zu-sammenhang, sondern als die eines Einzelnen dargestellt wird, der auf Aufmerksamkeit aus war.

Wie kommt das BKA zu der Erkenntnis, dass Tobias R. keiner rechtsextremen Ideologie anhängt, wenn er laut einer Strafanzeige, die der Generalbundesanwalt am 8. November 2019 erhielt, von der Vernichtung bestimmter Nationalitäten redet? Vernichtung ist Genozid.

Weiter erklärt das BKA, dass sich bei Befragungen von Nach-bar*innen, Bekannten und ehemaligen Kolleg*innen keine An-haltspunkte ergeben hätten, dass R. sich »mit rechter Ideologie, Rechtsterroristen oder deren Taten befasst« oder eine »typisch rechtsextreme Radikalisierung durchlaufen« habe. Er sei nie durch rassistische Äußerungen oder Verhalten aufgefallen, habe vielmehr »einem dunkelhäutigen Nachbarn« mehrfach geholfen.

Mit der Erwähnung, er habe »einem dunkelhäutigen Nachbarn« geholfen, wird versucht, eine Tat aus dem Jahr 2000 zu verdecken, bei der Tobias Rathjen bei einer privaten Feier einem Schwarzen Menschen mit einer Pistole gedroht haben soll. Zwar kam die Poli-zei, doch es wurden keine Ermittlungen eingeleitet.

Weitere Warnsignale und Versäumnisse vor der Tat des 19. Fe-bruar gab es im Jahr 2017. Acht Jugendliche, die von Tobias R. bedroht wurden, haben den Fall gemeldet und ausgesagt – Ermitt-lungen wurden nicht eingeleitet.

Im Mai 2018 gab es einen weiteren Vorfall am Juz (Jugendzen-trum): Jugendliche wurden rassistisch beleidigt und bedroht. Doch die Beamten waren desinteressiert. Stattdessen fragten sie, wer an-gerufen habe und somit den Einsatz bezahlen müsse. Auch hier wurden keine Ermittlungen eingeleitet.

Die vierte Gewalt

Auch regierungsnahe türkische Medien haben den Anschlag für sich instrumentalisiert. Die Identität der gebürtigen Hanauer mit kurdischen Wurzeln, also von Ferhat Unvar und Gökhan Gültekin, wurde auch nach deren Tod in Frage gestellt. Sie wurden in den türkischen Medien als »Türken« bezeichnet. Eine Verleugnung über den Tod hinaus. Die Deutschen wiederum haben Ferhat wegen seiner deutschen Staatsbürgerschaft als Deutschen bezeichnet. Gökhan Gültekin war kurdischstämmiger Hanauer, der die türkische Staatsbürgerschaft besaß. Auch er durfte nicht als Kurde sterben.

Wie effektiv ist die Rolle der Medien? Oft als vierte Gewalt bezeichnet, agieren sie auf dem vermeintlichen Hoheitsgebiet der Gewaltenteilung. Da »Gewalten« (Legislative, Judikative, Exekutive) Staatsfunktionen darstellen, wird die Bezeichnung der Medien als »vierte Gewalt« staatstheoretisch nicht wörtlich genommen. In der Realität sieht es dennoch anders aus, vielfach haben die Medien de facto staatstragende Funktionen. Zwar unterliegen sie offiziell keiner staatlichen Kontrolle, doch dass den Verlautbarungen von Regierung, Polizei und Behörden oftmals unkritisch gefolgt wird, verweist auf ihre Funktion. Zudem richten sich viele Verleger*innen bzw. Eigentümer*innen auch nach wirtschaftlichen Interessen, die mit den politischen einhergehen. Doch solange wir uns nach regierungskritischen Medien bloß sehnen, können wir nicht von freien Medien sprechen.

Çağan Varol

»Die dann nachmittags rumhängen …«

Behördliche Schikanen und Anti-Roma-Rassismus rund um die Kölner Keupstraße

Migration ist ein dynamischer Prozess, der Bevölkerungen, Infrastrukturen und ganze Gesellschaften verändert. Während die Keupstraße in Köln-Mülheim vor allem wegen ihrer türkeistämmigen Bevölkerung bekannt ist und mit ihren verschiedenen Restaurants und Juwelieren auffällt, wurde sie mit dem NSU-Bombenanschlag von 2004 und den polizeilichen Ermittlungen zum Sinnbild medial-politischer Stigmatisierungen und von rassistischen Phantasmen. Lange sind aber nicht mehr »Türken« die Mehrheit auf der Straße, sondern Zugewanderte aus Bulgarien und Rumänien. Die Verhältnisse haben sich noch einmal verschoben. Deutsche sind weggezogen, die Migrant*innen aus der Türkei wurden zu Eigentümer*innen. Nun stammen viele Mieter*innen der Straße aus Bulgarien, aber die Problemzuschreibungen sind dieselben geblieben.

Ein Zeitungsartikel von 2016, der die Probleme des Sozialraums Mülheim-Nord/Keupstraße beschreibt, zieht eine Linie von den fehlenden Kinderbetreuungseinrichtungen, dem »Arbeiterstrich«, den prekär lebenden Müttern mit Migrationshintergrund ohne Deutschkenntnisse, den »kriminellen« Problematiken im Zusammenhang mit »Sozialbetrug« bei Jobcentern und den Versuchen, diese zu verhindern, über die Verwahrlosung in Häusern und dem Dreck durch die hohe Fluktuation der Bewohnerzahlen bis hin zur Ausbeutung durch Hausbesitzer*innen, die 400 Hundert Euro pro

Matratze nähmen, für z. T. sechs Personen in einem Zimmer etc. (Katzmarzik 2016). Von offizieller Seite hört sich das so an: »Dat Problem ist das, das wir jetzt dadurch auch diese zur Zeit aktuell oder seit ein paar Jahren, diese türkisch sprechenden Bulgaren hierhin kriegen. Die dann sich im Bereich Keupstraße, Holweider Straße sich aufhalten. Wir haben den sogenannten Arbeiterstrich dann … da sieht man ja auch schon, ist ein riesiges Gefälle dann … Wenn man da durchfährt oder durchgeht, da stehen immer welche. Die dann nachmittags rumhängen, wenn sie keinen Job gefunden haben, dann saufen die da. Das ist das Problem. Die wohnen auch da. Da gibt's ja Hausbesitzer, die die Wohnungen haben und die abzocken da. Die in menschenunwürdigen Verhältnissen da leben, die aber richtig Kohle dafür bezahlen. Die werden bar abgezockt da. Und da gibt es auch Restaurants da oder ein spezielles Etablissement, wo dann gesagt wird, ja da musst du hin und da musst du deine Kohle abgeben bei dem und dem oder bei der und der.« (Bezirksbürgermeister Köln-Mülheim)
Der Zuzug von bulgarischen und rumänischen Romn*ja seit ca. 2010, die aufgrund ihrer Türkischkenntnisse in die Straße kommen und dort einen ersten Anlaufpunkt sowie prekäre Arbeits- und Wohnverhältnisse vorfinden, hat in den Augen der Mülheimer Kommunalpolitik den Parallelgesellschaftstopos noch verstärkt. Dabei spielt der Bürgermeister auf eine »Arbeiterstrich-Mafia« an, wo wiederum ein nicht näher benanntes Lokal oder »Etablissement« bezichtigt wird. In den beispielhaft angeführten Kommentaren des Bezirksbürgermeisters und der Lokalpresse treten Muster eines Anti-Roma-Rassismus hervor, die die strukturellen Ursachen der schlechten Wohn- und Arbeitssituation der Roma aus Bulgarien und Rumänien vernachlässigen. Übrig bleibt das weiße Eigene, das mit Gesetzestreue und Sauberkeit gleichgesetzt wird. Auffällig ist, dass implizit auf das »Zigeunerstereotyp« rekurriert wird, das eine Schnittmenge verschiedener rassistischer Formationen beinhaltet (Hund 2018: 88). Neben der Unsauberkeit

und Wildheit, die ihnen zugeschrieben wird, kommt ein weiteres rassistisches Motiv hinzu: die Unterstellung von Faulheit, dass sie es sich gut gehen ließen, lieber »saufen« und sich der allgemeinen Arbeitsethik entziehen (ebd.: 91). In diesem Narrativ taucht nicht auf, dass insbesondere Roma, die aus EU-Ländern einwandern, eigentlich am Aufenthalt in Deutschland gehindert werden sollen (vgl. Frings 2017: 172). Während Geflüchtete mit positiver Bleibeperspektive allein über das Versprechen, in Deutschland bleiben zu können, konditioniert und diszipliniert werden, sollen ungewollte Gruppen abgeschreckt werden, zum Beispiel durch den Ausschluss von der sozialen Grundsicherung (vgl. ebd.: 181). Trotz eines EU-Aufenthaltsrechts werden hier EU-Bürger*innen aus dem Sozialsystem exkludiert und gezwungen, alle möglichen Tätigkeiten anzunehmen. Nicht die Rückkehr wird dadurch erreicht, sondern eine Abdrängung in die moderne Sklaverei und in die Randbereiche des Arbeitsmarktes (ebd.). Das ständige Wiederentdecken von defizitären Problemgruppen und ihre Externalisierung, wie des Tagelöhnermarktes, trennt die Stadtgesellschaft von den Aussortierten (vgl. Riedner 2018: 11 f.). Es handelt sich nicht um ein singuläres Phänomen, das nur die Keupstraße betrifft, wenn bestimmte Gruppen ausgenutzt und ausgebeutet werden, sondern um ein systemisches, wie auch in Duisburg-Marxloh und anderen Stadtteilen. Im lokalen Diskurs wird aber zugleich die gesamte Straße skandalisiert.

»Aber wie kann es sein, dass ein Arbeiterstrich an der Holweider Straße immer noch ist? Ein Arbeiterstrich oder Prostitution immer noch ist. Das müsste doch machbar sein, so etwas wegzukriegen. Das kann doch nicht sein, dass wir Mindestlohn haben, hier bei meinen Leuten, wir betreiben ja Gastronomie, wir sind ja so immer schlimme Leute, totaler Quatsch, aber da ist ein Arbeiterstrich, wo die nur 5-6 Euro kriegen, da müssten doch dicke Schilder da stehen, der gibt uns nur 5-6 Euro, das ist doch frech hoch drei. Da müsste man doch einschreiten.« (Vorsitzender der Bürgervereinigung Köln-Mülheim)

Rassifizierende Strategien im sozialen Raum

In den obigen Zitaten tauchen die Betroffenen nicht nur als Störenfriede auf, sondern auch als Opfer der bereits etablierten Migrant*innen und der organisierten Kriminalität (vgl. Riedner 2018: 135). Unwissenheit, Passivität und Abhängigkeit kennzeichnen ebenso Muster eines Anti-Roma-Rassismus. Es werden zwei Fliegen mit einer Klappe geschlagen. Forderungen gegen den illegalen Arbeitsmarkt, gegen ausbeutende Unternehmer und damit im Namen der Opfer gegen den Menschenhandel vorzugehen, werden auch zu Forderungen nach mehr »Innerer Sicherheit«. Viktimisierung, Kriminalisierung und Repression gehen damit Hand in Hand (vgl. ebd.: 138). Rassifizierende Strategien hantieren ohnehin mit den Bildern von »unzivilisierten Horden, dreckigen Straßen, Kriminalität und Gefahren für Frauen«, wogegen nur mit mehr Polizei vorzugehen sei (Vergès 2019: 10). Diese Bilder, die in der Tradition des Kolonialismus stehen, werden aus dem Globalen Süden in die Straßen der Migrant*innen in europäischen Metropolen übertragen. Die Unionsbürgerschaft macht zwar die Ausweisung der »Problemgruppe« schwieriger, verhindert aber nicht, dass Betroffenen rechtliche Stolpersteine in den Weg gelegt werden.

In der Arbeit von Lisa Riedner (2018) wird, aufbauend auf Sonja Buckel, die europäische und nationale Rechtsentwicklung nachgezeichnet. Die rechtlichen Staatsapparate, wie Gerichte, die besondere juristische Form und die formelle Absicherung staatlicher Macht durch die Verfassung leisten für die Etablierung und Verfestigung von Hegemonien einen wichtigen Beitrag (vgl. Buckel 2013: 30). Spezielle juristische Verfahren und Argumentationstechniken geben die Entscheidung über einen bestimmten Aspekt der sozialen Wirklichkeit ab an speziell ausgebildete sogenannte juridische Intellektuelle. Dabei bieten die juristischen Verfahren mit ihren Prozeduren und Normen eine Art der Infrastruktur der Organisation von Hegemonie und der Herstellung von hegemonialem Konsens über Gerichtsurteile und die Etablierung einer juristischen »herrschenden Meinung« (ebd.: 33). Der Bezug von Sozialleistungen,

Unterhaltsbeihilfen, Erziehungsgeld für Unionsbürger*innen in den Mitgliedsstaaten wurde bis in die 2000er Jahre vom Europäischen Gerichtshof (EuGH) befürwortet und primärrechtlich mit dem Gleichbehandlungsgrundsatz und dem Diskriminierungsverbot abgesichert, während entgegenstehende Verordnungen und Richtlinien zurücktraten (vgl. Riedner 2018: 245). Erst durch den medial flankierten Druck nationalkonservativer Kräfte, die den Wohlfahrtsstaat gegen »Sozialtourismus« oder »Armutszuwanderung« absichern wollten, wurde ein Verhältnismäßigkeitsgrundsatz eingeführt, der das Kriterium der Überforderung einbezog (vgl. ebd.: 257). Auch wurden nationalstaatliche Verbote im Sozialgesetzbuch (SGB) trotz entgegenstehender EuGH-Urteile aufrechterhalten. § 7 SGB II verweigert Unionsbürger*innen Leistungen auf Hartz IV, wenn sich ihr Aufenthalt nur aus der Arbeitssuche ergibt (vgl. ebd.: 266). Nichtarbeitssuchende und nichterwerbstätige Unionsbürger*innen wurden später vom EuGH auch von der Grundsicherung ausgeschlossen.

Das heißt Unionsbürger*innen können erst dann Hartz IV beantragen, wenn sie ihren Job unverschuldet verloren haben oder über ein Daueraufenthaltsrecht verfügen, welches mehr als fünf Jahre rechtmäßigen Aufenthalt in Deutschland erfordert. Das Freizügigkeitsrecht wurde nochmals verschärft und konnte bei ungünstiger Prognose auf einen Job wieder aberkannt werden. Für einen Kindergeldantrag ist seitdem eine Steuer-ID erforderlich. Weiterhin setzt ein Hartz-IV-Antrag genügend Deutschkenntnisse voraus, um diesen überhaupt zu verstehen. Zu den weiteren Bedingungen zählen eine Anmeldung, ein Wohnsitz, Kontoauszüge, ein Mietvertrag, Arbeitsnachweise und andere Vermögensnachweise (vgl. ebd.: 299 ff.). Zu den bürokratischen Hürden kommen generelle Verdächtigungen auf Sozialbetrug. Die Möglichkeit einer Beantragung nehmen daher sehr wenige Personen wahr. Nur eine Erwerbstätigkeit oder Selbstständigkeit öffnet den Weg zu einer Gesundheitsversorgung und den Zugang zur Bildung für die Familie, während die Schwierigkeiten, eine geregelte Beschäftigung und eine ordentliche Wohnung

zu finden, kaum beachtet werden. Die Illegalisierung, Prekarisierung und die allmähliche Migrantisierung bestimmter Unionsbürger*innen ist die Folge von neoliberalen Postulaten der Nützlichkeit.
Während Medien, Sozialarbeiter*innen und Politiker*innen etwa
die Wohnungsnot oder rigorose Fälle von Ausbeutung anprangern,
werden rechtliche Bestrebungen, die Betroffenen aus Deutschland
und der EU fernzuhalten, wenig beachtet. Die institutionelle Verankerung des Anti-Roma-Rassismus zeigte sich beispielsweise an einer
Entscheidung des Bundesgerichtshofs von 1956, die besagte, dass
eine Wiedergutmachung für die Überlebenden der Konzentrationslager auszuschließen sei, da Roma wegen des »asozialen Verhaltens
der Zigeuner« und nicht wegen ihrer »Rasse« inhaftiert und getötet
wurden (Hund 2018: 92). Dieses Urteil wurde 1965 zwar revidiert,
aber die Zahlung der Entschädigungen an die ehemaligen KZ-Überlebenden wurden jahrzehntelang verzögert und erst nach aktivem
und auch juristisch geführtem Kampf gezahlt (El-Tayeb 2016: 104 f.).
Der Anti-Roma-Rassismus bildet daher einen festen Bestandteil innerhalb gesellschaftlicher Ausgrenzungsmuster, die – entsprechend
geschürt – auf einen Nährboden fallen. Auch unter den Gewerbetreibenden in der Keupstraße sehen manche die Versammlung von
Männern an einer bestimmten Straßenecke als unästhetisch und rufschädigend an. Bei der Verwendung von Stereotypen wird nicht nur
auf die Trunkenheit der Männer Bezug genommen:

> »Es ist keine Übertreibung. In so einer modernen Stadt, zu solch
> einer modernen Zeit sieht das Rumstehen von 15, 20 oder 40
> Männern, die in der Hand Bierflaschen haben, betrunken sind
> und die Menschen belästigen, echt schlecht aus. Wir sind gegen
> genau das. An der Ecke Holweider Straße / Keupstraße stehen die
> da rum mit ihren Flaschen. Andere Männer holen die da ab, um
> sie in den Gärten, Baustellen oder so arbeiten zu lassen, wie auf
> einem Menschenmarkt. Wir haben der Polizei gesagt, hier werden
> Menschen illegal zur Arbeit abgeholt, die sind alkoholisiert, sie
> greifen andere Leute an und letztens haben sie einem eine Flasche
> über den Kopf gezogen. Es gibt Schlägereien, die sind ja auch be-

trunken. Die Familien werden belästigt und nun traut sich keiner mehr da durch. Und der Staat hat erlaubt, vor den Laden ...
Stühle und Tische hinzustellen. Die sitzen dann da und brüllen
herum. Wenn du mich fragst, die Kommunalverwaltung will, dass
die Menschen genau dort bleiben.« (Übers. aus dem Türk.: Ç. V.).

»... sobald man Keupstraße hört, aktiviert man Bilder im Kopf«
Neben dem konservativ-bürgerlichen Motiv, die Belästigung von
Familien zu betonen, wird die Kommunalpolitik bezichtigt, dies ab-
sichtlich zu tolerieren, damit die Straße ihren wiedergewonnenen Ruf
verliert – mit Öffentlichkeitsarbeit und vielen Veranstaltungen hatte
sich die Straße nach den Jahren der Stigmatisierung wieder Respekt
verschafft. Ökonomische Narrative wie auch solche eines Anti-Roma-
Rassismus werden synthetisiert, wobei die Kommunalverwaltung den
Tagelöhnermarkt bewusst nicht verhindere. Andere wiederum machten bereits von Beginn an gute Erfahrungen mit den bulgarischen
Einwanderer*innen und bauten sich einen neuen Kundenstamm auf.
Insbesondere die Dominanz der großen Restaurants und Juweliere
stellt kleinere Imbisse oder türkische Kneipen in den Schatten. Insbesondere ein in der Straße noch abends beliebtes türkisches Lokal
mit Live-Musik zieht einige bulgarische wie auch türkeistämmige
Männer an. Während sich dieser Geschäftsinhaber im Unterschied
zu früher, den »guten alten Zeiten«, innerhalb der Straße isoliert fühlt
und er wegen seiner »positiven« Haltung zu den »Neuen« anschei-
nend kritisiert wurde, ist es nun seiner Meinung nach auch bei den
anderen üblich, bulgarische Mitarbeiter*innen zu beschäftigen, die
unterhalb des Lohns eines türkischen Mitarbeiters arbeiten würden.
    »Lass uns 10 Jahre zurückgehen, 2009, 2008 oder 2007, die Zei-
ten, als die Bulgaren hierhin gekommen sind. Damals sind unsere
Freunde aus Bulgarien, unsere Nachbarn, hierhergekommen. Ich
habe mich mit ihnen angefreundet, habe sie unterstützt und die
Ladeninhaber der Keupstraße sind mir spinnefeind geworden. Ich
hätte die Bulgaren hierhergebracht und würde sie arbeiten lassen,
haben sie gesagt. Aber dass sind doch auch Menschen! Egal, aber

die, die mich damals angefeindet haben, lassen heute alle Bulgaren bei sich arbeiten. Alle! Die zahlen einem Türken keine 15 Lira, sondern geben den Bulgaren 6 Lira. Jetzt arbeiten Bulgaren da!« (Lokalbesitzer auf der Keupstraße, Übers. aus dem Türk., Ç. V.) Abseits des Nagelbombenanschlags 2004 und einiger kommunalpolitischer Skandale im Zusammenhang mit dem Stadtrat sowie anderer Ausnahmen wurde die Keupstraße als sozialer Raum in den Medien nicht thematisiert. Nach der Aufdeckung des NSU und einer kurzen Phase der Ruhe kann von einer vermehrten Heraushebung der Straße als »krimineller Brennpunkt« gesprochen werden. Insbesondere das Vorkommen von Schlägereien, Messerstechereien und das Vorhandensein einer unsichtbaren, kriminellen Szene, wird skandalisiert. Die Keupstraße wird wieder zum »Kriegsschauplatz« bestimmter Ethnien hochstilisiert (vgl. Pusch 2018; Stampflmeier 2016). Die Straße hat für die Presse einen Wiedererkennungswert und eine »symbolische« Bedeutung für die türkeistämmige Gemeinschaft in ganz NRW. In einem Artikel wurde unter Bezug auf »Insider« sogar gemutmaßt, dass es sich bei Vorfällen auf der Straße um »Drogengeschäfte« der *Bandidos* und *Hells Angels* handelt, und es bald eskalieren würde, da beide Seiten mit Waffen »aufrüsten« würden (Keller/Winter 2013). Die Liste von Beispielen ist lang. 2019 wurde etwa eine Körperverletzung den Verhältnissen auf der Keupstraße zugeschrieben, was aber von der Polizei bestritten wurde (vgl. Express 2019). Die für die türkischsprachige Gemeinde in Köln-Mülheim verantwortliche Ansprechpartnerin auf Seiten der Polizei sieht die Berichterstattung der Medien als tendenziös:

»Das regt mich echt auf, wirklich. Zum Beispiel der letzte, ob es der letzte Artikel war, weiß ich nicht, aber da ging es auch um diese Messerstecherei. Da kann ich nur zu sagen, diese Messerstecherei hatte nichts, aber auch nichts mit der Keupstraße zu tun, denn man ist einfach nur voreinander weggelaufen, egal woher sie gelaufen, gekommen sind usw. und das finale Zusammentreffen war hier auf der Keupstraße. Das hätte auch hier auf der Berliner Straße sein können oder in Ossendorf. Keine Ahnung.

Es war zufällig auf der Keupstraße. Und die Keupstraße, der
Name, und das ist das, was mir von den Leuten zugetragen wird,
wird ganz oft instrumentalisiert, denn sobald man Keupstraße
liest oder hört, aktiviert man Bilder im Kopf.« (Kontaktbeamtin
der Köln-Mülheimer Polizei)

Die Berichterstattung über Kleinkriminalität, wie Körperverletzun-
gen, arbeitete sich in den 2000ern hauptsächlich an Kurden und
Türken ab und richtet ihren Blick nun auf die Romn*ja. Irgendwo
zwischen leckeren Restaurants, dem Tagelöhnermarkt und dem
NSU-Bombenanschlag finden Kriminalisierungen und Rassifizie-
rungen auch heute noch ihre »Opfer« und »Täter«. Nach dem Anschlag hat das mediale Wiederauftauchen von »ausländischen kriminellen Gangs« nicht lange auf sich warten lassen.

Literatur

Buckel, Sonja (2013): »Welcome to Europe«. Die Grenzen des europäischen Migra-
tionsrechts. Juridische Auseinandersetzungen um das »Staatsprojekt Europa«.
Bielefeld.

El-Tayeb, Fatima (2016): Undeutsch. Die Konstruktion des Anderen in der postmigrantischen Gesellschaft. Bielefeld.

Express (2019): Messer-Attacke: 43-Jähriger auf Keupstraße verletzt – Täter gehen
widerlich vor. Express vom 22.4.2019.

Frings, Dorothee (2017): Arbeitsmarktsteuerung im Bereich ungesteuerter Migration. In: Altenried, Moritz / Bojadžijev, Manuela / Höfler, Leif / Mezzada, San-
dro / Wallis, Mira (Hg.): Logistische Grenzlandschaften. Das Regime mobiler
Arbeit nach dem Sommer der Migration. Münster, S. 167-185.

Hund, Wulf D. (2018): Rassismus und Antirassismus. Köln.

Katzmarzik, Anna (2016): Sozialraum Mülheim: Kaum Platz für Kinder auf der
Keupstraße. Kölner Stadt-Anzeiger vom 6.9.2016.

Riedner, Lisa (2018): Arbeit! Wohnen! Urbane Auseinandersetzungen um EU-Mi-
gration. Eine Untersuchung zwischen Wissenschaft und Aktivismus. Münster.

Keller, David; Winter, Peter (2013): Terror in der Keupstraße: Vergeltungsschlag:
Kurde brutal niedergestochen. Express vom 20.6.2013.

Pusch, Hendrik (2018): »Bürgerkrieg«: Richter verurteilt Mob von der Keupstraße
– Audifahrer schwer verletzt. Express vom 23.5.2018.

Stampflmeier, Nina (2016): 32 Durchsuchungen, eine Festnahme. Nach Überfall
auf »Grauen Wolf«: Razzia gegen Kurden. Bild vom 15.6.2016.

Vergès, Françoise (2019): Capitalocene, Waste, Race, and Gender. In: e-flux journal,
Nr. 100, Mai 2019, S. 1-13.

Burak Çopur

Rassismus in Essen?

Der Konflikt um die Essener Tafel

Im Dezember 2017 beschloss der Vorstand der Essener Tafel unter dem 1. Vorsitzenden Jörg Sartor eine Maßnahme, über die die *Westdeutsche Allgemeine Zeitung* (Lokalteil Essen) im Februar 2018 erstmalig berichtete und die weit über die Grenzen Deutschlands hinaus für kontroverse Diskussionen über Diskriminierung und Rassismus wie auch die Bevorzugung von Deutschen sorgte.[*] Die Essener Tafel verkündete auf ihrer Internetseite folgende Maßnahme: »Da aufgrund der Flüchtlingszunahme in den letzten Jahren der Anteil ausländischer Mitbürger bei unseren Kunden auf 75 Prozent angestiegen ist, sehen wir uns gezwungen, um eine vernünftige Integration zu gewährleisten, zurzeit nur Kunden mit deutschem Personalausweis aufzunehmen.« (WAZ Essen, 22.2.2018)

Die Nachricht über dieses problematische (wenngleich vorübergehende) Vorgehen verbreitete sich in Windeseile. Sogar die *New York Times* und die *Washington Post* berichteten über den Vorfall in Essen. Aus der Politik erklärte zum Beispiel die damalige Bundesjustizministerin Katarina Barley (SPD), »eine Gruppe pauschal auszuschließen, passt nicht zu den Grundwerten unserer solidarischen Gemeinschaft.« Auch Bundeskanzlerin Merkel (CDU) meldete sich kritisch zu Wort: »Ich glaube, da sollte man nicht solche Kategorisie-

---

[*]   Im Jahr 2020 war Essen wieder in den Schlagzeilen aufgrund rechtsextremistischer Chatgruppen rund um das Polizeipräsidium Essen und einer diskussionswürdigen Essener Polizei-Broschüre zum Thema »Arabische Clans«, vgl. hierzu kritisch Schweitzer (2020).

rungen vornehmen, das ist nicht gut.« Der nordrhein-westfälische Integrationsminister Joachim Stamp (FDP) hielt die Entscheidung der Essener Tafel genauso für falsch wie NRW-Sozialminister Karl-Josef Laumann (CDU): »Nächstenliebe und Barmherzigkeit kennen keine Staatsangehörigkeiten.« Bündnis 90 / Die Grünen, Die Linke und Pro Asyl kritisierten die Entscheidung der Essener Tafel ebenfalls. Die ZDF-Moderatorin Dunja Hayali warf dem Tafel-Chef Sartor sogar vor, »Hunger Games« zu veranstalten und Deutsche gegen Ausländer auszuspielen. Der Vorsitzende des Bundesverbands der Tafeln, Jochen Brühl, sagte der Deutschen Presse-Agentur: »Für Tafeln zählt die Bedürftigkeit, nicht die Herkunft.« Auch Tafel-Landesverbände, wie etwa die von Berlin und Thüringen, distanzierten sich von der Maßnahme. (vgl. Tagesspiegel, 23.8.2018) Die Diskussion gipfelte dann in Schmierereien, bei denen Unbekannte auf die Transporter und die Eingangstür der Essener Tafel »Nazis« sprühten.

Es gab aber auch viel Zuspruch und Verständnis für die Maßnahme der Essener Tafel. Schnelle Unterstützung für den »Ausländer-Aufnahmestopp« kam aus der AfD; was angesichts ihrer völkisch-nationalistischen Orientierung kaum verwunderte. Direkt goutiert wurde die Maßnahme aber auch von VertreterInnen der Christdemokraten, die mit der Befürwortung gleichzeitig den Vorurteils- und Rassismusvorwurf zurückwiesen. Der Essener Sozialdezernent Peter Renzel (CDU) verteidigte das Vorgehen und argumentierte: »Das hat mit Ausländerfeindlichkeit überhaupt nichts zu tun, sondern ist der Versuch, den eigenen Verpflichtungen nachzukommen.« (Rheinische Post, 28.2.2018) Auch der CSU-Landesgruppenchef im Bundestag, Alexander Dobrindt, hielt die Entscheidung für »nachvollziehbar«. Ebenso meldeten sich Unterstützer aus den Reihen der Sozialdemokratie. So sandte Peer Steinbrück (SPD) Herrn Sartor ein Unterstützerschreiben und spendete 1.000 Euro für die Tafel. (vgl. Tagesspiegel, 9.9.2020) Zudem flossen nach dem Bekanntwerden des Verfahrens 2018 der Einrichtung rund 50.000 Euro mehr an Spenden als im Vergleichsjahr 2017 zu. Dabei handelte es sich laut Jörg Sartor um SpenderInnen, die ihren Zuspruch für das Vorge-

hen ausdrückten und auf die Banküberweisung Solidaritätsbekun-
dungen wie »Durchhaltespende« vermerkten. Über 4.000 E-Mails
von BürgerInnen seien aus ganz Deutschland damals eingetroffen,
in denen die AbsenderInnen überwiegend ihre Sympathie für den
Aufnahmestopp von MigrantInnen zum Ausdruck brachten. (vgl.
DerWesten, 3.5.2018) Diese gesellschaftspolitische Unterstützung
führt auch vor Augen, dass das Vorgehen von Sartor nicht individualisiert oder ausschließlich als Fehlverhalten eines einzelnen Ver-
eins dargestellt werden kann, sondern vielmehr von Teilen der Gesellschaft und Politik gerechtfertigt wurde.

Rassistische Argumentationsmuster
zur Begründung der Maßnahme

Tafel-Chef Jörg Sartor (64), der 30 Jahre lang Bergmann und nach
eigenen Aussagen seit 40 Jahren SPD-Wähler war, mit seiner Partei
brach und nun sein Kreuz bei der CDU macht (vgl. Tagesspiegel,
9.9.2020), wollte mit seiner Maßnahme das »Gleichgewicht« zwischen Deutschen und »Ausländern«* bei der Aufnahme wiederher-
stellen und rechtfertigte sein zeitweiliges Vorgehen mit folgender
Begründung: »Die deutsche Oma oder die alleinerziehende deutsche Mutter haben sich bei uns zuletzt nicht mehr wohlgefühlt.
Unter den Syrern und Russlanddeutschen gebe es ein ›Nehmer-
Gen‹. Einige würden drängeln und schubsen, es fehle an einer ›Anstellkultur‹.« Genau an dieser Stelle ist bei allem Verständnis für die
Notlage der Tafel und die knappen Ressourcen, die letztendlich den
Konflikt begründen, Kritik geradezu geboten, wenn der Gleich-
heitsgrundsatz aufrechterhalten bleiben soll.

Das Argumentationsmuster ist aus zweierlei Gründen höchst
problematisch: Es ist erstens Ausdruck einer Ethnisierung und
Kulturalisierung des Verhaltens der Menschen, also der Problema-

---

*   In dem Beschluss der Essener Tafel wird noch der veraltete Begriff »ausländi-
     scher Mitbürger« verwendet, der aus den 1980er Jahren stammt. Gemeint sind
     wohl aber tatsächlich im ausländerrechtlichen Sinn »AusländerInnen ohne
     deutschen Pass.«

tik des Drängelns und der Ressourcenknappheit der Essener Tafel. Zweitens verweist es auf eine rassistische Ideologie, auch wenn diese reflexhaft zurückgewiesen wird. Nach der Rassismusdefinition von Fredrickson (2004: 173) liegt Rassismus dann vor, »wenn eine ethnische Gruppe oder ein historisches Kollektiv auf der Grundlage von Differenzen, die sie für erblich und unveränderlich hält, eine andere Gruppe beherrscht, ausschließt oder zu eliminieren versucht« (vgl. auch Geiss 1988). Mit der Begrifflichkeit eines angeblichen »Nehmer-Gens« von EinwanderInnen (hier: Syrer) tritt in Sartors Sprache zunächst ein biologisch-genetischer Rassismus (Bader 1995: 15) offen zutage. Dieser kann direkt oder auch subtil durch die Betonung von vermeintlichen kulturellen Differenzen ausgedrückt werden, wie die Forschung schon seit langem nachweist (Zick 2020: 125-135). Den »Syrern« und »Russlanddeutschen« werden Merkmale zugeschrieben, die direkt biologisch begründet werden. Das »Nehmer-Gen« erklärt ein Drängeln und Schubsen um Essen. Dass dies wenig auf Widerspruch und einen begründbaren Rassismusvorwurf stößt, mag darauf zurückzuführen sein, dass solche Argumente weit in der Mitte geteilt werden und gar nicht als problematisch betrachtet werden. Laut Zick/Küpper/Berghan (2019) neigt über die Hälfte der Befragten in Deutschland (54,1 %) in der »Mitte-Studie« zur Abwertung von Asylsuchenden – dies sind weit mehr als in 2014 (44,3 %). Zudem bedient Sartor mit einer vermeintlich fehlenden »Anstellkultur« von MigrantInnen einen kulturellen Rassismus (Bader 1995: 67). Die Rechtfertigung Sartors für seine Maßnahme ist damit in doppelter Hinsicht rassistisch. Den vielen engagierten Ehrenamtlichen und freiwilligen HelferInnen der Essener Tafel kann hier kein Rassismus unterstellt werden, aber Sartors Weltbild und Sprache schon.[*]

---

[*] Zudem verstößt diese Regelung nicht nur gegen die eigenen Vereinsziele (»Die Tafeln helfen allen Menschen, die der Hilfe bedürfen«, Grundsatz 4), sondern es wäre rechtlich noch zu prüfen gewesen, ob diese Entscheidung der Essener Tafel, die seit 1998 vom Essener Finanzamt als gemeinnützig anerkannt ist, überhaupt noch die Kriterien der Gemeinnützigkeit erfüllt (www.essener-tafel.de).

Um sich einen eigenen Eindruck über Herrn Sartors Gedan-
kenwelt zu verschaffen, hat der Autor mit ihm am 21. September
2020 ein Telefonat geführt. Der Verfasser wollte u. a. in Erfahrung
bringen, ob seither Maßnahmen zur Diversität und interkulturellen
Öffnung der Einrichtung durch den Vorstand der Essener Tafel be-
schlossen wurden (z. B. mehrsprachige MitarbeiterInnen und HelferInnen, mehrsprachige Informationen – bspw. arabisch/türkisch/
russisch – auf der Homepage der Essener Tafel bzw. eigens herge-
stellte mehrsprachige Informationsbroschüren für MigrantInnen
mit entsprechenden Verhaltensregeln, aktives Werben um Menschen
mit Migrationshintergrund zwecks Gewinnung für eine Vorstands-
mitgliedschaft/-tätigkeit). Auf diese Fragen antwortete Jörg Sartor:
»Dafür [für die vom Autor genannten Maßnahmen zur Diversität
und Interkulturalität, B. Ç.] sehe ich keine Notwendigkeit, sowas sollen die Grünen und Linken machen. Das ist nicht mein Verständnis
von Integration. Integration bedeutet, dass sich die Migranten an die
deutsche Gesellschaft anpassen müssen, nicht umgekehrt.«[*]

Ein ähnlich fragwürdiges Integrationsverständnis wird in Jörg
Sartors Buch »Schicht im Schacht« (Sartor/Spilcker 2019) deutlich, in
dem er einen großen Bogen von einer Verarmung über eine gescheiterte Integration bis hin zum Niedergang des Ruhrgebiets schlägt.

Theoretische Bezüge aus der Rassismusforschung im Hinblick auf die Essener Tafel

Wie bereits Stuart Hall treffend ausführte, versucht der rassistische
Diskurs, die den jeweiligen Gruppen zugesprochenen Charakte-
ristika in zwei binär entgegengesetzte Gruppen aufzuteilen. Dabei
verkörpert die ausgeschlossene Gruppe – im vorliegenden Fall der
Neuaufnahme-Stopp von MigrantInnen bei der Essener Tafel – das
Gegenteil der Tugenden, die die Mehrheitsgesellschaft der Deutsch-
stämmigen auszeichnen – im vorliegenden Fall »drängelnde« und

---

[*]   Telefongespräch mit Jörg Sartor vom 21.9.2020 mit der Erlaubnis, seine Aus-
       sagen zitieren zu dürfen.

»raffgierige« MigrantInnen bei der Essener Tafel. Die Empathie erzeugende bedürftige »deutsche Oma« und »alleinerziehende Mutter« wird den genetisch bestimmten Gruppen gegenübergestellt. Hall formuliert hierzu: »Dieses System der Spaltung der Welt in ihre binären Gegensätze ist das fundamentale Charakteristikum des Rassismus, wo immer man ihn findet. Das meine ich, wenn ich von der Konstruktion der Differenz durch die rassistischen Diskurse spreche« (Hall 1989: 919).

Dieses System der Differenz, das die Welt in ethnisch-kulturell definierte Gegensätze konstruiert, hat nach Hall die Funktion, »Identität zu produzieren und Identifikationen abzusichern« (ebd.). »Wer wir kulturell sind, wird immer in der dialektischen Beziehung zwischen der Identitätsgemeinschaft und den Anderen bestimmt« (ebd.: 920). Für Hall handelt es sich dabei um eine rassistische Praxis, »wenn ein solches Klassifikationssystem dazu dient, soziale, politische und ökonomische Praxen zu begründen, die bestimmte Gruppen vom Zugang zu materiellen oder symbolischen Ressourcen ausschließen« (ebd.: 913). Diese Ausschließungspraxis ist bei der Essener Tafel deutlich zu identifizieren, weil die Maßnahme ihre Begründung aus der Andersartigkeit von (Migranten-)Gruppen ableitet, um sie – wenn auch nur vorübergehend – in ihren Lebensbedingungen zu benachteiligen.

Neben dem biologischen Rassismus wird Jörg Sartors Weltbild auch vom kulturellen Rassismus geprägt. Diese Form des Rassismus kodiert zunehmend den Begriff »Rasse« als »Kultur« und nutzt seit der Diskreditierung des Rassenbegriffs durch den Nationalsozialismus verstärkt kulturelle statt biologische Erklärungen (hier: »fehlende Anstellkultur« der MigrantInnen bei der Essener Tafel). Schon Adorno analysierte den kulturellen Rassismus in der für ihn typischen Scharfsinnigkeit: »Das vornehme Wort Kultur tritt anstelle des verpönten Ausdrucks Rasse, bleibt aber ein bloßes Deckbild für den brutalen Herrschaftsanspruch« (Adorno 1975: 276 f.). In diesem rassistischen Diskurs weichen dann biologisierende Erklärungsmuster den kulturalistischen, die Siegfried Jäger vom Duis-

burger Institut für Sprach- und Sozialforschung folgendermaßen
erläuterte: »Auch wenn bestimmte Lebensgewohnheiten, Sitten und
Gebräuche einer bestimmten Menschengruppe verabsolutiert und
naturalisiert werden ... und andere, davon abweichende Lebensformen – und das ist ganz wichtig – negativ (oder auch positiv) bewertet werden, ohne daß dies unbedingt genetisch oder biologisch
begründet wird, ist von Rassismus zu sprechen« (Jäger 2002).

Das entspricht auch in etwa dem von Étienne Balibar geprägten
Theorieansatz des »Rassismus ohne Rassen«, also »eines Rassismus,
dessen vorherrschendes Thema nicht mehr die biologische Ver-
erbung, sondern die Unaufhebbarkeit der kulturellen Differenzen
ist; eines Rassismus, der – jedenfalls auf den ersten Blick – nicht
mehr die Überlegenheit bestimmter Gruppen oder Völker über andere postuliert, sondern sich darauf ›beschränkt‹, die Schädlichkeit
jeder Grenzverwischung und die Unvereinbarkeit der Lebensweisen
und Traditionen zu behaupten« (Balibar 1989: 373).

Da bei der Essener Tafel jedoch »nur« neue MigrantInnen nicht
mehr aufgenommen und die bis zum Neuaufnahme-Stopp regis-
trierten vermutlich weiter bedient wurden, wäre es in diesem Fall
auch nicht verkehrt, auf eine rassistisch aufgeladene »Etablierten-
Außenseiter-Figuration« im Sinne von Elias/Scotson (1993) zu verweisen. So zeigten viele von der Maßnahme betroffene Flüchtlinge
Verständnis für die Entscheidung der Essener Tafel.* Zu den Merkmalen der Außenseitergruppe (hier: der temporär ausgeschlossenen
MigrantInnen) zählen u.a. Minderwertigkeitsgefühle, eine Angst
zur Gegenwehr, das Ausgeliefertsein gegenüber Entscheidungen
oder eine Haltung der Unterwürfigkeit (Elias/Scotson 1993: 7-33).

Nicht zuletzt führen Vorurteile, Stereotype und Diskriminierungen gegenüber MigrantInnen – wie Uslucan (2011) nachweisen
konnte – auch zu Integrationsbarrieren, einem vermehrten Rückzug
und zu Reethnisierungsprozessen von EinwanderInnen, also zum

---

*   Interview der Journalistin Isabell Schayani (WDR) mit den Betroffenen der
      Maßnahme (vgl. tagesschau, 24.2.2018).

Gegenteil dessen, was eigentlich unter einer erfolgreichen Integration verstanden und öffentlich von großen Teilen der Aufnahmegesellschaft stets gefordert wird. All das behindert die Integration und ist eine Belastung für eine erfolgreiche Aneignung neuer kultureller Umwelten, und umso schwerer wiegt es, wenn Alltagsherausforderungen in rassistische Debatten transportiert werden (Zick 2010).

Sozialpolitische Aspekte im Kontext der Essener Tafel

Über diese Rassismuskritik hinaus hat die Kontroverse um die Essener Tafel aber auch eine wichtige sozialpolitische Komponente, die schnell vergessen wird. Neben der berechtigten Missbilligung an dem Vorgehen der Essener Tafel darf man die soziale Kluft zwischen Arm und Reich und die wachsende Armut in Deutschland – insbesondere in den Ruhrgebietsstädten – nicht ausblenden. Mit der »sozialen Frage« als strukturellem Problem werden Kommunen von Bund und Ländern nicht genug in Fragen der kommunalen Grundsicherung unterstützt und sind oft überfordert. So schreibt Fabian Kessl, Professor für Sozialpädagogik an der Bergischen Universität Wuppertal, als Kuratoriumssprecher des Instituts Solidarische Moderne in einem offenen Brief an die Essener Tafel: »Was hier passiert, ist nicht nur eine Verschiebung der sozialen Frage: statt das wir auf das ›oben und unten‹ schauen, also die Armuts- und Reichtumsverhältnisse in einer Großstadt wie Essen problematisieren (die statistisch die stärkste soziale Polarisierung innerhalb der Stadtbevölkerung im Ruhrgebiet aufweist), wird hier ein ›Innen und Außen‹ inszeniert: die ›deutsche Rentnerin‹ gegen den ›jungen ausländischen Mann‹. Das ist ein Skandal.« (Institut Solidarische Moderne, 5.3.2018).

Auch Ulrich Schneider, Hauptgeschäftsführer des Paritätischen Wohlfahrtverbandes, moniert zu Recht, dass sich am Essener Beispiel ein fragwürdiger Verteilungskampf unter den Ärmsten der Gesellschaft in Deutschland zeigt: »Hier werden Arme gegen Arme ausgespielt und zwar Deutsche gegen Nichtdeutsche.« Der Hauptgrund hierfür sei: »Die staatlichen Leistungen etwa für Arbeitslose, viele Rentner und Asylbewerber reichen einfach nicht aus, um über die Runden zu kommen. Die Politik macht sich einen schlanken Fuß und wälzt das Problem auf die Tafeln ab.« (Spiegel Online, 23.2.2018) So forderte ein Bündnis von mehr als 30 Sozialverbänden und Organisationen im Kontext der Essener Tafel-Diskussion von der Bundesregierung die Erhöhung des Hartz-IV-Regelsatzes um mindestens 30 Prozent, die Anhebung der Mindestrente, die Bekämpfung der Dauerarbeitslosigkeit mit öffentlich geförderter Arbeit sowie die stärkere Unterstützung von Kindern, die von Armut bedroht sind. (Welt Online, 6.3.2018)

Aufhebung der Maßnahme und alternative Lösungsansätze

Nachdem die Diskussion um die Essener Tafel hohe Wellen geschlagen hatte und damit auch Essen als Stadt in den Fokus gerückt war, wurde unter der Federführung des Sozialdezernenten Peter Renzel (CDU) ein Runder Tisch anberaumt, der die Maßnahme noch einmal überprüfen sollte. Dieser einigte sich darauf, die »Beschränkungen [zum Aufnahmestopp von MigrantInnen, B.Ç.] schnellstmöglich aufzuheben. Sollte es zukünftig erneut zu Kapazitätsengpässen bei der Aufnahme von Neukarteninhaberinnen und -inhabern kommen, werden besonders Alleinerziehende, Familien mit minderjährigen Kindern sowie Seniorinnen und Senioren – egal welcher Herkunft – bevorzugt aufgenommen. Darüber hinaus wird die Essener Tafel ihre Kernzielgruppe um die Gruppe der über 50-jährigen Essenerinnen und Essener im Transferleistungsbezug erweitern.« (Pressemitteilung der Stadt Essen, 11.3.2018)

Der Runde Tisch war damit zum Ergebnis gekommen, dass Aufnahmepausen bzw. -beschränkungen von MigrantInnen nicht das geeignete Mittel sind, um mögliche Kapazitätsengpässe bei der Aufnahme von NeukarteninhaberInnen zu regeln. Hier deutet sich eine konstruktive Lösung des eigentlichen Konflikts um knappe Ressourcen an.

Mit ähnlichen Problemen der Ressourcenknappheit waren und sind auch andere Tafeln in Deutschland konfrontiert. Diese gingen jedoch gerechtere Wege und folgten nicht dem diskriminierenden

Essener Modell einer Ausschließungspraxis von MigrantInnen bei der Neuaufnahme. So führten die Berliner Tafeln ein Losverfahren und Punktesystem für die Wartenden ein, zudem werden Ausgabestopps in Ausnahmesituationen unabhängig von der Nationalität verhängt. (Tagesspiegel, 23.2.2018) Bei der Tafel Potsdam hingegen kam es zu Konflikten zwischen neuen und bereits ansässigen Geflüchteten. Aus diesem Grund führte sie ein festgelegtes Kartenkontingent ein, das an die Asylbewerberunterkünfte ausgeteilt wurde und durch unpersonalisierte Karten von verschiedenen BewohnerInnen im Rotationsverfahren genutzt werden konnte. Um dieses Verfahren gegenüber Flüchtlingen besser zu kommunizieren, wurden einige von ihnen als Tafel-Botschafter eingesetzt, die vor der Ausgabe als AnsprechpartnerInnen und ÜbersetzerInnen tätig sind. (Süddeutsche Zeitung, 26.2.2018) Die Tafel in Fürth richtete eine spezielle Ausgabezeit für SeniorInnen aller Nationalitäten ein, um auf die Bedürfnisse von älteren und kranken Menschen besser eingehen zu können. (ebd.) Und die Tafel in Kevelaer bietet eigene Öffnungszeiten für Kranke, Gehbehinderte und Familien mit Kindern an, um sich Zeit für Menschen nehmen zu können, die besondere Unterstützung benötigen. (ebd.)

Wie sich zeigen lassen konnte, haben verschiedene Tafeln in Deutschland gerechte, solidarische und dazu innovative Lösungsansätze gefunden, um mit Konflikten unter den BesucherInnen der Tafel und der Ressourcenknappheit von Lebensmitteln konstruktiv umzugehen.

Anders hingegen Jörg Sartor, der, wenn auch nur befristet, vorrangig Deutschen helfen wollte. Wäre die öffentliche Kritik und Empörung nicht so groß gewesen, hätte der Tafel-Chef vermutlich entweder seine Satzung ändern oder einen neuen Verein gründen können, in dessen Satzung es dann hätte heißen können: »Hier wird Deutsch gesprochen und nur Deutschen geholfen.«[*] Bis heute

---

[*]   In Anlehnung an den Gedanken aus einem exzellenten Artikel von Arno Widmann aus der *Frankfurter Rundschau* (fr.de, 18.9.2019).

scheint Jörg Sartor nichts aus seinem miserablen Krisenmanagement gelernt zu haben, denn am 18. September 2019 verkündete der »Bollerkopp«, so wie er sich selbst in der *Frankfurter Rundschau* nennt: »Ich würde diese Entscheidung jederzeit wieder treffen.« (fr.de, 18.9.2019)

Literatur

Adorno, Theodor W. (1975): Schuld und Abwehr. Gesammelte Schriften, Band 9/2, Frankfurt a. M.

Bader, Veit-Michael (1995): Rassismus, Ethnizität, Bürgerschaft. Soziologische und philosophische Überlegungen, Münster.

Balibar, Étienne (1989): Gibt es einen »neuen Rassismus«? In: Das Argument, Nr. 175, Jg. 31, Heft 3, S. 369-379.

Elias, Norbert / Scotson John L. (1993): Etablierte und Außenseiter, Frankfurt a. M.

Fredrickson, George M. (2004): Rassismus. Ein historischer Abriß, Hamburg.

Geiss, Imanuel (1988): Geschichte des Rassismus, Frankfurt a. M.

Hall, Stuart (1989): Rassismus als ideologischer Diskurs. In: Das Argument, Nr. 178, Jg. 31, Heft 6, S. 913-921.

Jäger, Siegfried (2002): Rassismus und Rechtsextremismus – Gefahr für die Demokratie, library.fes.de.

Sartor, Jörg / Spilcker, Axel (2019): Schicht im Schacht. Verarmung, gescheiterte Integration, gespaltene Gesellschaft – der Niedergang des Ruhrgebiets. Eine Streitschrift, München.

Schweitzer, Helmuth (2020): Kriminalität und Kriminalisierung arabischer Familien in Essen – zwischen Willkommenskommune und Hotspot von rassistisch gefärbtem Verwaltungshandeln. In: Sozial Extra, Heft 6/2020.

Uslucan, Haci Halil (2011): Vorurteile, Stereotype und Diskriminierungen als Integrationsbarrieren. In: Integrationspolitik in Nordrhein-Westfalen, hrsg. von Friedrich-Ebert Stiftung, WISO Diskurs, S. 13-22.

Zick, Andreas. (2010): Psychologie der Akkulturation – Neufassung eines Forschungsbereiches, Wiesbaden.

Zick, Andreas / Küpper, Beate / Berghan, Wilhelm (2019): Verlorene Mitte – Feindselige Zustände. Rechtsextreme Einstellungen in Deutschland 2018/19, Bonn (hrsg. für die Friedrich-Ebert Stiftung von Franziska Schröter), www.fes.de.

Zick, A. (2020): Rassismus. In: Petersen, Lars Eric / Six, Bernd (Hg.): Stereotype, Vorurteile und soziale Diskriminierung: Theorien, Befunde und Interventionen, Weinheim, S. 125-135.

Folgende in Klammern angegebenen Quellen wurden online abgerufen: *Der Westen, Frankfurter Rundschau, Friedrich Ebert Stiftung, Institut Solidarische Moderne, Pressemitteilung der Stadt Essen, Rheinische Post, Süddeutsche Zeitung, Tagesschau, Tagesspiegel, Spiegel Online, WAZ Essen, Welt online.* Die Zugriffsdaten und ausführlichen URLs liegen Autor und Verlag vor.

Serpil Güner / Gamze Kenger

Rassismus im Bildungssystem

> »Es ist ein Wunder, dass ich nicht
> alle Erwartungen aufgegeben habe,
> denn sie scheinen absurd und unausführbar.
> Trotzdem halte ich an ihnen fest, trotz allem,
> weil ich noch immer an das Gute im Menschen glaube.«
> *Anne Frank, 15. Juli 1944*

Ausgehend von dem Zitat Anne Franks[*] möchten wir zum Ausdruck bringen, dass wir trotz der rassistischen Anschläge von Hanau, Halle sowie der NSU-Morde weiterhin *an das Gute im Menschen* glauben und an unseren Erwartungen, Hoffnungen festhalten. Kritisch zu reflektieren ist jedoch, dass bei Historisierungen von Rassismus oftmals gesellschaftliche Kontinuitäten ausgeblendet werden (vgl. Messerschmidt 2010). Auch deshalb findet heute eine weitgehende Verdrängung von Alltagsrassismen sowie der institutionellen Formen von Rassismus statt. Klar ist: Rassismus ist kein Phänomen der Vergangenheit, sondern begegnet uns alltäglich, auch in Institutionen und zeigt sich als gesellschaftliches Problem, welches System hat und nicht verdrängt werden kann. Vielmehr dürfen wir gegenüber den verschiedenen Formen von Rassismus nicht schweigen!

»Jeder Mensch hat das Recht auf Bildung«, heißt es in Artikel 26 der Allgemeinen Erklärung der Menschenrechte (1948). Eine Aussage, die auch heute noch unser Bildungssystem in die Verant-

---

[*] Anne Frank dient hierbei als Inspirationsquelle für die Auseinandersetzung von rassistischen Praxen und nicht zur Relativierung der NS-Herrschaft. Anne Franks Schicksal ist kein Vergleich mit unseren Erfahrungen und darf sich niemals wiederholen.

wortung nimmt. Demnach hat der Staat die Verantwortung, einen diskriminierungsfreien Zugang zu Bildung zu gewährleisten – unabhängig von Hautfarbe, Geschlecht, Behinderung, Zugehörigkeit oder anderen persönlichen Merkmalen.

Bildung als Menschenrecht entspricht allerdings nicht immer der Realität. Nicht jeder in der hiesigen Gesellschaft hat die Möglichkeit, einen diskriminierungsfreien Zugang zu Bildung und seinen Institutionen zu erhalten. Häufig gibt es viele schwierige Hürden. Nicht zu übersehen ist, dass dabei die Schullaufbahn von Kindern mit Migrationsgeschichte anders verläuft als die von Schüler*innen ohne Migrationshintergrund. Folglich werden im öffentlichen Diskurs für die Defizite überwiegend die familiäre Umwelt und die sogenannte »Herkunftskultur« verantwortlich gemacht. »Herkunftskultur« – ein Begriff, der unterschiedliche Formen von negativen Klassifizierungen, Zuschreibungen und Ausgrenzungen legitimiert. Doch tatsächlich ist die Bildungsbenachteiligung grundlegend im schulischen System verortet. (vgl. bpb.de) Mechtild Gomolla und Frank-Olaf Radtke konnten empirisch belegen, dass die Selektionsmechanismen im mehrzweigigen Schulsystem in Deutschland institutionelle Diskriminierung begünstigen (vgl. Gomolla/Radtke 2009). Beispielsweise werden bei den Empfehlungen für weiterführende Schulen häufig Kinder aus Zuwanderungsfamilien aussortiert.

Institutionelle Diskriminierung und Rassismus durchziehen unsere Bildungslaufbahn als Neudeutsche mit Zuwanderungsgeschichte vom Kindergarten über Grundschule und weiterführende Schulen bis hin zur Universität und/oder zum Arbeitsleben. Von diesen aus- und abgrenzenden Erfahrungen möchten wir mithilfe unserer Kurzbiographien berichten. Sichtbar wird, dass unsere Diskriminierungs- und Rassismuserfahrungen – trotz unseres Altersunterschiedes – generationsübergreifend Ähnlichkeiten aufweisen. Auch ist es hierbei wichtig zu erwähnen, dass wir aus »bildungsfernen« sowie »social underclass«-Familien kommen. Wir sind die Ersten aus unseren Familien, die studieren bzw. studiert haben.

Wir, Serpil und Gamze, haben uns im Jahre 2014 an der Universität zu Köln in einem Bildungswissenschaften-Seminar kennengelernt. Das Seminar war ein einschneidendes Erlebnis in unserer Bildungsbiographie. Wir waren erstaunt darüber, dass ein Nicht-»Alman«-Dozent vor uns saß und mit uns sogar auf Türkisch sprach. Türkisch, das war ein »No go« in unserer schulischen Laufbahn gewesen, und jetzt saß da einer mit einem kurdischen Migrationshintergrund und schwarzen Haaren.

Unsere Mütter würden hierzu »Kader« (Schicksal) sagen, denn dieser Mensch war fortan im Bourdieu'schen Sinne unser »soziales Kapital«.

Biographischer Einschub I: Gamze Kenger
Flucht und Bildungserfolg, und das als alevitische Kurdin
Ich bin in Istanbul/Türkei geboren und mit zwölf Jahren gemeinsam mit meinen Eltern und Geschwistern nach Deutschland geflüchtet. Als Geflüchtete war ich nirgendwo willkommen, sei es in Deutschland oder in der Türkei, denn ich war immer anders als die Anderen – eine Form von doppelter oder dreifacher Benachteiligung. In der Türkei ausgegrenzt als alevitische Kurdin und in Deutschland diskriminiert als Deutsche mit vermeintlich türkischem Migrationshintergrund (obwohl ich Kurdin bin). Das Gefühl nirgendwo willkommen zu sein, hat mich sehr stark geprägt. Zudem ist es hart, in dieser Gesellschaft nicht dazugehörig zu sein und jeden Tag mit Diskriminierungs- und Rassismuserfahrungen zu kämpfen. Jeden Tag sich für Dinge rechtfertigen zu müssen, für die wir verantwortlich gemacht werden.

Weiterhin haben meine Eltern immer den Wunsch gehabt, dass ich studiere und einen hohen Bildungsabschluss erreiche, was ihnen zu ihrer Zeit nicht möglich war. Sie kamen aus ländlichen Gebieten und aus einer benachteiligten sozialen Klasse. Für sie öffnet Bildung viele Türen in einer Gesellschaft – auch wenn sie das selber nicht erleben konnten. Der Soziologe Pierre Bourdieu würde dies im wissenschaftlichen Kontext als Zugang zu Kapitalarten und einem damit verbundenen sozialen Aufstieg bezeichnen. Ich habe diesen »sozialen Aufstieg« auch schnell damit verbunden, dass meine Diskriminierungs- und Rassismuserfahrungen weniger werden, wenn ich einen akademischen Bildungsgrad erreiche. Meine Eltern waren ebenso der Meinung, dass an Universitäten Professoren und promovierte Lehrkräfte sitzen, die als Studierte vieles besser reflektieren und auch Türen öffnen können.

Diese Meinung vertrat ich auch, bis ich an der Universität selbst mit zahlreichen Diskriminierungs- und Rassismuserfahrungen konfrontiert war, die ich bereits an der weiterführenden Schule erlebt hatte. Meine Deutsch- und Klassenlehrerin hatte mir damals mehrmals vermittelt, dass ich die Kompetenzen für ein Abitur nicht besitzen würde. Auch wurde mir seinerzeit empfohlen aufgrund meiner Sprachdefizite in Deutsch, eine Förderschule zu besuchen. Das hat mich damals sehr mitgenommen. Ich bin heute dafür dankbar, dass meine Eltern sich für mich in der Schule eingesetzt haben. In meiner Hochschulzeit konnten mir meine Eltern leider nicht mehr weiterhelfen.

»Das Studium ist nichts für Sie aufgrund ihrer sprachlichen Kompetenzen, machen Sie lieber eine Ausbildung, an meinem Seminar können Sie leider unter diesen Voraussetzungen nicht mehr teilnehmen«, war die Aussage einer Geschichtsprofessorin an der Universität zu Köln, was dazu führte, dass ich mein Geschichtsstudium aufgeben musste. Und in der Vorlesung zu Bildungswissenschaften richtete sich der Professor mit folgender Frage gezielt an uns fünf Studierende mit Migrationsgeschichte: »Was denken Sie über die Gezi-Bewegung, wie stehen Sie zu Erdoğans Innenpolitik?« – obwohl wir nicht im Politikunterricht saßen. In der Biologie-Vorlesung wurden wir (meine Freundin, die ein Kopftuch trägt, und ich) mit der Frage konfrontiert »Haben Sie Fragen oder wird das gerade übersetzt?«. Folgende Aussage eines Dozenten im Biologie/Sexualkunde-Seminar werde ich nie vergessen können: »Wurden Sie beschnitten …?« Es sind viele weitere Diskriminierungserfahrungen, die ich aufgrund meiner Herkunft, meines Aussehens und meiner Sprache usw. erlebt habe. Trotz der vielen Hürden und Hindernisse habe ich mein Abschluss erreicht bzw., um mit Pierre Bourdieu zu sprechen: mein »Bildungskapital« erworben.

Das »Bildungskapital« kann nach Bourdieu beispielsweise durch die Abschlusszeugnisse an der Schule und Hochschule erworben werden. Dessen Bedeutung ist laut Ebru Tepecik für alle Kinder und Jugendlichen mit Migrationsgeschichte sehr bedeutsam, da auch für sie eine erfolgreiche Bildungslaufbahn mit beruflichem Erfolg und einer damit einhergehenden sozialen Sicherheit häufig an einen erfolgreichen Bildungsabschluss gekoppelt ist (vgl. Tepecik 2011: 304).

Ich habe nach meinem Masterabschluss im Bereich Lehramt (Biologie und Sozialwissenschaften) endlich »Bildungskapital« erworben und damit und »sozialen Aufstieg« erfahren können. Jetzt konnte mir nichts mehr im Wege stehen ... Jetzt konnte ich ins Berufsleben einsteigen und sozusagen meinen Traumberuf ausüben ... Jetzt hatte ich wohl meine Diskriminierungs- und Rassismuserfahrungen bewältigt. Aber das war zu hoffnungsvoll gedacht. Als angehende Lehrerin war meine Zeit als Referendarin »die Hölle«. Ausgehend von meinen eigenen Erfahrungen habe ich erlebt, dass bei der Lehramtsausbildung und Verbeamtung, verbunden mit der »Herkunft«, genau dieselben Selektionsmechanismen reproduziert werden. Hier entstand bei mir ein biographischer Bruch, vielleicht auch ein neuer Lebensabschnitt. Wenn es nach meiner Mutter geht, habe ich an der falschen Stelle aufgehört zu kämpfen.

Biographischer Einschub II: Serpil Güner
Mein Schweigen als Form des Widerstands?!

Geboren bin ich Kayseri (Türkei) – einer Stadt in Zentralanatolien. Meinen Namen »Serpil« verdanke ich meinem Opa, was ins Deutsche übersetzt »gedeihe« und »wachse« bedeutet. Mein Vater kam als sogenannter »Gastarbeiter« nach Deutschland, der mich und meine Mutter später in Form der Familienzusammenführung (Ende der 70er Jahre) nach Deutschland holte.

Bis zur meiner Einschulung nahm ich selbstverständlich an, dass alle Menschen auf der Erde Türkisch sprechen. Nun stand ich da und verstand die Welt um mich herum nicht mehr. Meine Mutter gab sich sehr viel Mühe, sie kaufte mir trotz Geldmangel, mit ihrem heimlich gesparten Haushaltsgeld alle notwendigen Schulmaterialien und brachte mir das Lesen bei. Schon als Kind war ich verrückt nach Büchern und konnte meine innere Welt mit Farben zum Ausdruck bringen und immer aufs Neue in meine Bücherwelt flüchten.

Meine Grundschulzeit – zumindest die ersten drei Jahre – kann ich als grau und trist einstufen, weil ich ständig aufgrund meiner Herkunft, meiner Aussprache, meines Aussehens von meinen Klassenkameraden auf dem Pausenhof sowie, meist im Beisein meiner Lehrerin, schikaniert wurde. Ich war in der Klasse die kleine »Indianerin«, die »Kümmeltürkin«, deren »Baba« den Anderen die Arbeit wegnimmt. Die Schikanen bezogen sich nicht nur auf den Schulalltag, auch der Nachhauseweg wurde häufig zu einer Qual. Ich kann mich an meinem Vater erinnern, der mich auf sein Mofa setzte und mit mir zu anderen Eltern fuhr, um sich zu beschweren. Und daran, dass er aufgrund seiner Aussprache von diesen Familien belächelt und von meinen Klassenkameraden häufig ausgelacht wurde.

Ich war dem hilflos ausgeliefert und wusste nicht, wieso mein »Baba« den Anderen die Arbeit wegnahm, geschweige denn, was mit Kümmel gemeint war. Also entschied ich mich mit meinen sieben Jahren, nicht mehr zu reden. Ich begann aus Protest zu Schweigen! Rückblickend denke ich, das war eine Form von Selbstschutz, ja, von Widerstand. Nachdem meine Klassenlehrerin dies nach fast einem Jahr bemerkte, war ich automatisch ein Fall für die »Sonderschule.«

Na ja, da die Sonderpädagogin keinen Förderbedarf bei mir feststellen konnte, wurde ich eine Klasse zurückgestuft. Positiv an der ganzen Sache war, dass ich eine neue Klassenlehrerin bekam, die mich fortan beschützte und förderte. Sie war eine Schlüsselfigur in meiner Bildungsbiographie. Heute kann ich rückblickend sagen, dass sie die Türöffnerin auf meiner Bildungslaufbahn war.

Ähnliche Rassismus- und Diskriminierungserfahrungen habe ich in meiner weiteren schulischen Laufbahn gesammelt. Ich kann mich noch an meine Geschichtslehrerin auf der Hauptschule erinnern, die mir prophezeite, dass ich als »Putzfrau« enden würde, die meinte, wir seien »Gäste« und hätten uns so zu benehmen; oder daran, dass ich die erste Strophe der deutschen Nationalhymne auswendig lernen und sie vor der Klasse vortragen musste. Weiterhin kann ich mich an meine Freundin erinnern, die fast jeden Tag mit blauen Flecken in die Schule kam (von ihrem Vater verursacht), oder an einen Schulkameraden, der zweimal in der Woche im Unterricht fehlte, was unser Mathelehrer mit der Aussage »Ah der Musa (anonymisiert) fehlt wieder mal, stimmt, heute ist ja Markttag« quittierte. Hierbei habe ich gelernt, dass schulabstinentes Verhalten und Kindesmisshandlung bei Familien mit Migrationshintergrund toleriert wurden. Kindeswohl und das Mindestmaß an schulischer Bildung sei für uns »Nicht-Deutsche« nicht so relevant. Wir waren nun mal »Schwarzköppe« und mussten besser sein, um als gleichwertig wahrgenommen zu werden. Trotz dessen hatte ich Pippi Langstrumpf ebenfalls im Hinterkopf: »Zwei mal drei macht vier, widdewiddewitt und drei macht neune, ich mach' mir die Welt, widdewidde wie sie mir gefällt«. Rückblickend schmunzele ich über diese Zeilen, allerdings waren diese Erlebnisse zugleich auch mein Rüstzeug gegen die Außenwelt.

Die Rassismus- und Diskriminierungserfahrungen, die wir in unserer Bildungslaufbahn gesammelt haben, bilden kein neues Phänomen, auch in wissenschaftlichen Diskursen werden Diskriminierungserfahrungen seit Jahren von Migrant*innen thematisiert (vgl. Arslan 2009: 231). Aktuelle Studien belegen, dass nach wie vor Kinder aufgrund ihrer Herkunft für gleich erbrachte Leistungen schlechter bewertet werden. (vgl. uni-mannheim.de)

Wider die Ausgrenzung und das vermittelte Fremdheitsgefühl

Aber was machen all diese Erfahrungen insbesondere mit den betroffenen Kindern und Jugendlichen? Welche Gefahren bringt es mit sich und was muss sich ändern?

Klar ist: die erlebten Rassismus- und Diskriminierungserfahrungen führen dazu, dass sich viele Migrant*innen sowohl gegenüber der Aufnahmegesellschaft als auch gegenüber Institutionen wie Hochschulen und Schulen nicht ausreichend zugehörig fühlen. Demnach prägen diese Erfahrungen die Biographien vieler junger Migrant*innen. Die rassistischen Stigmatisierungsformen, negativen Klassifizierungen, Fremdzuschreibungen sowie Ausschlusspraxen fördern dabei verstärkt den Rückzug der Jugendlichen »aus den Strukturen und Werten der Aufnahmegesellschaft. Gegenüber der Fremdethnisierung der Mehrheitsgesellschaft ist ein Rückzug von Migrant*innen in die eigenen, ›ethnischen Nischen‹ zu verzeichnen – eine Art Selbstisolation« (Bozay/Mangitay 2016: 72). Des Weiteren führen die Benachteiligungen von Migrant*innen in politischen, wirtschaftlichen sowie in sozialen Bereichen dazu, dass sie sich oft von den Werten des Aufnahmelandes »verabschieden und ihre Identität in den ethnischen Strukturen der Herkunftsgesellschaft und in entsprechender Überlieferung wiederfinden« (Bozay 2012: 86).

Diese Prozesse erschweren zudem die Identitätsfindung von Jugendlichen, insbesondere während der Pubertätsphase, wenn in Instanzen wie Schule, Hochschule, Jugendeinrichtungen, Peergroups oder in der Öffentlichkeit das Gefühl des Fremd-Seins vermittelt wird. Dadurch müssen die Jugendlichen lernen, wie sie mit diesem Fremdheitsgefühl umgehen. Dies kann bei vielen von ihnen Identitäts- und Persönlichkeitskrisen auslösen. Sie wissen dann häufig nicht mehr, wohin sie gehören: in die hiesige Aufnahmegesellschaft, von der sie ausgegrenzt und abgewiesen werden, oder in die Gruppe derjenigen, in der sie für manche als »Deutschländer« (türk. »Almancı«) abgestempelt werden. Daher ist gerade die Institution Schule sehr wichtig, weil sie insbesondere in der Sozialisierungsphase von Kindern und Jugendlichen eine zentrale Bedeutung einnimmt.

In einer diversitätsbewussten Gesellschaft steht gerade die Schule vor der Herausforderung, für Vielfalt und Akzeptanz einzustehen. Diese Vielfalt sollte wertgeschätzt werden und jeder – mit oder ohne Migrationshintergrund – sollte gleichwertige Bildungschancen er-

halten. Daher werden gerade in der Institution Schule demokratie-
pädagogische Konzepte benötigt, die antirassistisch und diversitäts-
bewusst ausgerichtet sind.

Es gibt hierzulande zwar verschiedene vielfaltsfördernde Maßnahmen und Initiativen, die unter Namen wie »Schule ohne Rassismus«, »Sprachsensibler Unterricht (DaZ)« oder »Interkulturelle
Schulkultur« bekannt sind. Diese Initiativen dürfen jedoch nicht als
Vorzeigeprojekt und Alibistrukturen fungieren, wenn sichtbar wird,
dass sie nicht genügend auf die veränderte Zusammensetzung in der
Bevölkerung reagieren können. Dies führt beispielsweise zu institutionellen Defiziten. Auch sollte hierbei betont werden, dass das
mehrzweigige Bildungssystem in Deutschland in erster Linie der
Selektion dient, die insbesondere Migrationskinder und -jugend-
liche, aber auch Kinder aus sozial benachteiligten Lebenslagen als
Verlierer bloßstellt.

Für eine gleichberechtigte »Gesellschaft der Vielen«

Im Sinne der rassismuskritischen Bildung ist das *Handeln gegen Rassismus* eine grundlegende Aufgabe, in der das Engagement gegen Ungleichwertigkeitsideologien gefördert werden sollte. Den Rassismus
zeigt sich daher als Konstrukt, welches sich aus Gesetzen, institutionellen Praxen, Medien und menschlichem Handeln zusammensetzt
(vgl. Mecheril/Melter 2010: 177). Mit der Vermittlung von Wissen
über Rassismus geht auch eine historische Auseinandersetzung mit
der europäischen Kolonialgeschichte, dem Antisemitismus und Nationalsozialismus einher. Bei der Problematisierung von Zugehörig-
keitserfahrungen müssen gegenwärtig die Praxen, Strukturen sowie
Formen des Rassismus kritisch untersucht, analysiert und reflektiert
werden. Dazu zählt letztendlich auch die konsequente Auseinandersetzung mit den erlebten Diskriminierungs- und Rassismuspraxen.

Schlussfolgernd möchten wir auf eine Aussage des tunesisch-
französischen Soziologen Albert Memmi zurückgreifen, der sig-
nalartig konstatiert: »Zunächst einmal müssen wir uns den Rassismus ins Bewusstsein rufen, ihn nicht nur bei den anderen suchen,

sondern auch in uns, in jedem einzelnen und in uns allen. Ihn bei den anderen anzuprangern ist leicht, bequem und überdies widersprüchlich: Es liefe darauf hinaus, dass er seine Aggressivität aufgibt, ohne dass wir auf die unsrige verzichten. Die Aufdeckung des Rassismus vor allem in uns selbst, um ihn in unserem eigenen Verhalten zu bekämpfen, ist der beste Weg, um schließlich seinen Rückgang bei den anderen zu erreichen« (Memmi 1992, S.139).

Damit wir atmen können, benötigen wir anlehnend an Memmi eine grundlegende Auseinandersetzung mit den Ursachen, Formen und Motiven von Rechtsextremismus und Rassismus – insbesondere auch in der Institution Schule. Vor allem geht es darum, dass durch eine Politik der Anerkennung und Akzeptanz ein gemeinsames »Wir« in der gleichberechtigten »Gesellschaft der Vielen« benötigt wird und aufgebaut werden muss.

Literaturhinweise

Arslan, Emre (2009): Der Mythos der Nation im Transnationalen Raum. Türkische Graue Wölfe in Deutschland, Wiesbaden.

www.bpb.de/gesellschaft/migration/dossier-migration-ALT/56500/bildungsungleichheit (bpb: Bundeszentrale für Politische Bildung).

Bozay, Kemal / Mangitay, Orhan (2016): »Ich bin stolz, Türke zu sein!« Graue Wölfe und türkischer (Rechts)Nationalismus in Deutschland. Eine Informations- und Bildungsbroschüre. Hrsg. von der Wuppertaler Initiative für Demokratie und Toleranz e.V. / Beratungsstelle der Mobilen Beratung gegen Rechtsextremismus im Regierungsbezirk Düsseldorf.

Fuchs-Heinritz / König, Alexandra (2011): Pierre Bourdieu. Eine Einführung, 2. Aufl., Konstanz/München.

Gomolla, Mechtild / Radtke, Frank-Olaf (2009): Institutionelle Diskriminierung. Die Herstellung ethnischer Differenz in der Schule, 3. Aufl., Wiesbaden.

Mecheril, Paul / Melter, Claus (2010): Migrationspädagogik. In: Andresen, Sabine / Hurrelmann, Klaus / Palentien, Christian / Schröer, Wolfgang. Weinheim/Basel.

Memmi, Albert (1992): Rassismus. Hamburg.

Messerschmidt Astrid (2010): Rassismusthematisierungen in den Nachwirkungen des Nationalsozialismus und seiner Aufarbeitung. In: K. Fereidooni / M. El (Hg.): Rassismuskritik und Widerstandsformen, Wiesbaden, S. 855-867.

www.uni-mannheim.de/newsroom/presse/pressemitteilungen/2018/juli/max-versus-murat-schlechtere-noten-im-diktat-fuer-grundschulkinder-mit-tuerkischem-hintergrund.

Tepecik, Ebru (2011): Bildungserfolge mit Migrationshintergrund Biographien bildungserfolgreicher MigratInnen türkischer Herkunft, Wiesbaden.

III.
GEGENWEHR

Funda Göçer

Stolpersteine auf dem Bildungsweg

**Und schon bist du kategorisiert – oder:
Von einigen Enttäuschungen und glanzvollen
Erträgen als Tochter aus einer Gastarbeiterfamilie**

»Kommen Sie, ich hole demnächst den Gebetsteppich raus, damit
Sie beten können.« Dieser Satz war die letzte Konklusion meines
Philosophielehrers in den letzten Zügen meines Abiturs. Er beruhte
auf zwei Prämissen. *Erstens*: Funda glaubt an Wunder, an Dinge, die
geschehen und für uns unerklärbar erscheinen. *Zweitens*: Funda hat
einen muslimischen Background in ihrer Familie und sie ist türkisch-
stämmig. Die Ableitung: Funda ist eine gläubige Muslima, glaubt
also an Gott und lehnt die Wissenschaft ab. Auf diese Äußerung hin
wählte ich das Fach ab. Eigentlich schade: Ich hatte damals freiwillig
den Philosophieunterricht besucht, um in einem kleinen Kurs über
»Gott und die Welt« zu diskutieren. Schnell zeigte sich, dass ich die
einzige »Nicht-Biodeutsche« im Klassenzimmer war. Kaum entsprechend kategorisiert, bist du auch schon »Expertin«: Wenn es um das
Thema Islam oder Türkei ging, wurde ich als »Islamexpertin« bzw.
»Türkeiexpertin« herangezogen, um meine Mitschüler*innen »aufzuklären«. Abwegig? Nun, mit einem »Migrationshintergrund«, wie
sie es später einmal nennen würden, musst du's ja wissen. Ach so,
Philosophielehrerin wurde ich dann aber trotzdem noch, die Freude
an dem Fach konnte mir der Lehrer nicht nehmen.

Der Weg dahin war nicht vorgezeichnet, und im Laufe der Jahre
erlebst du so einiges, was dich zweifeln lässt – oder vorwärtsbringt,
wenn du daraus Erkenntnisse gewinnst und Schlüsse ziehst. Einer

davon ist: Ich versuche heute, im Klassenzimmer manches anders zu machen, als ich es selber erfahren hatte. Ein weiterer: Im Rahmen von »Schule ohne Rassismus – Schule mit Courage« oder auch in der Gewerkschaft Erziehung und Wissenschaft (GEW) setze ich mich für antirassistische Projekte ein. Rassistische Muster und Kategorisierungen, die im Alltag greifen und in Anschlägen gipfeln, werden in anderen Beiträgen dieses Bandes schlüssig analysiert. Lasst mich daher ergänzend ein paar kleine Einblicke geben in den Weg als Tochter eines türkeistämmigen »Gastarbeiters«, als ein Kind der dritten Generation, gefangen zwischen zwei Kulturen.

In einem Kölner Vorort auf die Welt gekommen, brachte ich für den Kindergarten noch keine Deutschkenntnisse mit, die der Rede wert waren. So begann ich, das deutsche Bildungssystem zu durchlaufen. Ein anderes habe ich in aus eigener Erfahrung nicht kennengelernt, auch wenn das Verlangen da war, jenes Land, das meine Eltern aufgrund von Hoffnungen auf ein besseres Leben verlassen hatten, aus nächster Nähe zu erfahren. Immerhin: Wir verbrachten die Sommerferien mit der Familie vor Ort, und das am Meer.

Als Mitbringsel hatten wir stets dabei: die gute Vollmilchschokolade mit ganzen Haselnüssen vom beliebten »Discounter der Migranten«. Dazu löslichen Marken-Kaffee, der – wie wir später mal lernten – mit Sicherheit in Kinderarbeit hergestellt wurde, und die Pflege-Creme, die – das weißt du heute – nicht biologisch abbaubar war. In der Türkei hatten sie natürlich auch ein Bild von uns »Almancılar«, die wir in Deutschland lebten und dort wahrscheinlich über Nacht wohlhabend geworden waren. Ob meine Mutter den ganzen Tag an der Fisch- und Käsetheke schuftete und die jüngste Tochter nur am Abend sah, oder ob der Vater der Tochter vor der Nachtschicht immer einen Abschiedskuss gab und sie traurig zurückließ: das interessierte keinen Verwandten in der Türkei. Uns musste es in Deutschland gut gehen, so viel stand fest. Ich erlebte die Türkei jeden Sommer mit Sonne, Meer und gutem Essen. Damals war ich schlichtweg zu jung, um zu reflektieren, wovon die Erwachsenen sprachen.

So wuchs ich auf, zerrissen in zwei Welten. Meine Eltern haben mich nicht religiös erzogen, aber doch mit einem starken Glauben an *Allah*, auf dass ich jedes Mal meine Handlungen und Äußerungen auf ihr moralisches Gewicht hin hinterfrage. Und doch musstest du deinen Freundinnen jedes Mal Rechenschaft darüber ablegen, kein Schweinefleisch zu essen. So what? Heute verzichtet man bestenfalls auf jede Art von Fleisch.

Die Schulzeit war vorbei, und ich wollte studieren. Auch dabei war mein Bruder mein großes Vorbild. Für viele Jugendliche sind Figuren des öffentlichen Lebens wie etwa aus den Bereichen Soziale Medien, Sport oder Musik Vorbilder. Dabei gibt es unterschiedliche Gründe, warum sie bewundert werden: ihre Beliebtheit, ihr Reichtum oder ihr Erfolg. Wir streben danach, unsere Persönlichkeit entsprechend der Handlungs- und Verhaltensmuster unseres Vorbildes zu entwickeln. Die Bildungsherkunft hat auf unserem individuellen Bildungsweg einen hohen Stellenwert, und der sehnlichste Wunsch vieler Eltern aus Einwandererfamilien ist der Bildungsaufstieg ihres Kindes durch ein Studium oder eine gute Ausbildung. Mein Bruder war der erste, der mir einen Vorlesungssaal von innen zeigte, das Buch »Sofies Welt« als Fundament mitgegeben und mir insbesondere den Mut gegeben hat, auf diesem Weg nicht aufzugeben. In meinem Studium wollte ich da weitermachen, wo ich im Unterrichtsgeschehen aufhören musste. Nämlich damit, die Dinge zu hinterfragen. Im Schutz einer relativen Anonymität, wie die Universität sie bot, konnte ich mit Menschen diskutieren, die mich nicht kannten. In den Geschichts- und Philosophieseminaren schien mein Name nicht so wichtig, Zuordnungen nach Herkunft oder Religion blieben meist erspart. Bis du plötzlich wieder auf den Boden geholt wirst: »Hey, du siehst aus wie eine Laura«, so ein Kommilitone, nachdem er erfahren hatte, dass ich Funda hieß. Ich sähe so »deutsch« aus und spräche so »akzentfrei«. Außerdem benähme ich mich nicht wie »die anderen türkischen Mädels«. Da merkte ich, wie mich die Schulzeit wieder einholte.

Eigentlich ein erstaunliches Phänomen: aufgrund von bestimmten Erkennungsmerkmalen kategorisiert zu werden. Und das prallt ja nicht einfach an dir ab. Du fragst dich, wer du eigentlich bist. Als Individuum, als Mensch. Und wie du von der Gesellschaft zu dem gemacht wirst, was du bist. Fragen der Existenz, über die sich seit Jahrhunderten schön philosophieren lässt, am liebsten im geschützten Rahmen. Doch wenn du zwischen den Welten lebst, so sind es Fragen, die dich im Alltag einholen.

Da war zum Beispiel der türkische Verein, in dem ich nie wirklich ankam. Es lag nicht an der Musik oder am Rhythmus, ich hatte es geliebt, die Volkstänze zu erlernen. Und ja, es war großartig, solch einen Verein zu besuchen: den Kontakt zu gleichaltrigen Jugendlichen zu finden; sich auf Türkisch zu unterhalten; über türkische Soaps zu reden; türkische Filme, die in den Kinos liefen, gemeinsam anzuschauen oder Konzerte meiner türkischen Lieblings-Rockgruppe zu besuchen. Und doch merkte ich schnell, dass man auch dort wieder in Kategorien eingestuft wurde. Auch Fragen von politischer Orientierung spielten nicht nur in der Erwachsenenwelt eine wesentliche Rolle, sondern auch in einem Haufen pubertierender, orientierungssuchender Jugendlicher. Warum ich mich in dem Verein nie ganz zu Hause fühlte: Ich wollte mich nicht nur in *einem* Milieu bewegen, wollte meine Freunde nicht aufgrund ihrer Herkunft aussuchen. Übrigens: Die beiden Freunde, die mir aus dem Verein blieben, akzeptieren mich so, wie ich bin, und nicht, weil ich hinter irgendeiner Flagge stehe. Was wir aneinander fanden: Uns einfach als diejenigen zu lieben, die wir sind – wenn ich das hier so sagen darf.

Die Suche nach Orientierung und Identität ist besonders als Heranwachsende herausfordernd. Immer wieder lagen Stolpersteine auf dem Weg, die mich darauf stießen, meine Identität zu hinterfragen. Immer wieder spürte ich, dass meine Umgebung eine Erwartungshaltung hatte und ich bestimmte Kriterien erfüllen musste, um ihnen zu gefallen. Immer wieder geriet ich in Diskussionen, um über meinen Standpunkt zu reden. Darin sammelst du deine Erfahrungen, doch an diesem einen Nachmittag im Eiscafé, da verschlug es mir die Sprache. Auf einmal mundtot, und das kam so: Neben dem Studium war ich als pädagogische Begleitung von unbegleiteten minderjährigen Geflüchteten tätig. Eines Tages wollten die »Jungs« nach einem Spaziergang Eis essen. Meine Bedingung war, dass sie ihr Eis selbst bestellten und ich sie vorab sprachlich unterstütze. Die Bedienung war eine türkischstämmige Frau. Ja, das hatte ich nicht erwartet bei einem italienischen Eiscafé – so viel zu meinen eigenen Kategorisierungen. Sie bemerkte, wie ich mich mit einem der Jungen auf Türkisch unterhielt und fragte mich kurz darauf, ebenfalls auf Türkisch, woher die Geflüchteten denn kämen. Ihre Herkunftsländer sowie ihre Fluchtmotive waren unterschiedlich, erklärte ich freundlich. Mit ihrer nächsten Frage konnte ich nicht rechnen, und ich werde sie so wenig vergessen wie den Satz meines damaligen Philosophielehrers: Ob diese Menschen denn nicht stinken würden? Aus Afghanistan, Eritrea oder Syrien kommend, hätten sie ja einen eigenartigen Geruch. Knallrot vor Wut, versuchst du erst einmal, deinen Körper unter Kontrolle zu bekommen, die Temperatur zu regulieren, vom Siedepunkt runterzukommen. Immerhin war der einzige türkischverstehende Junge nicht in unmittelbarer Nähe. Und »meine Jungs« waren bloß reichlich irritiert, als ich die Bestellung unterbrach, wir den Laden verließen und die nächste Eisdiele aufsuchten. Mit einer derart unmenschlichen Frage konfrontiert, fühlte ich mich zum Schweigen gebracht, und das auch deshalb, weil die Frau vermutlich selbst schon Rassismuserfahrungen durchgemacht hatte.

Noch heute frage ich mich: Wie kann es sein, dass türkeistämmige Migrant*innen die Narben aus der Vergangenheit, für die Solingen, Mölln oder die NSU-Morde stehen, vergessen haben können und sich das Recht nehmen, über Menschen mit einem Fluchthintergrund zu urteilen? Ich schämte mich jedenfalls für die Frau aus dem Eiscafé und realisierte, dass sie zu jenen gehörte, die sich gegen die »Neuen«, die »Ungewollten« richteten. Gegenüber denen wähnte sie sich als jemand Besseres. Sie gab es nach unten weiter.

Jetzt stehe ich da, als eine Lehrerin, die dafür brennt, ihre Fächer Praktische Philosophie und Geschichte unterrichten zu dürfen. Während meines Studiums sehnte ich mich danach, mit Kindern und Jugendlichen zu philosophieren oder Schlüsse aus der Vergangenheit zu ziehen. Ich möchte vieles anders machen als einige Lehrkräfte, die ich selbst in meiner Schulzeit erlebte. Vieles nahm ich damals nicht als fair wahr. Entweder hattest du das Glück, in einem Elternhaus sozialisiert zu sein, in dem Bücher die Regale füllten und am Wochenende Wanderungen oder Ausflüge zu Museen und Ausstellungen auf dem Programm standen. Oder du erlebtest die Wochenenden eben mit all dem Trubel durch Verwandtenbesuche und einer Monotonie, die dich als Kind nicht weiter störte. Allerdings spiegelten sich die unterschiedlichen Sozialisationen im Unterricht wider.

Auch heute ist das nicht anders. Wie kann ich von einer Schülerin einen erweiterten Sprachgebrauch erwarten, wenn ihre Eltern Analphabeten sind? Oder von einem Schüler verlangen, in der fünften Klasse die Hauptstadt von Deutschland zu kennen, wenn er nicht einmal weiß, dass Köln als eine Stadt bezeichnet wird? Viele banale Dinge, die für uns selbstverständlich erscheinen, sind es für Familien aus unteren sozialen Schichten nicht. Als Lehrerin verstehe ich den Erziehungs- und Bildungsauftrag so, dass ich bestmögliche Wege schaffe, um allen Schüler*innen gerecht zu werden; um ihnen die Möglichkeit zu bieten, ihre Talente und Neigungen zu erkennen und sich während der Schulzeit zu entfalten. Dabei spiele ich als Lehrperson als Einzelne wie auch im Team eine entscheidende Rolle. Trotz unseres umfassenden Studiums und Referendariats gilt, dass wir sowohl fachlich als auch pädagogisch nicht stagnieren und unsere Aufgabe als Lehrpersonen in einem Einwanderungsland ernst nehmen müssen. Unsere Vorurteile können den Lernerfolg von Schüler*innen negativ beeinflussen. Rassismus darf weder im Lehrerzimmer noch im Klassenraum einen Ort finden. An einer Kölner Realschule bin ich Patin bei »Schule ohne Rassismus – Schule mit Courage«, dem größten Schulnetzwerk Deutschlands. Es mag wichtig sein, sich als Schule mit dem Siegel »... ohne Rassismus« der Außenwelt zu präsentieren und sich den Eltern am Tag der offenen Tür als weltoffen und tolerant zu zeigen. Und doch kann der Schein trügen, wenn hinter dem Schultor Stillstand ist. Die Auseinandersetzung mit dem Rassismus und seinen Kontinuitäten muss zum Schulalltag gehören. Und es darf keine scheinbare Neutralität geben, die Maxime sollte lauten: Der Korrespondenzbegriff zu Rassismus ist nicht »nichtrassistisch«, sondern »antirassistisch« – wonach es im bewussten Sinne zu handeln gilt. Kurz: »antirassistisch« zu sein bedeutet eine Haltung, persönlich wie gesellschaftlich.

Seit einiger Zeit bringe ich mich auch in der Gewerkschaft GEW ein, um möglichst antirassistische Positionen und soziale Rechte zu stärken. Nicht allein der Solidaritätsgedanke, sondern auch die Möglichkeit, aktiv mitgestalten zu können und mich für die Stärkung eines demokratischen Bildungswesens einzusetzen, in dem soziale Differenzen kompensiert werden, ermutigt mich in meiner bildungs- und gewerkschaftspolitischen Arbeit. Die aktive Mitwirkung in der GEW ermöglicht mir eine Vernetzung und einen Austausch mit unterschiedlichen Erziehungsberufen. Nicht zuletzt steht die GEW für eine solidarische Gesellschaft ein, in der diversitätsbewusster Bildung und rassismuskritischer Bildungsarbeit große Bedeutung beigemessen wird.

Es ist etwas unbeschreiblich Wertvolles, Kindern und Jugendlichen etwas über ihren eigenen Ursprung, über Wege des solidarischen Zusammenlebens und über Möglichkeiten von Veränderungen in der Gesellschaft zu vermitteln. Für ein friedliches Zusammenleben und einen sensiblen Umgang miteinander ist das Wissen um die eigene Identität und das Erlernen entsprechender Werte absolut notwendig.

Als Lehrperson ist es erforderlich, sich auch eigene Rassismen zu vergegenwärtigen, sie nicht zu leugnen, sondern sie zu hinterfragen, ihren Ursprüngen nachzugehen und sich bestenfalls von ihnen zu lösen, um den Kindern und Jugendlichen gerecht zu werden, ja: um als das Vorbild zu gelten, das wir sein sollten.

Karima Benbrahim

Empowermentorientierte Rassismuskritik

(De-)Thematisierung von Rassismuserfahrungen und Widerstandsperspektiven aus migrantischer BIPoC-Sicht

> »If you are free, you need to free somebody else.
> If you have some power,
> then your job is to empower somebody else.«
> *Toni Morrison*

Rassismus im Alltag zu thematisieren, fällt nicht leicht. Gerade in Deutschland bestehen aus historischen Gründen besondere Berührungsängste mit dem Begriff. Auf die Thematisierung von Rassismus folgen daher häufig extreme Abwehrreaktionen nach dem Motto »Ich bin doch kein Nazi«. Dahinter steht letztlich die falsche Vorstellung, Rassismus sei ein abgeschlossenes Kapitel der Geschichte oder ein Alleinstellungsmerkmal von Rechten. Es fehlt an Bewusstsein, dass Rassismus sowohl gesamtgesellschaftliches als auch (stets) aktuelles Problem ist, das sich alltäglich in der Sprache, im Kindergarten, in der Schule, im Beruf und in allen anderen gesellschaftlichen Bereichen zeigt. Rassismus verletzt die Würde und die Rechte von Menschen. Menschen werden aufgrund bestimmter (zugeschriebener) Merkmale wie Fluchthintergrund, Hautfarbe, Religion und/oder Kultur hierarchisiert und homogenisiert. Je nach Positionierung wird Individuen und Gruppen ein unterschiedliches Maß an Anerkennung, Wertschätzung und Handlungsmöglichkeiten zugestanden. Die grundlegende Unterscheidungsform beruht auf der Gegenüberstellung eines natio-ethno-kulturellen *Wir* und eines *Ihr*, die durch gesellschaftliche und strukturelle Praktiken aufrechterhalten werden. Die entsprechenden Zuschreibungs- und Ausgrenzungspraktiken führen zu sozialer Ungleichheit und Benachteiligung von Individuen und Gruppen auf individueller, struktureller, kultureller und institutioneller Ebene (Benbrahim 2015).

Wir erleben seit der Gründung der AfD enorme Spaltungen in der Migrationsgesellschaft, die sich besonders in rassistischen und rechten Enthemmungen bzw. Gewalt gegenüber Black, Indigenous und People of Color (BIPoC*) als sogenannte Migrationsandere zeigen. Rassistische Einstellungen und Verhaltensweisen sind nicht nur weit verbreitet, sondern haben in den letzten Jahren zugenommen. Laut den Opferberatungsstellen ist Rassismus das häufigste Tatmotiv. Hassbotschaften in den Sozialen Netzwerken und verbale sowie tätliche Angriffe besonders auf sogenannte Migrationsandere, Geflüchtete, jüdische und muslimisch gelesene Menschen haben in einem Ausmaß zugenommen, dass sie als Teil unserer gesellschaftlichen Realität nicht mehr ignoriert werden können. Allerspätestens diese Entwicklungen haben deutlich gemacht, dass Rassismus weder ein Phänomen der Vergangenheit ist noch sich auf den rechten ›Rand‹ der Gesellschaft beschränkt, sondern fest in der Mitte verankert ist.

Das postnationalsozialistische Rassismusverständnis stellt für rassismuskritische Ansätze immer noch eine große Herausforderung dar, denn es verknüpft Rassismus mit dem Nationalsozialismus und beruft sich auf lediglich individuelle Einstellungen bzw. Verhaltensmuster von Menschen am sogenannten Rand der Gesellschaft. Bei einer Analyse dessen sind besonders die historischen, so-

---

*   Black, Indigenous, People of Color (BIPoC) bedeutet »Schwarze und Indigene / Person(en) of Color«. Ein Begriff, der die Intersektionalität in die »Minderheiten«-Erfahrung fortsetzt. Früher bezeichnete PoC (People / Person(en) of Color) Nicht-Weiße in der westlichen Zivilisation. Da jedoch einige PoC in Bezug auf Bildung und Einkommen in westlichen Kulturen tatsächlich überdurchschnittliche Leistungen erbringen und dies der Erzählung, dass »alle PoC immer von Weißen unterdrückt werden«, in hohem Maße widerspricht, wurde der Begriff angepasst, indem indigene Identitätsgruppen benannt werden, die zu den am stärksten unterdrückten Menschen gehören und daher ihre eigene Bezeichnung verdienen.

zial-strukturellen und gesetzlichen Kontexte zu durchleuchten. Begriffe wie »Rasse«, die ihre Hochkonjunktur im Nationalsozialismus hatten, werden heute zwar vermieden, jedoch durch andere Begriffe wie »Kultur« oder »Identität« oder »Ethnie« ersetzt: »Das vornehme Wort Kultur tritt anstelle des verpönten Ausdrucks Rasse, bleibt aber ein bloßes Deckbild für den brutalen Herrschaftsanspruch.« (Adorno 1955)

Besonders in Zeiten der Verunsicherung und starken Polarisierung treten Ungleichheiten, Nationalismus und Ungleichwertigkeitsdenken in einer Gesellschaft stärker zutage. Wir erleben mit der weltweiten Verbreitung der Lungenkrankheit Covid-19 einen Krisenzustand in unserer Gesellschaft, dessen Ausmaß wir – auch mehr als ein Jahr nach deren Auftreten – noch nicht wirklich erfassen können.

Laut der Politikwissenschaftlerin Liya Yu führen Krisenzeiten wie die Corona-Pandemie dazu, dass marginalisierte Gruppen noch stärker ausgegrenzt und entmenschlicht werden. Man könne in der Gesellschaft oft zwei Reaktionen beobachten: »Entweder verhalten sich Menschen so, als gäbe es die Pandemie nicht, oder sie suchen eine Personifizierung der Gefahr, die vom Virus ausgeht«. Die rassistische Logik dahinter ermögliche es, dass Asiat*innen für die Krise verantwortlich gemacht würden, es könne aber auch andere marginalisierte Gruppen wie Geflüchtete, Rom*nja oder Menschen mit Behinderung treffen, wie vielerorts schon geschehen. Dies sind nur einige Aspekte, die zeigen, dass die Corona-Krise uns noch lange auch aus rassismuskritischer Perspektive beschäftigen wird.

Seit der Aufdeckung der NSU-Morde gewinnt institutioneller und struktureller Rassismus im gesellschaftlichen Diskurs der Bundesrepublik an Bedeutung. Der brutale Mord àn George Floyd in den USA löste weltweit Empörung, Wut und Proteste aus. Auch in Deutschland demonstrierten allein Juni 2020 über 150.000 Menschen in 25 Städten, um ihrer Solidarität mit der *Black Lives Matter*-Bewegung Ausdruck zu verleihen und sich gegen Polizeigewalt und Anti-Schwarzen-Rassismus zu positionieren. Der Mord an George Floyd erlangte auch in den üblichen medialen Formaten hohe Aufmerksamkeit, während die Art und Weise der Thematisierung selbst noch einmal als Beispiel für die problematischen Praktiken von Ausschlüssen und Repräsentationen in den hiesigen Debatten gelesen werden kann: die Diskussion etwa in einer bekannten Talkshow drehte sich allein um die Zustände in den USA, unter völliger Ausblendung des vorhandenen strukturellen Rassismus und der Polizeigewalt auch hier, und als Diskutant*innen waren bezeichnenderweise ursprünglich nur *weiße* Menschen eingeladen worden. Betroffene – unter diesen viele Expert*innen, die sich seit Jahren mit genau diesen Themen befassen – waren nicht angefragt worden. Nichtsdestotrotz gelang es Aktivist*innen und Expert*innen, den institutionellen Rassismus und die Polizeigewalt vor allem gegen betroffene Gruppen in Deutschland ins Blickfeld zu rücken. Auch organisieren sich Initiativen, die die auffallend hohen Zahlen von Schwarzen Menschen und Menschen of Color hinterfragen, die in Deutschland in Polizeigewahrsam ums Leben kommen – und zwar ohne dass diese Fälle wie jetzt der Tod von George Floyd in der deutschen Gesellschaft zum Skandal taugen. Insofern haben die Proteste und Demonstrationen eine längst überfällige Debatte entfacht und Missstände zumindest sicht- und artikulierbar gemacht.

Doch auch in der Bildungsarbeit muss sich der Blick auf die Strukturen und Rahmenbedingungen in den eigenen Institutionen und Organisationen richten, in denen immer teils eine prämigrantische Realität und *weiße* Dominanzkultur herrscht, die von *weißen*, christlichen und heterosexuellen Männern geprägt ist, wie es Birgit Rommelspacher (1998) beschreibt. Weißsein gilt als Norm und bleibt häufig als Dominanzkultur in der Gesellschaft unmarkiert und unbenannt. Weißsein beschreibt dabei keine äußerlichen Zuschreibungen, sondern eine gesellschaftlich wirkungsvolle Kategorie. *Weiße* Menschen besitzen per se durch diese Zugehörigkeit Privilegien, die ihnen nicht bewusst sind. Peggy McIntosh spricht davon, dass *weiß* zu sein bedeutet, mit einem unsichtbaren Rucksack gesellschaftlicher Privilegien ausgestattet zu sein. In diesem Rucksack befinden sich Pässe, Arbeitsplätze und Wohnungen. Diese Privilegien sind nicht erarbeitet worden, sondern durch eine gewaltsame Dominanzstruktur gesichert. Wenn *weiße* Menschen als solche benannt und markiert werden, entsteht häufig ein abwehrendes Verhalten. Die Soziologin Robin DiAngelo (2018) forscht seit Jahren zu *critical whiteness* (*Kritisches Weißsein*) und beobachtet in Workshops mit weißen Menschen zum Thema Rassismus immer wieder dieselben abwehrenden Reaktionen. Diesem Handlungsmuster hat sie den Begriff *white fragility* (*weiße Zerbrechlichkeit*) gegeben. Rassismus kann *weiße* Menschen nicht betreffen – aber betroffen machen, daher muss der Appell zur Beschäftigung mit Rassismus an *alle* Menschen gerichtet werden. (Benbrahim 2019)

**Rassismuskritik ist kein Hobby,
sondern notwendig für migrantisches BIPoC-Leben**
Rassismuskritik ist herausfordernd und anspruchsvoll zugleich, da man in einem ständigen Prozess ist, die eigene Haltung aufs Neue zu reflektieren. Rassismus ist ein gesellschaftliches System, welches den Rahmen dafür bildet, dass Menschen aufgrund verschiedenster zugeschriebener oder tatsächlicher Merkmale besser oder schlechter behandelt werden. Diese rassistischen Zustände wirken in allen gesellschaftlichen Bereichen und müssen zwangsläufig reflektiert und verändert werden. Annita Kalpaka und Nora Räthzel (2017) haben dieses Dilemma als »Die Schwierigkeit, nicht rassistisch zu sein« beschrieben. Das Sich-Einlassen auf den Prozess einer kritischen Selbstreflexion bedeutet, sich aus dem Gewohnten herauszubewegen, sich von dem eigenen hegemonialen Selbstbild, den angeeigneten Weltbildern und unhinterfragten Selbstverständlichkeiten auf Distanz zu begeben, um eigene Routinen im Denken und Handeln zu hinterfragen.

Für migrantisch gelesene Menschen ist die Auseinandersetzung mit Rassismus permanent, alltäglich und unausweichlich, ob beim Verlassen der Wohnung, beim Einkaufen, Auto fahren oder beim

Chillen in einer Shisha-Bar. Der rassistische Terroranschlag auf
eine Shisha-Bar in Hanau am 19. Februar 2020 ist für viele BIPoC
in Deutschland keine Überraschung gewesen. Schon seit Jahrzehnten warnen sie vor rassistischen Übergriffen, fühlen sich aber weder ernst- noch wahrgenommen. Was muss noch passieren, bis von
Rassismus Betroffene geschützt werden, bis Rechtsterrorismus und
Rassismus bekämpft werden, bis sich dieses Land endlich ändert?

Es gibt keine rassismusfreien Orte, die vor einem Anders-
gemacht-werden schützen. Die permanente Erfahrung des Anders-
machens- bzw. -gemacht-werdens, die sich im Alltag in medialen
und diskursiven Botschaften wie »Deine Kultur ist fremd« oder
»Woher kommst du eigentlich?« äußert, ist gewaltvoll und führt
bei Menschen mit Rassismuserfahrungen oft zu Wut, Ohnmacht,
Demütigung, Verletzung und einem Opfer-Status wider Willen.
Rassismusbetroffene gelangen in einen ständigen Erklärungs- und
Legitimationszwang, wenn es um ihre Zugehörigkeit geht.

Mit der Autorin und Aktivistin Noah Sow: »…als Individuum
betrachtet zu werden. – als vollwertiges Mitglied der Bevölkerung
betrachtet zu werden. – nicht automatisch als ›fremd‹ betrachtet
zu werden. – nicht rechtfertigen zu müssen, weshalb Sie in Ihrem
eigenen Land leben oder weshalb Sie überhaupt in Ihrer Form und
Farbe existieren. – sich und Ihre Gruppe selbst benennen zu dürfen. – alle Menschen, die nicht weiß sind, benennen, einteilen und
kategorisieren zu dürfen. – dass Ihre Anwesenheit als normal und
selbstverständlich betrachtet wird. – sich benehmen zu können,
als spiele Ihre eigene ethnische Zugehörigkeit keine Rolle.« (Sow
2018)

Schwarze Menschen und Personen of Color erleben zum einen
alltäglich Rassismus und zugleich die Dethematisierung ihrer
Rassismuserfahrungen in der Gesellschaft. Der Umgang mit dem
Anschlag von Hanau während der Karnevalszeit verdeutlicht die
gewaltvolle Ausblendung und traumatischen Erfahrungen rassistischen Terrors gegen Menschen of Color. Das Attentat von Hanau
versetzte mich und viele Menschen mit Rassismuserfahrungen im

Februar in Schockstarre. Einen Tag nach der Tat stehen die Flaggen in Berlin auf Halbmast, am Brandenburger Tor gedenken Menschen und Politiker*innen der Opfer. Gleichzeitig wird im Bundestagsgebäude laut eines Medienberichts trotz Verbots Karneval gefeiert (vgl. sueddeutsche.de, 15.5.2020). Auch in vielen anderen bundesdeutschen Städten wie Köln wurde zwar mit einem Schweigemoment der Opfer von Hanau gedacht, aber danach fröhlich und munter weitergefeiert. Viele haben Wut und Trauer empfunden über eine solche Empathielosigkeit. Während Menschen of Color in Schockstarre und Ohnmacht trauerten, lief der *weiß*-deutsche Alltag mit Karnevalsfeiern im ganzen Land weiter. Während wir uns auf gepackten Koffern sahen und fragten: »Wo ist es für uns sicher?«, feierten viele im Karnevalsfieber weiter und erfassten die Tragweite dieses Terrors nicht. Viele *weiße* Kolleg*innen, Erzieher*innen, Nachbarn und Freund*innen haben nach Hanau nicht gefragt und nicht wahrgenommen, wie es Menschen mit *Rassismuserfahrungen* nach den Morden von Hanau erging. Ein weiteres Mal wird die existenzielle Bedrohung und Gewalt rassistischen Terrors für migrantisch / Schwarz / muslimisch gelesene Menschen ausgeblendet und gesilenced, indem Rassismuserfahrungen in Deutschland kein Platz im nationalen Narrativ eingeräumt wird. Rassismuskritik ist kein Hobby, sondern existenziell für BIPoC, da dies eine Reflexion und ein Heraustreten aus der hegemonialen und dominanten Position bedeutet.

Dieser Veränderungsprozess setzt jedoch voraus, dass Menschen, die von Rassismus profitieren, erkennen, dass sie per se Privilegien besitzen, die rassismuserfahrene Menschen nicht haben, und sie darüber entscheiden können, ob sie diese im Sinne von Powersharing (als einer Umverteilung ihrer Machtposition in der Gesellschaft) einsetzen wollen oder dies eben nicht tun. Menschen, die Rassismus erleben, besitzen nicht das Privileg, sich aussuchen zu können über Rassismus zu reflektieren, da es ihre alltägliche Lebensrealität ist. Diese Erkenntnis führt zu Irritationen und Unsicherheiten, die schwer auszuhalten, aber notwendig für einen rassismuskritischen Lernprozess sind. Das

Erleben von Rassismus lässt den Bedarf an Empowerment-Räumen und Orten des Krafttankens, des Widerstandes und des Heilens entstehen, da Rassismuserfahrene eben nur durch Orte des Empowerments ihre Erfahrungen überwinden und heilen können.

Empowerment zwischen der (De-)Thematisierung von Rassismuserfahrungen und Widerstandsperspektiven

Empowerment ist ein wesentliches Instrument politischer Selbstbestimmung und Selbstorganisierung. Dennoch gehörte der Begriff im deutschsprachigen Diskurs um Rassismus und Migration nicht zum gängigen Wortschatz, obwohl Empowerment-Arbeit in migrantischen und marginalisierten Communities in Form von Selbstorganisierung schon immer stattfand (vgl. Yiğit/Can 2006). Menschen mit Rassismus- und/oder Diskriminierungserfahrungen müssen die Möglichkeit haben, die zugeschriebene Opferrolle und das Gefühl der Ohnmacht in selbstbestimmten und selbstorganisierten Räumen zu überwinden, so dass Veränderungs- und Widerstandsperspektiven entwickelt werden können. Selbstbestimmung und Selbstorganisierungsprozesse müssen von Betroffenen selbst erkämpft und eingefordert werden – nur so entsteht ein Prozess der Selbstbefreiung und des aktiven Handelns gegen rassistische Unterdrückung und Diskriminierung.

Empowerment und Powersharing zielt auf die Veränderung ungleicher Zugänge zu gesellschaftlicher Macht und gesellschaftlichen Ressourcen. Powersharing meint – aus der Position relativer Machtüberlegenheit – eigene Zugänge und Privilegien dafür einzusetzen, ungleiche strukturelle Verhältnisse zu verändern bzw. auszugleichen. Powersharing ist das bewusste Abgeben bzw. Umverteilen von Macht aus der privilegierten Position heraus.

BIPoC brauchen Räume zur Selbstermächtigung und Thematisierung ihrer Rassismuserfahrungen, die ein Stück weit außerhalb des alltäglichen Kontextes stehen, in dem gesellschaftliche Verhältnisse und soziale Positionierungen und Zuschreibungen stark wirken. Menschen mit unterschiedlichen Zugehörigkeiten,

(Migrations-)Biographien und Privilegien treffen aufeinander und lernen durch den Austausch von Erfahrungen und Perspektiven voneinander. Selbstpositionierungen und Normalitätsvorstellungen bezüglich Selbst- und Fremdbildern können so in geschützteren Räumen anerkennend und wertschätzend thematisiert werden. So können auch persönliche und kollektive Handlungsmöglichkeiten für den Alltag entwickelt werden und Formen der Solidarisierung entstehen. Dabei sollten vor allem auch Verteilungsverhältnisse thematisiert werden, wie sie durch das Konzept von Empowerment und Powersharing als Ausgangspunkt für die Bearbeitung und den Ausgleich gesellschaftlicher Machtverhältnisse bzw. Schieflagen in den Blick genommen werden.

Für Empowermentarbeit ist es wichtig zu verstehen, dass in der Bildungslandschaft bereits viele Angebote und Tagungen zur Thematisierung von Rassismus existieren, aber es sehr wenige gibt, die die Widerstandsperspektiven und Wissensbestände von Betroffenen fokussieren. Zusätzlich zu den üblichen Workshops und Fachtagungen fing ich an, Empowermentangebote zu entwickeln, die Erfahrungen und Handlungsperspektiven von BIPoC thematisieren. Aus rassismuskritischer Sicht ist die Auseinandersetzung mit Rassismus für alle notwendig, doch die Angebote zielen hauptsächlich darauf ab, *weiße* Pädagog*innen fit und handlungssicher zu machen. Diese Schwerpunktsetzung vernachlässigt die Handlungssicherheit und Stärkung von Betroffenen in der Bildungsarbeit (Benbrahim 2015).

In heterogenen und/oder *weiß* dominierten Settings in Institutionen, aber auch in Bildungsformaten, werden Fragen von Macht und Privilegien häufig nicht angemessen reflektiert oder sogar ausgeblendet. Dies führt dazu, dass rassistische Denk- und Handlungsmuster, die den Alltag strukturieren, in diesen Kontexten reproduziert und nicht ausreichend problematisiert werden. Dadurch besteht in pädagogischen Handlungsfeldern die Gefahr einer doppelten Verletzung und Reproduktion von verinnerlichten Rassismen. Aus einer rassismuskritischen Perspektive und den gegensätzlichen Machtpositionen ergeben sich in der pädagogischen Arbeit unterschiedliche Handlungsstrategien für Menschen mit und ohne Rassismuserfahrung. Zielgruppen benötigen je nach ihrer gesellschaftlichen Positionierung getrennte Räume zur Bewältigung und Überwindung von Rassismus. Betroffene können ihre individuellen Erfahrungen im Kontext von Rassismus und (Mehrfach-)Diskriminierungen in Gruppen mit ähnlichen Erfahrungen thematisieren und überwinden. In diesem Zusammenhang ist es bedeutsam, Menschen mit Rassismus- und Diskriminierungserfahrung durch geschützte(re) Räume die Möglichkeit zu bieten, sich angstfrei und offen über schmerzvolle Erlebnisse auszutauschen und sich gegenseitig zu stärken (vgl. Benbrahim 2015).

Für eine rassismuskritische Perspektive sind Empowerment und Powersharing eine notwendige Handlungspraxis, um mit Mehrfachdiskriminierung und Rassismuserfahrungen umzugehen. BIPoC erleben nicht nur im Alltag Rassismus, sondern auch in pädagogischen Settings bzw. Handlungsfeldern – und sie erleben zugleich die Dethematisierung ihrer Rassismuserfahrungen. Die Leerstelle, die aus der Dethematisierung von Rassismuserfahrungen in Bildungsangeboten entsteht, sowie die Erfahrungen von BIPoC in pädagogischen Arbeitsfeldern werden oft ausgeblendet. Den Fokus darauf zu haben, Rassismus für *weiße* Zielgruppen zu thematisieren, blendet die Bedarfe und Bildungsangebote von und für BIPoC aus. Dabei müssen BIPoC sowohl als Zielgruppe als auch als Expert*innen wahrgenommen werden. Diese Leerstelle ist ein zunehmend erhobener Kritikpunkt an rassismuskritischen Konzepten ohne Empowermentorientierung, da dies einer migrationsgesellschaftlichen Realität und dem *weiß* geprägten Normverständnis im Alltag und in der Gesellschaft nicht gerecht wird (Benbrahim 2020).

Literatur

Adorno, Theodor W. (1955): Schuld und Abwehr, in: Eine qualitative Analyse zum Gruppenexperiment, Frankfurt a. M.

Benbrahim, Karima (2015): EmPowerment als Handlungsstrategie gegen Rassismus und Diskriminierung, in: Knieper, Rolf (Hg.) (2015): Der NSU und seine Auswirkungen auf die Migrationsgesellschaft, Düsseldorf, S. 96-99.

Benbrahim, Karima (2019): Rassismus (be)trifft uns ALLE. Rassismuskritische Perspektiven in der Bildungsarbeit, Düsseldorf (www.vielfalt-mediathek.de).

Benbrahim, Karima (2020): Empowerment und Powersharing in der Jugend- und Jugendverbandsarbeit, in: Jagusch, Birgit / Chehata, Yasmine (Hg.): Empowerment und Powersharing. Ankerpunkte – Positionierungen – Arenen, Weinheim, S. 139 f.

DiAngelo, Robin (2018): Die meisten Weißen sehen nur expliziten Rassismus, online unter: www.zeit.de/campus/2018-08/rassismus-dekonstruktion-weisssein-privileg-robin-diangelo.

Kalpaka, Annita / Räthzel, Nora / Weber, Klaus (2017): Rassismus. Die Schwierigkeit, nicht rassistisch zu sein, Hamburg.

McIntosh, Peggy (1988): White privilege and male privileg. A personal account of coming to see correspondences through work in women's studies. Working paper, Nr. 189. Wellesley/Massachusetts: Wellesley Center for Research on Women.

Sow, Noah (2018): Deutschland Schwarz Weiß. Der alltägliche Rassismus, o. O.

Rommelspacher, Birgit (1998): Dominanzkultur. Texte zu Fremdheit und Macht, 2. Aufl., Berlin.

Yiğit, Nuran / Can, Halil (2006): Politische Bildungs- und Empowerment-Arbeit gegen Rassismus in People of Color-Räumen. Das Beispiel der Projektinitiative HAKRA, in: Elverich, Gabi / Kalpaka, Annita / Reindlmeier, Karin (Hg.): Spurensicherung. Reflexion von Bildungsarbeit in der Einwanderungsgesellschaft, Münster, S. 167-193.

Romin Khan

In der Grube sind alle Kumpel gleich?

Der Bekämpfung rassistischer Erfahrungen im Arbeitsalltag ist mit *color blindness* nicht geholfen

Nimmt Rassismus in der Arbeitswelt zu – oder ist der gesellschaftliche Rechtsruck in den Betrieben noch nicht spürbar?* Anders gefragt: Ist Rassismus strukturell in allen Bereichen der Gesellschaft gleichsam anwesend oder wirken ihm egalitäre/universalistische Strukturen entgegen?

Als gesellschaftliches Macht- und Ordnungssystem verstanden, macht Rassismus vor den Werkstoren und Drehtüren der Betriebe und Bürotürme nicht halt, er findet jedoch in der Arbeitswelt andere Ausdrucksformen als beim Zugang zu behördlichen Leistungen oder im Kontext von Racial Profiling durch die Polizei. Die betriebliche Realität ist von Kooperation und Konkurrenz geprägt. In welche Richtung der beiden Pole sich die Situation im Betrieb entwickelt, wird wesentlich dadurch beeinflusst, ob die Beschäftigten im Sinne eines »betrieblichen Universalismus« (Schmidt 2006) jenseits

---

* Gerade vor dem Hintergrund der Aufnahme von fast einer Million Schutzsuchender aus den Kriegs- und Krisenländern des Nahen und Mittleren Ostens im Jahr 2015 ist das Thema von großem Interesse für die Frage, wie die gesellschaftliche Aufheizung die Integration der Geflüchteten den Arbeitsmarkt beeinflusst. Nikolai Huke (2020) hat einige dieser Erfahrungen von nach Deutschland Geflüchteten auf dem Arbeitsmarkt in einem Forschungsprojekt dokumentiert. Die darin zumeist auf der Basis von Interviews mit Flüchtlingsberatungsstellen geschilderten Berichte unter dem Titel »Ganz unten in der Hierarchie« zeigen, wie die Verbreitung rechter Narrative ihre konkrete Wirkung in der Arbeitswelt entfaltet.

von Herkunft und Staatsbürgerschaft auf der Basis von Betriebsverfassungsgesetz und Tarifverträgen dieselben Rechte genießen (vgl. Huke/Schmidt 2019: 262) – oder nicht.

Für die Gewerkschaften stellen solche verbindenden Faktoren die wesentliche Grundlage für eine »von wechselseitiger Anerkennung lebende Alltagssolidarität« (Urban 2018) dar, die der Ausbreitung des Rassismus auf der betrieblichen Ebene einen Riegel vorschiebt.

»In der Grube sind alle Kumpel gleich«, mit diesem Spruch fasst so mancher Gewerkschafter die als color blindness bekannt gewordene, vermeintlich solidarische Haltung für sich zusammen. Solange die dargestellten Prinzipien gelten, gäbe es keinen außerordentlichen Bedarf, die klare Haltung, die gewerkschaftlich gegen rechts eingenommen wird, auch innerhalb der Betriebe mit besonderen Maßnahmen gegen Rassismus wie zum Beispiel Beschwerdestellen* zu unterlegen. Die Gefahr, dass sich Rassismus ausbreite, lauere eher in gespaltenen Betrieben mit vielen Arbeiter*innen in Kettenbefristungen, ausgegründeten Betriebsteilen oder Leiharbeiter*innen. Denn dort sind es häufig Migrant*innen, deren schlechtere Entlohnung und höhere Erpressbarkeit dazu genutzt wird, erreichte Standards zu schleifen. Rassismus wird in dieser Logik auf seine Funktion reduziert, Spaltungen zu erzeugen und aufrechtzuerhalten.

Anhand zweier konkreter Beispiele zeige ich, dass es notwendig ist, der Bekämpfung des Alltags- und institutionellen Rassismus auch in den Betrieben, die (noch) nicht von prekärer Arbeit geprägt sind, einen höheren Stellenwert beizumessen, und den Blick auf die Arbeitswelt generell zu schärfen (vgl. Ghirmazion 2020). Es sind Fälle, in denen sich eine rassistische, weißdeutsche Dominanzkultur mit aktuellen gesellschaftlichen Diskursen verbindet und auch

---

*   Die Erfüllung der Paragrafen 12/13 des Allgemeinen Gleichbehandlungsgesetzes (AGG), die die Einrichtung von betrieblichen Beschwerdestellen vorsehen, ist bislang kaum erfolgt. Entsprechend gibt es nur wenige dokumentierte Beschwerden gegen rassistische Diskriminierung innerhalb der Betriebe.

im Arbeitsalltag ihre bedrohliche Wirkung entfaltet. Sie wird genutzt, um Hierarchien aufrechtzuerhalten und individuelle Vorteile und die Abwertung migrantischer Beschäftigter bei formal gleichen Arbeitsverhältnissen zu erwirken.

Rassistische Morddrohungen gegen einen Betriebsrat, der seinen Job macht

Im Mai 2019 erhält Murat A. (Name geändert), gewählter Konzernbetriebsratsvorsitzender bei den Stadtwerken einer westdeutschen Großstadt, innerhalb weniger Tage zwei anonyme rassistische Drohbriefe, die Morddrohungen gegen ihn und seine Familie enthalten. Er solle sofort von seinem Amt als betrieblicher Interessenvertreter zurücktreten. Der oder die Verfasser beziehen sich auf das rassistische Massaker in einer Moschee in Christchurch, Neuseeland, und drohen ihm mit ähnlichen Taten. In den folgenden Tagen wird sein Auto zerkratzt.

Migrantische Kollegen berichteten Murat zum Teil anonym von erlebtem rassistischen Mobbing und Erfahrungen mit als Neonazis bekannten Beschäftigten, die – ohne Konsequenzen befürchten zu müssen – offen ihre Gesinnung zur Schau tragen. Murat erlebt bei einigen Beschäftigten aufgrund seiner Herkunft und des Einsatzes für die von Rassismus betroffenen Kolleg*innen bereits seit längerem offene Ablehnung. Auch die Geschäftsführung legt ihm bei der Ausübung seines Amtes an vielen Stellen Steine in den Weg.

Einige Wochen bevor er die Morddrohungen erhält, hat er im Aufsichtsrat des Unternehmens eine ihm anonym zugeleitete Betriebsanalyse* aus dem Bereich der Verkehrsbetriebe der Stadtwerke öffentlich gemacht. Darin analysiert eine betriebliche Task Force aus vier herkunftsdeutschen Teamleitern den hohen Krankenstand bei den Beschäftigten im Fahrdienst und macht Vorschläge zu dessen Reduzierung. Das Papier zeigt exemplarisch, wie unterschiedlich politische Diskurse von Entscheidungsträ-

---

*   Das Dokument liegt vor.

ger*innen in betriebliche Abläufe übersetzt werden. So wird in der Analyse darauf hingewiesen, dass sich mit der zunehmenden Erwerbstätigkeit von Frauen die Geschlechterverhältnisse ändern und heute nicht mehr, wie früher scheinbar selbstverständlich, die Frau zu Hause bleibe, wenn die Kinder krank sind. Als Lösung wird den Entscheidern dazu geraten, mehr Flexibilität bei Pflege- und Carearbeit zu zeigen und den meist männlichen Mitarbeitern kurzfristig die Möglichkeit zu Freistellungen einzuräumen, wenn Bedarf besteht.

Einen weniger verständnisvollen Ton schlägt das Papier an anderer Stelle an: Als weiterer Grund für den hohen Krankenstand werden die »auffallend ›regionalmigrationsabhängige‹ Arbeitseinstellung« (Anführungszeichen und Kursivschreibung im Folgenden im Original) angeführt. Weiter heißt es:»Tabuthema: Kollegen mit Migrationshintergrund Maghreb/Arabisch/Türkisch haben auf Grund der Mentalität andere Arbeitseinstellung. Der Sohn in der Familie hat ›alle Freiheiten‹. Fehlverhalten werden akzeptiert. Das gilt dann auch in der Arbeitswelt. ›In der Ehre verletzt zu werden‹, gilt auch für das Arbeitsleben. Von Vorgesetzten und weiblichen Kolleginnen, sowie weiblichen Fahrgästen.«

Bei den Lösungsansätzen heißt es unmissverständlich: »Einstellungskriterien ändern. Bewerbungen stärker betrachten (...). Regionale Migrationsproblematik mit einbinden. (kulturelle Problematik).«

Während mit veränderten Geschlechterarrangements konstruktiv umgegangen wird, wird die Herkunft der Beschäftigten für betriebliche Probleme verantwortlich gemacht und eine Umkehrung der Verantwortung vorgenommen. Die Lösungsvorschläge können nicht anders als eine deutliche Empfehlung verstanden werden, Kolleg*innen bestimmter Herkunft nicht mehr einzustellen oder die Hürden hier höher zu legen.

Murat A. nimmt seine gesetzliche Verpflichtung als Betriebsrat wahr, gegen Diskriminierung vorzugehen, und thematisiert u. a. im Aufsichtsrat des Unternehmens die höchst problematische

Analyse des Krankenstands. Die Geschäftsleitung gibt vor, dass sie diese nicht autorisiert habe und würgt die Diskussion darüber ab. Bevor der Kollege in der Sache nachhaken und den Entstehungsprozess thematisieren kann, erhält er die Morddrohungen und es beginnt eine für ihn bis heute kräftezehrende Auseinandersetzung. Das Papier verschwindet dagegen im Giftschrank und die Verfasser erleben keine personellen Konsequenzen.

Der Betriebsrat muss sich zeitweise Leibwächter nehmen und engagiert einen Rechtsanwalt. Der polizeiliche Staatsschutz ermittelt aufgrund der Morddrohungen. Die Gewerkschaft setzt sich vor Ort mit verschiedenen Mitteln für den Kollegen ein und fordert die Geschäftsführung des Unternehmens zum Handeln auf, die jedoch nur halbherzige Unterstützungserklärungen abgibt. Doch es gibt von Seiten der Gewerkschaft eine Zurückhaltung bei der Entscheidung, die Verantwortung der Geschäftsführung für die Bedrohung des Kollegen und das Klima im Betrieb öffentlich zu machen. Damit fehlt auch ein Hebel, öffentlichen Druck auf die ermittelnden Behörden aufzubauen und breitere Solidarität von außen für den Kollegen sowie eine öffentliche Skandalisierung der Vorfälle und des betrieblichen Umgangs damit zu ermöglichen. Entgegen der Erfahrungen der vergangenen Jahre überwiegt offenbar das Vertrauen, dass sich die Behörden um die Aufklärung der rassistischen Drohbriefe bemühen. Es ist deutlich, dass den gewerkschaftlichen Akteur*innen vor Ort oft das Know-How und auch die personellen Ressourcen fehlen, angemessen zu reagieren und am Fall dranzubleiben, geschweige denn die eigenen Leute in solch gravierenden rassistischen Auseinandersetzungen schützen und stärken zu können.

Nach einigen Wochen erhält Murat ein Entschuldigungsschreiben, welches Hinweise auf die im Betrieb liegende Täterschaft enthält. Ohne diesen nachzugehen, stellt die Polizei das Verfahren gegen Unbekannt nach wenigen Monaten ein. Der Kollege ist zwischenzeitlich psychisch stark angegriffen und befürchtet, dass er jederzeit mit erneuten Drohungen aus dem betrieblichen Umfeld rechnen muss.

Busfahrer dokumentiert rassistische Beleidigung – aus Selbstschutz

Ein anderer Fall von dokumentiertem Rassismus im Arbeitskontext wird im Juni 2020 in Herford bekannt. Auch wenn die Bedrohung hier eindeutig von außen kommt, lässt sie doch Rückschlüsse auf die fehlende Bearbeitung des Rassismusproblems im Betrieb zu. Was passiert ist: Nach seiner Spätschicht stellt der Herforder Busfahrer Özkan Ayaz eine kurze Videosequenz auf seine facebook-Seite, in der zu hören ist, wie ihn ein aufgebrachter Fahrgast rassistisch beleidigt: »Das haben Sie wohl in Ihrem Land gelernt, da wo Sie herkommen. Sie denken wohl, dass Sie etwas Besonderes sind.« Der Passagier verlangt, dass er weiter transportiert wird, obwohl Özkan ihm mitteilt, dass aufgrund einer offiziellen Fahrplanänderung die Endhaltestelle erreicht wurde. Der Fahrgast droht daraufhin, sich an die Vorgesetzten des Busfahrers zu wenden. Wenige Tage nach der Veröffentlichung des Videos von der Ermordung George Floyds geht auch dieses Video – wie viele andere, die alltagsrassistische Erlebnisse zeigen – viral durchs Netz und wird tausendfach geteilt, weil es, wie viele User*innen in den Kommentaren schreiben, eigene Erfahrungen widerspiegelt. Selbst das ZDF und RTL greifen es in den Nachrichten auf. Der Gegensatz zwischen dem unsichtbaren geifernden Fahrgast, der im Naziton austeilt, und dem erstaunlich ruhig wirkenden Kollegen geht unter die Haut. Man sieht Özkan an, dass er innerlich kocht. Eher im Selbstgesprächsmodus sagt er: »Ich bin Deutscher, ich bin hier geboren.« Später vom WDR auf seine Reaktion auf die Beleidigungen angesprochen, sagt er dazu ziemlich trocken: »Er hatte ja auch Recht. Ich hab meinen Beruf ja auch in meinem Land gelernt. Ich habe ihn ja in Deutschland gelernt.« In weiteren Interviews, die man auf youtube[*] sehen kann, geht er genauer auf den Vorfall ein. Über 25 Minuten sei er den Beleidigungen und Provokationen des Fahrgastes ausgesetzt gewesen, nur einen Bruchteil habe er aufgenommen. »Ich habe mir gesagt, dass ich das

---

[*]   Zum Beispiel bei TALKTAXI #1 – Özkan Ayaz im Gespräch mit Oguz Aksoy.

für meine Vorgesetzten dokumentieren muss, falls ich später Ärger bekomme. Ich habe da meine Erfahrungen, die bis in die Schulzeit gehen: Wenn ich was falsch mache oder es eine körperliche Auseinandersetzung gibt, bin ich der Schuldige.« Deshalb konnte er das Hausrecht nicht durchsetzen und musste warten, bis der Fahrgast endlich ausstieg. »Ich sagte mir immer wieder: Sabrın sonu selamettir (deutsch: In der Ruhe liegt die Kraft).«

Die Aufregung um den Vorfall hat dazu geführt, dass nicht nur er selbst, sondern auch das Nahverkehrsunternehmen als Arbeitgeber eine Anzeige gegen Unbekannt gestellt hat, beide wurden nach wenigen Wochen eingestellt. Özkan betont, dass er das Video nicht hochgeladen hat, um sich zu profilieren: »Ich wollte ein Zeichen setzen, dass alltäglicher Rassismus auch in Deutschland stattfindet. Es sind keine Einzelfälle. Ich rate allen dazu, solche Vorfälle zu aufzunehmen, um Beweise zu haben.« Besonders gefreut habe ihn, dass der Vorfall auch in Berufsschulen zum Anlass genommen wurde, darüber zu sprechen, wie Auszubildende sich gegen Rassismus im Arbeitsalltag wehren können. Damit muss auch die Verantwortung des Arbeitgebers benannt werden, sich hinter migrantische Beschäftigte zu stellen und ihren Erfahrungen Vertrauen entgegenzubringen. Hier liegt der besondere Wert des Videos, welches jedoch ebenso Morddrohungen und viele rassistische Kommentare im Netz gegen Özkan nach sich zog. Den Fahrgast hat er bisher nicht wieder getroffen: »Das muss ich auch nicht haben.«

Fazit

Es wurde ein empowerndes und ein bedrückendes Beispiel dafür dargestellt, wie Rassismus die Arbeitssituation und psychische Gesundheit von Beschäftigten beeinflusst. Die Intensität des Konflikts ist dabei nicht zu vergleichen. Aus dem Dargestellten lassen sich dagegen Erfahrungen gewinnen, wie die Dokumentation rassistischer Vorgänge erfolgen kann, ohne dass Betroffene selber in die Schusslinie geraten oder eine Täter-Opfer-Umkehr vorgenommen werden kann.

Das erste Beispiel macht deutlich, dass es planvolles und orga-
nisiertes Handeln von solidarischen Kolleg*innen, Gewerkschaften
und Betriebsräten braucht, um eine rassistische Hackordnung in
davon geprägten Betrieben zu verändern. Es ist ernüchternd, aber
auch eine häufig gemachte Erfahrung, dass der Aufstieg von Kolleg*innen mit Migrationsgeschichte in Führungspositionen, wie
in diesem Fall in der betrieblichen Interessensvertretung, heftige
rassistische Angriffe zur Folge haben kann, weil es dem Weltbild
einiger Beschäftigter zuwiderläuft. Mobbing und Morddrohungen
sind dabei Techniken der Abwertung und Schikane, um rassistische
Spaltung zu erhalten und Menschen mundtot zu machen, die dagegen aktiv werden. Gewerkschaftliche Antirassismus-Arbeit geht
bislang meistens davon aus, dass Rassismus in den Betrieb hinein-
getragen wird und sich in einzelnen Situationen wie abwertenden
Äußerungen artikuliert. Diesen müsse dann deutlich und energisch
widersprochen werden. Mit dahinterliegenden rechten oder rassistischen Seilschaften innerhalb eines komplexen betrieblichen Gefü-
ges konfrontiert zu sein, erzeugt Überforderung und Unsicherheiten
auf Seiten der Kolleg*innen und bei Gewerschaftsfunktionär*innen.
Schon bei der Frage, ob es diese Netzwerke überhaupt gibt, wird es
unterschiedliche Einschätzungen geben.

Wer Rassismus bekämpfen will, muss bereit sein, sich mit den
Verantwortlichen anzulegen, selbst wenn es im Betrieb die vermeintlich eigenen Leute sind. Ein effektiver Kampf gegen Rassismus kann
nur geführt werden, wenn man die Menschen, die in erster Linie
von Rassismus betroffen sind, aktiv in die Verantwortung einbindet
(Khan 2020). So wichtige Erfahrungen und selbstdachte Strategien wie die des Busfahrers Özkan Ayaz sollten in der gewerkschaftlichen Bildungsarbeit verbreitet werden. Ein wichtiger Ort dafür ist
der Verein »Mach meinen Kumpel nicht an!« mit dem Symbol der
Gelben Hand. Der von den Gewerkschaften 1986 gegründete Verein
setzt sich für Solidarität und Gleichheit in der Arbeitswelt ein und
bündelt viele betriebliche Aktivitäten engagierter Kolleginnen und
Kollegen gegen Rassismus und Ausgrenzung. Nachdem der Verein

in den letzten Jahren stark auf der symbolischen Ebene aktiv war, ist es vor dem Hintergrund der Zunahme von wie oben beschriebenen Erfahrungen äußerst notwendig für die Gewerkschaften, effektive Beratungs- und Unterstützungsangebote gegen Alltags- und strukturellen Rassismus im betrieblichen Kontext zu entwickeln. Diese müssen sich mit den professionalisierten Strukturen in dem Bereich der Antidiskriminierungs- und Opferberatung enger verbünden und austauschen. Nicht zuletzt ist davon zu lernen, wie die Kraft der Angehörigen, Betroffenen und Überlebenden rassistischer Angriffe und ihre stärkere Sichtbarkeit auch den gesellschaftlichen Diskurs in Deutschland verändert haben. Die Perspektive der von Rassismus betroffenen Personen und ihre Erfahrungen müssen auch in der Arbeitswelt zentral werden, wenn diskriminierende Handlungen und Strukturen überwunden werden sollen.

Literatur

Ghirmazion, Fessum: Gemeinsam Rassismus bekämpfen. In: Gegenblende – Debattenmagazin des DGB. 22.7.2020

Huke, Nikolai: Ganz unten in der Hierarchie. Rassismus als Arbeitsmarkthindernis für Geflüchtete. Studienbericht, Tübingen, 2020

Huke, Nikolai / Schmidt, Werner: Zwischen solidarischem Universalismus und rassistischer Ausgrenzung. In: PROKLA. Zeitschrift für kritische Sozialwissenschaft 49 (195), 2019, S. 259-276.

Khan, Romin: Kein wir ohne uns. Diskussion über eine Quote für MigrantInnen auf dem ver.di-Bundeskongress. In: express, Nr. 1, 2020, online: www.labournet.de.

Schmidt, Werner (2006): Kollegialität trotz Differenz. Betriebliche Arbeits- und Sozialbeziehungen bei Beschäftigen deutscher und ausländischer Herkunft. Berlin.

Urban, Hans-Jürgen: Kampf um die Hegemonie: Gewerkschaften und die Neue Rechte. In: Blätter für deutsche und internationale Politik Nr. 3, 2018.

Canan Duran

Vier Generationen im Kampf um Anerkennung

Ausländer am Start, Sender kommt vom Staat
Wir sind hier schon lange, was du denkst kommt jetzt vom Graf
Ich bin adelig, tadel nicht, sonst bad ich dich
IGM, BMW digga siehst du oder nicht

Habe Geschichte, Gedichte, Charakter
Rückkehrwunsch? Nein danke wir sind hier die Wächter
Aufenthalt in der Bundesregie Deutschland
Ausländerverdrängung führt jetzt richtig in den Sand

Aus der Generation 1 wurde 1, 2, 3
Die Erfüllung der Kriterien bin ich, heute isst du Brei –
»Ausländer« sind nicht nur Arbeiternehmer, sondern Bürger
Arbeiternehmer, Gast, wurde zum deutschen Staatsbürger

Canan Duran

Dieser Raptext ist entstanden, als ich das erste Buch für meine Bachelorarbeit zum Thema »Identität und Generationenbeziehungen von türkeistämmigen Migrant*innen« gelesen hatte. »Wir sind nicht nur zum Arbeiten hier«, hieß der Titel dieser Veröffentlichung, in der es über das Leben und die Rassismuserfahrungen der »Gastarbeiter«generation geht. Ich denke an die Generation meiner Großeltern und Eltern und mich packt die Wut!

Irgendwo musste ich meine Wut rauslassen. Ich, die Enkeltochter einer Gastarbeiterfamilie, einer Arbeiterfamilie, die stets gekämpft hat, damit wir atmen können, bin heute hier angelangt – in der dritten und vierten Generation. Migrationsbewegungen in der Bundesrepublik sind nicht erst durch die Anwerbung von Arbeitskräften entstanden, aber dennoch sind die Anwerbeabkommen mit »ausländischen« Arbeitnehmer*innen in den 1960er Jahren ein wichtiger Meilenstein in der Migrationsgeschichte. Der Arbeitskräftebedarf konnte damals mit dem wirtschaftlichen Aufschwung in der Nachkriegsphase nicht allein durch sogenannte einheimische Menschen gedeckt werden. Nachdem die Anwerbeabkommen mit Italien, Spanien und Griechenland erfolgt waren, kam es am 30. Oktober 1961 zum Vertrag mit der Türkei. Das Anheuern von sogenannten »ausländischen« Arbeiter*innen wurde also zu einem unumgänglichen Prozess, um die Produktivität und Industrialisierung der Bundesrepublik zu steigern. 1973 kam schließlich der Anwerbestopp, der Anfang der 1980er Jahre mit der Rückkehrbeförderung und der sogenannten »Rückkehrprämie« durch die Kohl-Regierung ein Signal der Abschottung bedeutete. Familien, die ihre Kinder nach Deutschland holen wollten, konnten bis dato Familienangehörige unter 16 Jahren nachholen, später aber wurde auch dies zunehmend schwerer. Ziel war es, den »Ausländeranteil« um die Hälfte zu senken.

»Neue Kriterien«, die erfüllt werden mussten, wie beispielsweise die Ausweisung, auch nach jahrelangem Aufenthalt, die drastische Einschränkung der Familienzusammenführung, brachten nicht nur einen enormen Bruch in die Familien, sondern raubten ihnen auch all die Hoffnung auf eine gute Zukunft. Rund sechzig Jahre ist das Anwerbeabkommen mit der Türkei nun her und wir reden heute immer noch über Rassismus gegenüber Menschen mit Migrationsgeschichte. Die (Re)Produktion von Stereotypen nimmt kein Ende, Menschen werden durch Zuschreibungen weiterhin in diese Ecke gedrängt und nehmen die Identität des »Kanaken« heute »freiwillig« an, weil sie keine andere Wahl haben. Denn auch wenn man versucht sich »anzupassen«, sich extra viel Mühe gibt, sich besonders »gut« verhält, um bloß keinen Stempel aufgedrückt zu bekommen, bekommt man doch immer noch zu hören, dass man in Deutschland gefälligst »Deutsch« zu reden hat. Negativer oder positiver Rassismus, beides nicht lustig. »Sie sprechen aber gut Deutsch… großartig«, »Danke, Sie aber auch«, lautete immer meine Antwort. Ich kam mir seltsam vor, dass ich dafür ein Kompliment erhalten habe. Natürlich spreche ich gut deutsch, bin ich etwa vom Mond oder wieso geht man davon aus, dass ich die Sprache nicht beherrsche? Achso ja, wahrscheinlich aufgrund meiner Großeltern, die sich ja in Deutschland nie »integrieren« konnten. Das stimmt, konnten sie nicht, sie mussten arbeiten, unter harten Bedingungen, ein Leben in einer Zwei-Zimmer-Wohnung mit mindestens neun Personen. Nein, sie konnten sich nicht »integrieren«, wie denn auch? Sie waren doch nur zum Arbeiten hier, damit die Produktivität gesteigert und Profite maximiert werden konnten. Als man fertig mit ihnen war, wollte man sie wieder wegwerfen, den Ausländeranteil auf die Hälfte senken. Sie wurden als eine Zahl, als Statistik betrachtet. Rückkehrprämie: das war das Geschenk des Staates an die »Kanaken«. Aber der Rückkehrwunsch war für viele so oder so die Motivation, um durchzuhalten. Leider hat man dann aber nicht erkannt, dass zwei Drittel der zweiten Generation in Deutschland geboren sind. Es ging nicht mehr, sie konnten nicht mehr zurück. Die Kinder sind hier zur Schule gegangen oder haben gearbeitet. Ein Teil war in Deutschland, ein Teil in der Türkei, ja und genau deshalb, weil ein Teil in Deutschland und noch ein Teil in der Türkei war, blieben die meisten auch hier, weil sie hier ihren Lebensmittelpunkt hatten. Aber warte mal, warum rechtfertige ich mich eigentlich wieder dafür, dass meine Großeltern nicht zurückgegangen sind? Ach so, stimmt, weil sie sich angeblich nicht »integrieren« konnten, weil sie die Sprache nicht sprechen konnten, weil sie Drecksarbeiten verrichten mussten, weil es keine Deutschkurse gab, oder besser gesagt, keine Integrationspolitik existierte. Wir wissen alle, dass dieses Land lange gebraucht hat, um sich als Einwanderungsland zu sehen. Trotz der angeworbenen »Gastarbeiter« war Gastfreundschaft wohl damals auch nicht so der Renner.

Wir können uns nur vorstellen, welcher Identitätskrise die erste Generation ausgesetzt war. Das Leiden an kulturellen Irritationen, Sprachbarrieren, Behördengängen, diskriminierenden Erfahrungen usw. bedeutete nicht nur psychischen Druck, sondern vor allem

auch seelischen Schmerz. Als wichtige Überlebens- und Bewälti-
gungsstrategien bauten sich viele »Gastarbeiter*innen« eigene Netzwerke und Communities auf.

Der Kampf und der Widerstand der ersten Generation war vielmehr ein sozialer Kampf. Und die Zugehörigkeit? In Deutschland
»die Türken«, in der Türkei »Almancı«, sprich Deutschländer. Identität entsteht im Austausch mit dem Anderen, sagen die schlauen
Bücher. Welche Identitäten hatten sie dann? Die des Heimatlosen
und Ausgegrenzten, aber vor allem die zugeschriebene Identität des
Fremden und *Ge-otherten* – und das in beiden Ländern.

Mein Vater und meine Mutter gehören nicht zu denen, die in
Deutschland geboren und aufgewachsen sind. Dennoch hatte mein
Vater das Glück, einige Jahre in Deutschland die Schule zu besuchen. Meine Eltern arbeiteten in Deutschland in einer Metallfabrik
und machten sich mit der Zeit selbstständig – mit einer damaligen
Rarität. Sie eröffneten einen türkischen Obst- und Gemüseladen,
taten das, was sie konnten, studierten nicht oder machten keine
Ausbildung, konnten auch keinen Deutschkurs besuchen. Auch
sie litten unter der Entwurzelung, in einem Zwiespalt zwischen der
»pluralistisch-liberalen« Welt, in der es scheinbar keine Grenzen
gab, und der sogenannten »türkischen Weltsicht«, in der es überwiegend um familiären Zusammenhalt ging. Eine Auseinandersetzung zwischen Individualität und Kollektivismus. Haben sie
jemals Anerkennung bekommen dafür, dass sie es geschafft haben
sich selbstständig zu machen, obwohl sie die Sprache nicht per-
fekt beherrschten? Wurden sie jemals geehrt für den Mut, den sie
hatten, trotz der Defizite, die wir im Übrigen alle auf unterschied-
lichste Weise haben? Nein! Kein Stück Anerkennung, kein bisschen
Achtung vor diesen Menschen. Man fragte immer nach, warum sie
nicht so gut deutsch sprechen, obwohl sie ja schon lange hier lebten.
Man rieb ihnen das unter die Nase, schrieb ihnen zu, dass die türkischen Familienverhältnisse ja nicht frei genug seien. Ein Akt der
Verachtung! Mein Vater war wie ein Löwe und ja, er wollte nicht,
dass ich mit 13 Jahren schon einen Freund habe und Zigaretten rau-

che. Er hat versucht, mich davor zu bewahren, dass ich schon im Alter von 13 Herzschmerz habe oder meine Lunge kaputtrauche. Heute bin ich ihm dankbar dafür, ich wünschte, ich hätte das auch damals verstanden.

Wir kennen alle diese berühmte Frage: »Fühlst du dich mehr deutsch oder türkisch?« Auch darauf gibt es eine Antwort. Die zweite Generation betrachtet sich nämlich als beides, zumindest bestimmte Eigenschaften als beides. Oft beschreiben sie, dass die Gefühlssprache, sprich das Herz, eher türkisch und die bürokratischen Elemente, also der Kopf, eher deutsch ist. Heute nennen wir es Patchworkidentitäten. Man sitzt nicht zwischen zwei Stühlen, sondern auf zwei Stühlen. Und hier geht es darum, die unterschiedlich gefühlten Teile in eine Einheit zu bringen, die Balance zu halten, um zu einem Ganzen zu wachsen.

Ich, gebürtige Berlinerin, von meinem ersten bis zu meinem fünften Lebensjahr großgezogen von meinen Großeltern mütterlicherseits in der Türkei, damit meine Eltern sich hier was aufbauen konnten, weil damals die Kitaplätze beschränkt waren, habe beide Länder erlebt. Ich kenne beide Sprachen. Ich kenne die Kämpfe beider Großeltern, den Schmerz der Trennung, die Tränen, die geflossen sind und immer noch fließen.

Ich, die Enkeltochter einer Gastarbeiterfamilie, einer Arbeiterfamilie, die stets gekämpft hat, damit wir atmen können, bin heute hier angelangt – in der dritten Generation. Sitzengeblieben auf der Hauptschule, von Lehrer*innen den Vorschlag erhalten, eine Ausbildung im Kosmetikbereich zu machen, weil ich mich gut schminken könne. Ich, die es gewagt hat, ihren Realschulabschluss nachzuholen, ihre Ausbildung als sozialpädagogische Assistentin erfolgreich abzuschließen. Ich, die von der Klassenlehrerin zu hören bekam, ihr Fachabi nicht anzugehen, weil es zu schwer sei, bin heute hier angelangt – mit einem Bachelorabschluss an der Leuphana Universität Lüneburg, als Kulturwissenschaftlerin. Ich, der nicht viel zugetraut wurde, die aber dennoch ihren eigenen Weg gegangen ist. Wenn ich es geschafft habe, dann schaffst du es auch! Ich weiß, wie es ist, als Mensch zweiter oder dritter Klasse behandelt und betrachtet zu werden, ich kenne deinen Schmerz und ich fühle mit dir und es tut mir leid für all das, was du erleben musstest. Es tut mir leid, dass du dich nicht behaupten konntest. Aber glaub mir, du musst weitermachen, um Hoffnung für die zu sein, die ihre Hoffnung verloren haben. Steh auf und kämpf – für dich und für mich, für alle, die noch kommen werden und mach weiter. Es gibt nichts, was du nicht schaffen kannst, glaub mir. Alle Türen stehen dir offen. Und wenn dir die Dinge nicht erreichbar scheinen, dann krall sie dir. Du bist der Sieger. Du bist die Siegerin.

Meiner älteren Schwester, die mich schon damals gedrillt hat, bin ich auch heute noch dankbar, auch als ich noch mit dem gerade so erlangten Hauptschulabschluss im Alter von 18 Jahren in einem Café gekellnert habe und diese Worte von ihr hörte: »Canan, wenn du deine Freiheit erlangen willst, musst du studieren, eine Ausbildung machen, Bildung, Bildung, Bildung! Mach was aus deinem Leben!« Die erste, aber nicht die letzte Akademikerin der Familie war für mich eine Vorreiterin auf meinem Bildungsweg. Ja, und ich hatte auch das Glück, gute Lehrer*innen an meiner Seite zu haben, guten Menschen begegnet zu sein, die an mich geglaubt haben und mich auf meinem Weg unterstützt haben. Und ich bin mir sicher, dass auch du diese Menschen an deiner Seite hast. Es gibt immer jemanden, der an dich glaubt, und wenn es doch niemanden gibt, dann glaub mir: Ich glaube an dich!

Meine Identität? Hybrid. Angelehnt an die postmigrantische Gesellschaft, treffen sich hier Migrant*innen im Alltag auf mehreren kulturellen Ebenen. So wie ich beispielsweise als türkeistämmige junge Frau sonntags in einer überwiegend afrikanisch geprägten Kirche bin. Ist das nicht schön? Wir können uns unsere Wege neu aussuchen und uns da zu Hause fühlen, wo unser Herz ist. Nächstenliebe ist der Schlüssel zum Miteinander. Das ist unsere Waffe.

Ich danke meinen Großeltern aus der Türkei, die mich großgezogen haben. Wenn meine Großeltern, die damals nach Deutschland gekommen sind, noch am Leben wären, würde ich auch ihnen danken wollen, für ihre Mühe. Ich danke meinem Onkel. Und ich wünschte, die Kämpfe meines Vaters zu seinen Lebzeiten verstanden zu haben, damit ich auch ihm danken könnte für seinen Kampf, den er gekämpft hat, damit ich eine bessere Zukunft habe. Ich denke an den Rassismus, den meine Eltern erlebt haben und der sich über Generationen hinweg auch heute, wie vererbt, weiter fortsetzt. Ich denke an meinen Vater, den starken, schöne, Mann; eine Bräune, als würde die Sonne ihn jeden Tag aufs Neue geküsst haben. Der große Geschäftsführer Celal, der mit seiner Präsenz die ganze Straße eingenommen hat, wenn er nur gegangen ist. Dieser Mann, der immer eine Hand in seiner Hosentasche hatte und mit der anderen Hand frei schwingend vom Wind getragen wurde. Der leidenschaftliche Hobby-Fußballer, der die Fußballfelder zum Beben brachte, wenn er gerannt ist – der Sturm! Ich denke an meine Mutter, die junge schöne Frau mit ihrer Dauerwelle in ihrem Haar, die wusste, dass sie die allerschönste Frau in dieser Stadt war, mit ihren großen Augen und den roten Lippen. Eine fleißige junge Frau, die alles zur selben Zeit managen konnte. Dieses wunderschöne junge Pärchen, mit ihren wunderschönen zwei Töchtern. Aber manchmal wird man halt erst erwachsen, wenn man einen Teil der Eltern verliert. Mögen die Jahre, die mein Vater noch gehabt hätte zum Leben, auf die Jahre meiner Mutter addiert werden.

Als die erste Generation bestimmte Kriterien erfüllen musste, um ihren Aufenthalt zu bekommen, der fast schicksalhaft erschienenen Macht des Abschiebens entgegenzustehen, haben die damaligen Politiker*innen, die diese Gesetze erfunden haben, nicht an mich gedacht.

Aber hier bin ich – ich bin die Erfüllung der Kriterien!

Und ich werde nicht aufhören zu reden und zu schreiben und ich werde die Stimme derer sein, die nicht reden können, auch nicht konnten, damit die zukünftigen Generationen freier atmen können!

Serdar Akin

Zeit, die wir brauchen, die uns fehlt

Identitätsstiftende Jugendstrukturen, Empowerment und die Frage nach gesellschaftlicher Veränderung

Szene Eins: Es ist Mittag im Spätsommer 2001. Mehrere Leistungskurse eines Gymnasiums im Zentrum meiner Stadt sind auf dem Weg zu ihrer Abiturfahrt nach Frankreich. Einer dieser Schüler*innen bin ich. Wenige Stunden vor der Ankunft an der Côte d'Azur macht der Reisebus ein letztes Mal Rast. Viele steigen sofort aus. Im vorderen Teil des Busses sind nur noch wenige Lehrer*innen, vereinzelt junge Menschen und der Fahrer, als dieser in gemütlicher Runde von seinem Schrebergarten berichtet: »Alles wunderbar gewesen bei uns, bis dann zwei K***ken-Familien sich auch einen Garten geholt haben.« Im dann folgenden kurzen Monolog erläutert er die vermeintlichen Beweggründe für seine Feststellung und den *Untergang des Gartenlandes*. Ich muss zugeben, dass mir seine weiteren Ausführungen nicht mehr recht im Sinn geblieben sind. Höchstwahrscheinlich auch, weil das K-Wort zu Beginn eine Emotionalisierung in mir auslöst, die in Gedanken dahingehend mündet, welche*r der Lehrkräfte, die ich im Übrigen allesamt sehr schätze, nun an Ort und Stelle der rassistischen Aussage als erstes Widerspruch leisten und wie dieser konkret aussehen würde. Rückblickend erhoffe ich mir in diesen Sekunden wohl zwei Sachen: Wie kann eine Gegenstrategie gegen verletzende Aussagen aussehen und wie werden die Lehrer*innen eine Person, die aus meiner Perspektive heraus klar Grenzen überschreitet, in ihre Schranken weisen?

Etwa wie im Klassenzimmer im Umgang mit uns Schüler*innen, wenn wir nicht konform mit der Schulordnung oder in ihrem Sinn handeln? Ich warte. Es erhebt sich kein Widerspruch. Ich bin zwar verletzt; die Normen dieser Ad-hoc-Gruppe offensichtlich nicht. Das Gespräch verläuft weiter gen botanischer Fragestellungen und Grillfleischempfehlungen, während in mir der Wunsch keimt, bemerkt werden zu wollen. Selbst wenn mir die richtigen Worte fehlen, will ich nicht reaktionslos bleiben. Es muss etwas geschehen. Ich stehe auf und laufe zur Türe im hinteren Bereich des Reisebusses. Ich steige aus.

Szene zwei: Als George Floyd im Mai 2020 in Minneapolis Opfer von Polizeigewalt wird und dabei stirbt, löst dies ein weltweites Echo aus. Auch in meiner Stadt formiert sich rasch Protest. Junge, bisher mehrheitlich nicht in einer Organisation aktive Schwarze Menschen finden sich zusammen und bereiten binnen weniger Tage eine Kundgebung vor. Diese thematisiert neben Gewalt gegen Black People of Color (BPoC) in den USA auch den Alltagsrassismus in Deutschland und kontextualisiert den Tod Floyds in einer Reihe rassistischer Morde. Auch der Terror des sogenannten Nationalsozialistischen Untergrunds (NSU) wird dabei explizit benannt. Beachtlich viele Menschen nehmen an der Kundgebung teil. Es ist etwas geschehen. In meiner Funktion als Kommunalpolitiker lerne ich das Orga-Team einige Wochen später kennen, um mich bei ihnen für ihr Engagement zu bedanken und künftige Möglichkeiten der Kooperation auszuloten. Wir treffen uns in einer sozialmultikulturellen Einrichtung. Im Gespräch wird mir berichtet, was in der Phase der Anmeldung der Kundgebung erlebt wurde. Flapsig wird den Organisator*innen der *#BlackLivesMatter-Demo* seitens der städtischen Verantwortlichen zunächst vorgeschlagen, ihre Kundgebung unmittelbar neben derjenigen der »Corona-Rebellen« abzuhalten. Erst auf ihren Hinweis hin, dass dort auch Rechtsradikale mitprotestieren und dies daher keine Alternative für sie ist, wird ein anderer Ort gefunden und angeboten. Was den Organisator*innen ebenfalls auffällt:

Von den zwei Personen, die die Kundgebung gemeinsam und gleichberechtigt anmelden, wird ausschließlich diejenige für Rückfragen kontaktiert, die einen solchen Namen besitzt, mit dem sich meist auch einfacher eine Wohnung finden lässt. Die zweite Person hingegen wird aus dem Anmeldungsformalitäten gänzlich ausgeklammert. Zwei Punkte, die frustrieren können; die aber nicht dazu führen dürfen auszusteigen.

Identitätsstiftende Jugendstrukturen als Schutzraum

Für Menschen, die mit derlei exemplarischen Szenarien oder aber im Erstgespräch mit fremden Personen in ihrer Heimatstadt (!) mit der kategorisierenden Frage »Woher kommst du wirklich?« (vgl. Ogette 2019: 98 ff.) konfrontiert werden, kann die Peer-Interaktion mit Personen, die analoge Erfahrungen gemacht, eine ähnliche Sozialisation erlebt oder bzw. und schlicht gemeinsame Merkmale haben, eine wichtige stützende Wirkung besitzen. Unter anderem bilden bundesweit Dutzende von Migrant*innenjugendselbstorganisationen (MJSO), die es mittlerweile seit über drei Jahrzehnten in der Bundesrepublik gibt und die ethnisch, religiös, kulturell, sportlich, weltanschaulich etc. konstituiert sein können, einen möglichen Rahmen für den Peer-to-Peer-Austausch. Einige dieser Organisationen sind kommunal verankert, während andere bereits bundesweite Strukturen etabliert haben und im Bereich der Jugendverbandsarbeit anerkannt sind. Dazu zählen der *Bund der Alevitischen Jugendlichen in Deutschland (BDAJ)*, der *Jugendverband der Föderation Demokratischer Arbeitervereine (DIDF-Jugend)* oder die *Deutsche Jugend in Europa (djo)*. Unter dem Dach der *djo* sind weitere Verbände von jungen Menschen mit Migrationshintergrund wie der *Verband der russischsprachigen Jugend in Deutschland (JunOst)*, die interkulturelle Jugendselbstorganisation der Roma und Nichtroma *Amaro Drom*, der *Assyrische Jugendverband Mitteleuropa (AJM)* oder der kurdische Kinder- und Jugendverband *Komciwan* organisiert. Für junge Menschen innerhalb solcher Strukturen bedarf es keiner ausführlichen Umschreibung eines diskriminierenden Sachverhaltes, um verstanden zu werden. Empathie und Solidarität sind vorprogrammiert. Junge People of Color (PoC) bekleiden die Wahlämter in solchen Verbänden, entwickeln kooperativ Projekte, lernen in diesen *Werkstätten der Demokratie* die Prozesse der Willensbildung sowie Entscheidungsfindung kennen und haben für sich Schutzräume erschaffen, in denen sie zunächst keine Ausgrenzung durch die Dominanzgesellschaft mehr erfahren. Wohlgemerkt können sich auch in solchen Strukturen Mehrheit-Minderheit-Konstellationen ergeben, die um Deutungshoheit oder Hierarchie konkurrieren. Auch auf die Möglichkeit der Gleichzeitigkeit der Opfer- und Täter-Rolle im Zusammenhang mit Diskriminierung und Ausgrenzung sei natürlich hingewiesen. Dennoch überwiegt in diesem Mikrokosmos der Aspekt eines kollektiven Schutzraumes, auf dem Prozesse des Empowerment fußen können. Diese Strukturen wirken in besonderem Maße identitätsstiftend gerade für Menschen, die bi- oder polykulturell aufgewachsen sind, und können als *Anker* fungieren, um von dort ausgehend Kontakt mit der Welt außerhalb der eigenen Organisation aufzunehmen. In einer solchen Struktur ist die Gefahr, von *Othering* (vgl. Ogette 2019: 59 ff.) betroffen zu sein, für die meisten Mitglieder schon dadurch minimiert, dass ihre Eigenschaften nicht von einer vermeintlichen Norm abweichen, sondern die Abweichungen die Organisation per definitionem bilden. Die bloße Existenz dieser MJSO hingegen ist zum einen Beleg für die mangelnde Durchmischung in den klassischen deutschen Jugendverbänden und gleichzeitig auch Auftrag für die Jugendpolitik, bestehende Anerkennungs- und Förderregularien zu reflektieren.

Ein geschützter Raum in einer solchen Organisation kann Ort der Weiterbildung sein und junge PoC sprachfähig machen. So wird zum Beispiel eine junge Muslima den Umgang mit Anfeindungen aufgrund ihres Kopftuchs trainieren oder ein junger Roma lernen, das Z-Wort einordnen zu können. In Weiterbildungsveranstaltungen wird gemeinsam die Welt aus Betroffenen-Perspektive gelesen und werden bestehende Diskriminierungsformen gemeinschaft-

lich dekonstruiert. Antirassismusarbeit ist gut vernetzt. Mitunter
bilden sich in der interorganisationalen Zusammenarbeit wie bei
dem Qualifizierungs- und Integrationsprojekt *KIRIV (Kooperation
interreligiös, interkulturell, vielfältig)* von vier Jugendverbänden
in Nordrhein-Westfalen auch *Allianzen von Organisationen mit
Ausgrenzungserfahrung.* Wer in einem solchen, bewusst auch ent-
schleunigten Umfeld über sich, seine Identität und Hintergründe
erzählen kann, erlebt Selbstermächtigung in einem selbstgeschaf-
fenen Resonanzraum und etabliert in gruppendynamischen Prozessen Mechanismen des Umgangs mit Rassismen und Ausgrenzung.

Realitäten verändert, wer sich in die Welt traut

So entschleunigt und behutsam der Raum in einem migrantischen
Jugendverein ist, so bedrohlich scheint die Welt außerhalb dieser,
wenn etwa der Rechtsextremismusforscher Matthias Quent im gesellschaftlichen Diskurs die »Mobilisierung des Hasses« oder die
»Ethnisierung von Konflikten« erkennt (vgl. Quent 2019: 24 ff.).
Der Anschlag von Hanau, der insgesamt zehn Menschenleben
kostete und der gerade den migrantischen Rückzugsraum einer
Shisha-Bar zum Ziel hatte, kann in diesem Zusammenhang nicht
isoliert betrachtet werden. Vielmehr fällt er in ein politisches Klima, in dem Politiker*innen der AfD zwanghaft den Ort Shisha-Bar
in pauschalisierende Assoziation mit Steuerhinterziehung, Vergewaltigung oder Clankriminalität stellen. Diese Worte in den Parlamenten bilden einen brandgefährlichen Nährboden für rassistische
Taten auf der Straße. Es kommt neben dieser rassistischen Melange
auch das Versagen der Sicherheitsapparate hinzu. Welch schweres
Schicksal für die Betroffenen, wenn wie bei einem Verbrechen im
bayerischen Kempten etwa auch nach drei Jahrzehnten keine Ge-
wissheit darüber besteht, ob das eigene Kind Opfer einer rechtsextremen Tat geworden ist, und die zuständigen Ermittler trotz
eindeutiger Indizien nicht in der rechtsextremen Szene fahnden
(vgl. Zeit Online, 2020). Gerade der männlich-Weiße Teil der Ge-

sellschaft, der bisher überdeutlich die hierarchische Spitze dieser bildet, fürchtet im Zuge gesellschaftlichen Wandels den Verlust von bestehenden Privilegien (vgl. Quent 2019: 62 ff.). Diese Angst ist in der Tat auch berechtigt. Auf dem Weg hin zu einer *Gesellschaft auf Augenhöhe*, in der es keine Rolle mehr spielt, wessen Kind oder gar Enkelkind jemand ist, welches Geschlecht oder welche sexuelle Neigung jemand hat oder welche ethnischen, kulturellen, religiösen etc. Hintergründe jemand (nicht) besitzt und in der die soziale Durchlässigkeit deutlich stärker gegeben ist, werden Vormachtstellungen aufgehoben. Allerdings nicht, so wie von rechten Kreisen propagiert, mit dem Resultat der künftigen Benachteiligung einer anderen gesellschaftlichen Gruppe, sondern einem Zustand der Chancengleichheit für alle. Dass wir von dieser aktuell entfernt sind, unterstreicht exemplarisch die Leipziger Autoritarismus-Studie von 2020, derzufolge fast 42 Prozent der Befragten angaben, »Probleme damit« zu haben, »wenn sich Sinti und Roma in [ihrer] Gegend aufhalten« (boell.de 2020: 65). Die Studie zeigte zudem eine weitverbreitete antimuslimische Haltung auf.

Diese ablehnende Haltung in Teilen der Gesellschaft führt zu einer Manifestation von Benachteiligung und zeigt sich auch in der Politik – auf Bundes- wie auf Landes- und Kommunalebene. Während 2020 knapp ein Viertel der Bevölkerung in Deutschland einen Migrationshintergrund besitzt, sind es lediglich acht Prozent der Abgeordneten im Bundestag. In vielen Städten setzt sich diese Diskrepanz ungebremst fort. So haben knapp 46 Prozent der Augsburger*innen einen Migrationshintergrund, wohingegen die Quote bei den Stadträt*innen deutlich darunter liegt. Diese fehlende Repräsentanz von Minderheitengruppen in politischen Strukturen bedingt auch eine geringe Identifikation mit dieser und raubt zugleich den Entscheidungsinstanzen die migrantische Perspektive auf Sachverhalte. Diese Ist-Situation hingegen zu verändern, wird nur gelingen, wenn (politische) Organisationen sich interkulturell öffnen, das Hinterfragen und Reduzieren von Barrieren in allen Bereichen zur Regel wird und PoC verstärkt Teilhabechancen erhalten. Mit Blick auf die gesellschaftliche Benachteiligung von Frauen* und auf ihre mangelnde Repräsentanz in der Politik, arbeitet meine Partei seit ihrem Bestehen mit einem Frauenstatut, das unter anderem mindestens die Hälfte der Listenplätze für Frauen* reserviert. Warum sollte in diesem Kontext nun nicht auch über ein Vielfaltsstatut inklusive einer Quotierung nachgedacht werden, um mehr Diversität in den Listen zu garantieren? Wichtiges Element eines solchen zu entwickelnden und etablierenden Status sollte die permanente und ehrliche Selbstreflexion mit Blick auf die unterschiedlichen Diversitätsdimensionen von Migrationserfahrung, die soziale Herkunft bis hin zu den sozioökonomischen Lebensbedingungen sein. Für junge Menschen mit Migrationshintergrund und junge PoC gilt es trotz aller Widrigkeiten, eigene Komfortzonen zu verlassen und dorthin (etwa in die politischen Parteien) zu gehen, wo zunächst vielleicht auch ein Anecken absehbar ist. Gänzlich ohne Widerstand ist wohl keine Veränderung zu erreichen. Wer auf eine intrinsische Motivation von Parteifunktionär*innen zugunsten eines Powersharing setzt, kann indes direkt zu Hause bleiben. Im Innenleben von politischen Organisationen hingegen steht der junge Mensch mit Migrationshintergrund nicht als Stellvertreter*in einer Community, sondern ist gleichberechtigte Person unter vielen. Den gesamten Organisationsraum derart umzugestalten, dass alle trotz multidimensionaler Unterschiedlichkeiten in dieser gleichberechtigt partizipieren können, und die Schaffung der Akzeptanz dafür, dass die Mitglieder dieser sich in allen möglichen Beziehungen unterscheiden können (vgl. Terkessidis 2010: 113 ff.), ist eine wesentliche Herausforderung. Die in diesem Text behandelten Personengruppen können die Initiator*innen von Prozessen der Veränderung sein und dürfen dabei nicht vergessen, dass innerhalb der Organisationsentwicklung mitunter auch folgende Formel gelten kann: *Widerstand ist eine Energie, die für Kooperation und Weiterentwicklung genutzt werden kann.*

Zuletzt: Die Sprachlosigkeit nach rassistischer Aussage in der Schulzeit kann einen künftigen gesellschaftspolitischen Auftrag implizieren; genauso wie erfahrene Unsensibilität in politischen Reformdrang kanalisiert werden kann. Eine andere Wahl als zu handeln bleibt uns nicht.

Literatur

boell.de (2020): Oliver Decker / Elmar Brähler (Hg.): Autoritäre Dynamiken. Neue Radikalität – alte Ressentiments. Leipziger Autoritarismus-Studie 2020, hg. von: Heinrich Böll Stiftung / Otto Brenner Stiftung, Gießen (unter boell.de als PDF verfügbar).

Ogette, Tupoka (2019): »exit RACISM – rassismuskritisch denken lernen«, 4. Aufl., Münster.

Quent, Matthias (2019): »Deutschland Rechtsaußen – Wie die Rechten nach der Macht greifen und wie wir sie stoppen können«, München.

Terkessidis, Mark (2010): »Interkultur«, Berlin.

ZEIT Online (2020): »Sie dachte noch, er wäre gerettet – Rechte Gewalt in Deutschland«, aufgerufen am 18.10.2020 unter www.zeit.de.

İsmail Küpeli

280 Zeichen

Reproduktion und Transformation des Rassismus im Bereich Social Media

Während hasserfüllte und hetzerische Äußerungen auf Facebook, Twitter und in anderen Sozialen Netzwerken lange Zeit als unbedeutend deklariert wurden, werden diese seit einigen wenigen Jahren durch die intensive Arbeit von Netzaktivist*innen stärker in der breiten Öffentlichkeit wahrgenommen. Dabei hat sich allerdings eine merkwürdige Dekontextualisierung und Depolitisierung vollzogen, in der Äußerungen als »Hatespeech« bezeichnet werden, ohne sich näher anzuschauen, wer hier gegen wen hetzt und welche Ideologien dafür verwendet werden.

So bleibt etwa unterbelichtet, dass neben Antisemitismus auch Rassismus und Sexismus zentrale Bezugspunkte für »Hatespeech« bilden. Auch die Figur des »Internettrolls«, der sich mit hetzerischen Äußerungen angeblich nur betätigt, um Gespräche zu stören oder Aufmerksamkeit zu erlangen, verdeckt, dass die Täter im Bereich Social Media mit »Hatespeech« konkrete politische und gesellschaftliche Ziele verfolgen. Ebenso sind die »Opfer« von »Hatespeech« keineswegs willkürlich gewählt, sondern gehören mehrheitlich den bekannten »Opfergruppen« von Antisemitismus, Rassismus und Sexismus an. Im Folgenden soll insbesondere auf rassistischen »Hatespeech« eingegangen werden, weil ich diesbezüglich aus dem eigenen Erfahrungshorizont als »Opfer« sprechen kann, während bei Antisemitismus und Sexismus andere kompetenter aus der Ich-Perspektive berichten können.

Fragmente, Bruchstücke, Symbole, Codes

Um rassistischen »Hatespeech« entdecken und analysieren zu können, braucht es ein Verständnis dafür, wie sich Rassismus und andere Ideologien in »Social Media«-Kanälen reproduzieren und dadurch auch transformiert werden. Soziale Netzwerke bilden grundsätzlich dezentralisierte Kommunikationsräume, in denen sich eine Vielzahl von Akteur*innen über verschiedene Kanäle austauschen. Dadurch sind die Produzent*innen der Ideologien ebenso schwer auszumachen wie der genaue Verlauf der Reproduktion dieser Ideologien. Anders gesagt: Es sind nicht mehr nur benennbare Parteien und andere klar sichtbare Organisationen, die eine ausformulierte und ausdifferenzierte Ideologie über fassbare Medien an ihr Zielpublikum herantragen. Vielmehr existiert zudem eine fluide, fragmentarische Form der Ideologieproduktion und -reproduktion, die inzwischen vielleicht bedeutender ist als die herkömmliche. Hier werden einzelne Elemente, Diskursfragmente, Symbole und Codes aus einer Ideologie genutzt, mit Bruchstücken aus anderen Ideologien ergänzt und so in einem neuen, aktualisierten Rahmen kontextualisiert. Diese Kontextualisierung muss knapp, eingängig und anschlussfähig für möglichst viele verschiedene Akteur*innen sein, wenn sie wirksam sein will. Deswegen geschieht Ideologieproduktion und -reproduktion in den »Sozialen Medien« oft in Form von sogenannten Memes, in der Text- und Bildelemente verknüpft werden.

Der Einsatz von Memes für rassistischen »Hatespeech« führt unterdessen bei Beobachter*innen ohne Rassismuserfahrungen, die zudem mit der Funktionsweise dieser diskursiven Strategie nicht vertraut sind, zu grundlegenden Missverständnissen. Diese mindern wiederum die Fähigkeit, die Analysen von Menschen mit Rassismuserfahrungen nachzuvollziehen. So werden rassistische Memes sehr häufig als misslungene oder provokante Witze missverstanden, weil in Memes mit ironischen und sarkastischen Mitteln gearbeitet wird. Anders gesagt, wird die »witzige« Oberfläche von rassistischen Memes analytisch nicht durchbrochen, der ideologische Inhalt also übersehen. Die Hinweise von Menschen mit Rassismuserfahrungen auf den problematischen Inhalt werden als »Humorlosigkeit« oder gar als *political correctness* abgetan – wodurch sich zusätzlich rechte und rassistische Redeweisen festigen. Insbesondere die Rede von der vermeintlichen *»political correctness«* dient dazu, den rassistischen Inhalt von Äußerungen vor Kritik zu schützen und im Namen von Meinungsfreiheit Rassismus zu legitimieren. Ein weiteres, sehr häufiges Missverständnis ist es, Memes als Ausdruck einer Internet-Subkultur zu sehen, die keinerlei Verbindung zur realen Welt habe. Dabei zeigt ein kurzer Blick auf die rassistischen Anschläge und Attentate der letzten Jahre, wie etwa Christchurch März 2019, dass sowohl bei der Radikalisierung der Täter als auch in der Kommunikation der Täter mit ihrem ideologischen Umfeld Memes und andere fragmentarische Äußerungen eine wichtige Rolle spielen. Aber auch bei den verschwörungsideologisch grundierten Mobilisierungen im Zuge der Coronakrise ab dem Frühjahr 2020 in Deutschland zeigte sich die Bedeutung von Memes, mit deren Hilfe verschiedene Personengruppen aktiviert werden konnten.

Kontinuitäten und Brüche des Rassismus

Im Folgenden werden die verschiedenen Formen von Rassismus und rassistischem »Hatespeech« analytisch kategorisiert. Zwar finden wir in der Realität häufig eine Melange aus verschiedenen Formen vor, die sich allerdings auf die hier betrachteten Formen zurückführen lassen. Zuerst wäre zu nennen: die klassische, biologistische Form des Rassismus, die nach wie vor virulent ist. Auch wenn diese im Wissenschaftsdiskurs und in offiziellen politischen Verlautbarungen inzwischen nur noch selten zu beobachten ist, kann davon insbesondere in im Bereich Social Media keine Rede sein. Hier sind Abwertungen von Menschen aufgrund von tatsächlicher oder unterstellter Herkunft, von Abstammung, »rassischer« oder ethnischer Zugehörigkeit ebenso sagbar wie die Eingrenzung des Deutschseins auf Menschen mit der »richtigen« Abstammung. Exemplarisch hierfür kann die »Argumentation« genannt werden,

dass eine Maus, die im Pferdestall geboren sei, nicht zum Pferd werde. Diese Phrase wird dann auf Menschen gemünzt, um diejenigen,
die nicht in die rassistische Vorstellung passen, aus dem Deutschsein auszuschließen. So wird deklariert, dass es unüberwindbare
Grenzen zwischen verschiedenen Menschengruppen gäbe, die auf
die jeweilige »rassische« Abstammung zurückzuführen seien.

Während der biologistische Rassismus in den letzten Jahrzehnten etwas an Überzeugungskraft verloren hat, gewann eine aktu-
alisierte Form des Rassismus die Oberhand. Der kulturalistische
Rassismus, also ein »Rassismus ohne Rassen«, ersetzt die Aufteilung
von Menschengruppen durch »rassische« Zuschreibungen durch
eine Klassifizierung anhand von kulturellen Eigenschaften. Diese
werden allerdings als fest und unveränderlich definiert, einer bestimmten Menschengruppe wird jeweils eine essenzielle Kultur zugeschrieben. So wird »Rasse« durch einen Begriff von »Kultur« ersetzt. Damit werden die grundsätzlichen Funktionen von Rassismus
erfüllt: Mit Hilfe von zugeschriebenen, unveränderlichen Merkmalen wird die Ungleichbehandlung von Menschen und damit die
Ausgrenzung von bestimmten Bevölkerungsgruppen legitimiert.
Der kulturalistische Rassismus kann, anders als der biologistische,
kaum erfolgreich skandalisiert werden. So ist die Behauptung, dass
»die« Muslime »immer« bestimmte Verhaltensweisen aufzeigen
würden, sagbar – ohne dass die Sprecher*innen allzu starke Kritik
befürchten müssten. Vielmehr wird die Kritik am kulturalistischen
Rassismus häufig zurückgewiesen, und selbst sich als nichtrassistisch verstehende Personen wenden sich gegen Menschen mit Ras-
sismus-Erfahrungen, die diese Form des Rassismus thematisieren.

Akteur*innen im Konfliktfeld Rassismus
Der Rassismus-Diskurs im Bereich Social Media wird von verschiedenen Akteur*innen gestaltet, die sich aufgrund ihrer gesellschaftlichen Stellung, politischen Haltung und ihrer Position im
Täter-Opfer-Verhältnis einordnen lassen. Dabei entstehen vielfältige Konflikt- und Allianzlinien zwischen den Akteur*innen. Die

Urheber*innen von rassistischen Äußerungen geben häufig Impulse für den Diskursverlauf, auf den andere Akteur*innen wiederum reagieren (müssen). Die rassistischen Akteur*innen fallen grob in zwei Gruppen: Neben politischen Akteur*innen, die für Rassismus und andere Ideologien mobilisieren, agieren viele Einzelpersonen mit einer etwas anderen Zielrichtung. Es geht ihnen weniger darum, bewusst und explizit Rassismus zu propagieren, sondern vielmehr darum, den eigenen Alltagsrassismus vor Kritik zu schützen und die eigene gesellschaftliche Stellung, die man als gefährdet ansieht, gegen die Ansprüche von als fremd deklarierten Bevölkerungsgruppen zu schützen. Ihre Äußerungen richten sich entsprechend gegen vermeintliche Redeverbote und -gebote, um weiter diskriminierende Bezeichnungen benutzen zu können, oder gegen Forderungen nach mehr Partizipationsmöglichkeiten für bisher marginalisierte Gruppen (etwa durch Quoten). Diese Gruppe von bisher unorganisierten Einzelpersonen bietet für politische Akteur*innen ein Reservoir für Mobilisierungen sowohl in den Sozialen Netzwerken als auch darüber hinaus. Gerade die Abwehrhaltung, die eine der zentralen Merkmale dieser Gruppe von Einzelpersonen ist, ermöglicht eine rasche Radikalisierung und Politisierung dieser ursprünglich »nur« alltagsrassistischen Haltungen in eine geschlossenere rassistische Weltanschauung.

Von Rassismus betroffene Menschen wiederum wissen einerseits, dass Äußerungen, die unwidersprochen bleiben, als wahr und legitim angesehen werden – und sind insofern genötigt, hier deutlich kontra zu geben. Andererseits führt ihre klare Benennung von Äußerungen als rassistisch und die Kritik daran aufgrund der Abwehrhaltung der rassistischen Sprecher*innen dazu, dass diese statt die Kritik aufzugreifen und die eigene Haltung zu überwinden, sich meist weiter radikalisieren und noch stärker als zuvor rassistisch sprechen und handeln. Um diese Prozesse, die Rassismus noch weiter anheizen, zu unterbrechen, müsste eine andere Akteursgruppe stärker als bisher eingreifen: Nichtrassistische Menschen aus der Mehrheitsgesellschaft. Sie könnten einerseits von den Erfahrungen und dem Wissen, über das Betroffene verfügen, lernen und dieses Wissen im Umgang mit beiden Gruppen von rassistischen Akteur*innen einsetzen. Gegen die politischen Akteur*innen, die offen Rassismus propagieren, müsste die richtige Strategie lauten: eindämmen, marginalisieren und die Verbindungslinien zu anderen Teilen der Gesellschaft kappen. Gegenüber den alltagsrassistischen Einzelpersonen ist die Antwort schwieriger; es gilt, die rassistischen Äußerungen nicht unwidersprochen stehen zu lassen und gleichzeitig Auswege und alternative Zugänge anzubieten, damit die weitere rassistische Radikalisierung unterbleibt.

Eine antirassistische Strategie gegen »Hatespeech« in den »Sozialen Medien« wird weiter dadurch erschwert, dass deren Funktionsweise (insbesondere die bis zu 280 Zeichen über Twitter) aufmerksamkeitsheischende und überspitzte Äußerungen in hoher Taktzahl belohnt, während ausdifferenzierte Analysen und Diskussionen in der Masse der »Social Media«-Postings schlicht untergehen. Anders gesagt, sind die Sozialen Netzwerke kein Ort für eine solidarische Debattenkultur, wodurch antirassistische Initiativen in diesen Netzwerken grundsätzlich im Nachteil sind gegenüber Kampagnen, die auf Hass und Hetze setzen. Dieses Problem lässt sich kaum durch die Aktivitäten von einigen wenigen antirassistischen Netzaktivist*innen beheben. Es braucht vielmehr andere, reale und virtuelle Orte des Austausches und der Organisierung, um neue Werkzeuge zu finden und die alten zu schärfen. Angesichts der rechten und nationalistischen Welle in vielen Ländern können wir – von Rassismus betroffene Menschen – es uns nicht leisten, untätig zu sein oder uns aus der Öffentlichkeit zurückzuziehen.

Massimo Perinelli

Migrantifa

Migrationsgesellschaft in Selbstverteidigung*

Als sich dieses Jahr an allen möglichen Orten Migrantifa-Gruppen
bildeten, schien das ein großes Versprechen zu sein. In der Haltung und der Praxis dieser neuen Bewegung verdichteten sich wie
in einem Brennglas die lange und schwierige Geschichte des Antirassismus und der migrantischen Selbstorganisierung der letzten
30 Jahre und sogar darüber hinaus. Hier schien endlich zu funktionieren, was in den Zyklen vergangener Kämpfe nicht gelingen
mochte. Denn die desaströsen Auseinandersetzungen innerhalb
der radikalen Linken um die richtige antirassistische Strategie im
Spannungsfeld von Wut, Ohnmacht und Betroffenheit sowie die
allgemeine Unfähigkeit, die unterschiedlichen Zugänge zur rassistischen Gewalt in eine gemeinsame linke und migrantische Haltung
und Praxis zu überführen, haben seit den frühen 1990er Jahren
eine Arbeitsteilung zwischen den noch jungen Bewegungen Antifa,
Antira und migrantischer Selbstorganisierung sowie der Polemik
antideutscher Gruppen manifestiert. All diese Bewegungen und
Strömungen bildeten sich in der Dynamik der deutschen Vereinigung aus. Ihre Aufspaltung in handfesten Straßenaktivismus, den
migrantisches Leben nur als Opferposition interessiert, solidarische Opferbetreuung, der es nicht gelingt, aus ihrem Feelgood-
Paternalismus auszubrechen, ›ausländerfreien‹ antideutschen
Nationalismus sowie identitäre PoC-Selbstvergewisserung wurde

---

*   Ich danke Tanja van de Loo für wertvolle Hinweise und Kritik.

seitdem nur in Ansätzen überwunden. Der Versuch, der rassistischen Welle in den frühen 1990er Jahre einen gemeinsamen linken migrantischen wie nicht-migrantischen Widerstand entgegenzusetzen, scheiterte desaströs und wurde, über einige Ansätze hinaus, nie aufgearbeitet. Stattdessen geistert dieser Versuch bis heute unverstanden zwischen romantischer Verklärung und vereinfachten Schuldzuweisungen durch linke, antifaschistische und migrantische Zusammenhänge. Demgegenüber kann das neuartige Bewegungsmoment, das sich unter dem Begriff Migrantifa gefunden hat, vielleicht als der erste gelungene Versuch gesehen werden, diese Spaltungen in der postmigrantischen Organisierung partiell zu überwinden.

Baseballschlägerjahre

Was war geschehen? In den 2000er Jahren löste terroristische Gewalt die sogenannten Baseballschläger-Jahre der Neunziger ab. Die ersten Jahre nach dem Mauerfall waren noch von einer immensen offenen Straßengewalt mit Pogromen, Brandanschlägen und Angriffen auf Migrant*innen, Schwarze, Juden und Jüdinnen, Roma und Sinti sowie Obdachlose und Linke, d.h. auf alle nicht als deutsch genug geltenden Menschen geprägt. Viele Medien befeuerten diese Gewalt unter dem Schlagwort »Das Boot ist voll«, während der Staat sie duldete und in institutionalisierte Gewalt übersetzte wie in die De-facto-Abschaffung des Grundrechts auf Asyl. Ende der 1990er Jahre änderte sich das. Zehn Jahre Antirassismus als bestimmendes politisches Feld linken Handelns hatte ein größeres Bewusstsein für rassistische Zustände geschaffen, die sich Ende der 1990er Jahre im Sommer der Staatsantifa unter Rot/ Grün bis in Regierungshandeln ausdrückte: Die Behörden unterbanden offene Nazigewalt, förderten antifaschistische Organisationen und antirassistische Bildung und erhoben Antirassismus zum offiziellen Regierungssprech. Gleichzeitig entstand eine neue Generation Migrant*innen, die in der Migration selber eine neue Qualität emanzipativer Effekte sahen, in der die Subjekte ihr Leben stets aus einer entrechteten, diskriminierten und ausgebeuteten Position kollektiv organisieren und erkämpfen müssen. Diese neue Generation von Migrant*innen erklärte jenseits älterer Anerkennungsforderungen nach Gleichheit plötzlich das Kanakische selbst zum nicht-normativen Normalfall und präsentierte es selbstbewusst in Form von neuer Literatur, Filmen, Kunst sowie politischer Theorie und Praxis. Die Geburt der postmigrantischen Gesellschaft drängte den allzu offenen Rassismus in den Hintergrund, wo er sich radikalisierte und sich dank behördlicher Betreuung in klandestinen terroristischen Netzwerken wie dem NSU neu organisierte.

NSU-Komplex

Die zehnjährige Mord- und Anschlagsserie des NSU-Komplex, das fortgesetzte und ungesühnte Morden der Nazis und der nichtreformierbare institutionelle Rassismus in den Behörden hatten nicht vermocht, migrantische Communities dauerhaft zu schwächen, ihre Sesshaftwerdung zu verhindern und die wachsende gesellschaftliche Solidarität zu zerstören. Zwar wurden und werden mit jedem rassistischen Anschlag die Polizeibefugnisse ausgeweitet, die Geheimdienste aufgerüstet und die Grundrechte abgebaut. Andererseits wächst ein Wissen um und eine Einsicht in die Notwendigkeit einer inklusiven und solidarischen Gesellschaft, deren Fundament ihre Differenz ist.

Die Gesellschaft ist gespalten von zwei sich widersprechenden Konjunkturen. So steht das Urteil im NSU-Verfahren von 2018 symbolisch für eine neue Konjunktur rassistischen Terrorismus, die sich an den Menschenjagden und Brandanschlägen in Chemnitz 2018 und andernorts zeigt, ebenso an dem Mord an Walter Lübcke, an dem geplanten antisemitischen und rassistischen Massenmord von Halle an Yom Kippur 2019 mit zwei Todesopfern oder an den Morden an neun Besucher*innen von Shisha-Bars im Februar 2020 in Hanau. Auch die relativ frei agierenden terroristischen Netzwerke in den Spezialeinheiten von Bundeswehr und Polizei, die Sprengstoff und Waffen horten, Todeslisten führen und Anschlagspläne schmieden, die frappierende rassistische Polizeigewalt sowie die ungebrochene Rolle der Geheimdienste, die eng an diese Netzwerke angebunden sind, machen deutlich, dass der Demokratisierungsimperativ der postmigrantischen Gesellschaft der Vielen – ihr aus einer marginalisierten Position stetiger Kampf um soziale und politische Rechte – nach wie vor bedroht wird und wir noch viele Opfer zu beklagen haben werden.

Hanau und die Geburt von Migrantifa

Dennoch besitzt auch die gesellschaftliche Solidarität eine bisher nicht gekannte Qualität und Stärke, die sich etwa in den Reaktionen auf die Morde von Hanau zeigte. Was im NSU-Komplex Jahre des Empowerments und der gegenseitigen Bestärkung der Betroffenen brauchte, bei anderen Fällen wie dem Brandanschlag in Duisburg 1984 oder dem Mord an Ramazan Avcı 1985 gar Jahrzehnte, gelang den Familien der Opfer von Hanau und den mit ihnen solidarischen Menschen innerhalb weniger Stunden: Sofort wurde den Familienangehörigen und Freund*innen der Ermordeten eine zentrale Bedeutung zugesprochen, sie wurden einbezogen, man lernte sich kennen, ihrem Schmerz wurde Gehör verschafft und ihre Einschätzungen und Forderungen, vor allem ihre Haltung, dass sie selbstverständlicher Teil dieser Gesellschaft sind, an die erste Stelle gesetzt. Serpil Temiz, die Mutter von Ferhat, benannte den Hintergrund des Anschlags und bekräftigte gleichzeitig ihre kämpferische Haltung: »Mein Kind soll nicht für nichts gestorben sein. Der Rassismus soll keine andere Familie mehr zerstören.« Die lautstarken Stimmen der Betroffenen fanden breite Resonanz in den Medien und dann auch im politischen Diskurs, wo Rassismus als Tatmotiv eindeutig benannt wurde. Das war Ausdruck einer Diskursverschiebung der letzten Jahre hin zu einem migrantisch situierten Wissen, in dem Betroffene von Rassismus auch die Expert*innen für die Beschreibung der Verhältnisse und für politische Forderungen sind. Als nur drei Tage nach den Morden von Hanau eine Trauerkundgebung und eine große Demonstration stattfanden, waren alle Initiativen und

viele Angehörige von Opfern rassistischer Gewalt aus dem NSU-
Komplex und anderen Anschlägen vor Ort und verbündeten sich
mit den Hanauer*innen. Dies markierte ein gesellschaftliches Bewusstsein, das die Kölner Keupstraße und alle anderen sich orga-
nisierenden Betroffenen von Rassismus sich über Jahre erkämpfen
mussten, und das selbst Politiker*innen und Behörden nun nicht
mehr ohne weiteres übergehen konnten. Der Aufruf auf der Bühne
in Hanau lautete von Anfang an: »Migrantifa jetzt!«

Refugee-Kämpfe bereiten den Weg

Dies kam nicht von ungefähr. Seit 2012 verstärkten sich die Kämpfe von Geflüchteten aus den Kriegs- und Krisengebieten des Nahen Ostens, die ihre vielfältigen Erfahrungen des demokratischen
Aufbruchs aus dem »Arabischen Frühling« nach Europa brachten.
So kam zur Zentralität des situierten Wissens der Betroffenen rassistischer Angriffe eine zweite migrantische Bewegung um soziale
Rechte hinzu, die bis heute eine beispiellose Solidarität erzeugt hat.
Und auch die hierzulande schon lange protestierenden Stimmen
aus dem subsaharischen Raum wurden stärker sicht- und hörbar.
2012 erregte ein Marsch verschiedener Refugee-Gruppen von Wien
nach Berlin und die mehrmonatige Besetzung des Oranienplatzes
in Berlin-Kreuzberg die öffentliche Debatte. Europaweit agierende
Netzwerke wie Afrique-Europe Interact, die Gruppe Lampedusa in
Hamburg oder die Coalition Internationale des Sans-Papiers et des
Migrants (CISPM) organisierten Camps und Konferenzen, wie die
International Conference of Refugees and Migrants: The Struggle
of Refugees – How To Go On« im Februar 2016 in Hamburg mit
fast 3.000 Teilnehmenden, und führten unzählige Aktionen durch.
Selbstorganisierte feministische Gruppen wie der International
Women Space oder Women in Exile formierten sich und suchten
den Dialog mit älteren Generationen von Migrantinnen, ehemaligen Gast- und Vertragsarbeiterinnen, um von ihren Kämpfen aus
vergangenen Etappen zu lernen. Dies führte zu einem Repoliti-
sierungsschub in den in die Jahre gekommenen Strukturen mig-

rantischer Selbstorganisierungen, radikalisierte aber auch weitere feministische Bewegungen, wie den großen internationalen Frauenstreik 2019. Ein transnationaler Zusammenschluss von Geflüchteten und solidarischen Menschen gründete das Alarmphone Watch the Med und die ersten Seenotrettungsgruppen, die das Sterben an den EU-Außengrenzen, vor allem im Mittelmeer, skandalisierten und dagegen intervenierten. 2015 erzwangen schließlich knapp eine Million Geflüchtete eine Passage von Griechenland über die Balkanroute nach Deutschland und in andere Länder des Nordens und erinnerten Europa nicht nur an seine postkoloniale Verantwortung, sondern auch an sein demokratisches Versprechen.

Solidarität als Antwort

Als Antwort auf nationalistische Schließungen erzeugte der sogenannte ›Sommer der Migration‹ einen gewaltigen Affekt der Solidarität. In einer historisch nie dagewesenen Dimension organisierten Millionen von Alteingesessenen vielfältige Formen eines postmigrantischen Kommunitarismus, der Teilhabe, Vielheit, Empathie und Gerechtigkeit hervorrief. In der Selbstorganisierung von nachbarschaftlichen oder lokalen Belangen wurden die ›eigenen‹ und die ›fremden‹ Bedürfnisse auf inklusive Art in ein Verhältnis zueinander gestellt. Im Gegensatz zu der rassistischen Konjunktur nach dem Mauerfall in den frühen 1990er Jahren, mit den beinah täglichen Brandanschlägen und den vielen Toten, kam es nun in jedem noch so kleinen Ort zu einer Öffnung des sozialen Raums, in dem sich ganz grundsätzlich und auch gegenseitig gefragt wurde: »Wie wollen wir zusammenleben?« International erklärten sich eine Vielzahl von Städten und Kommunen zu sicheren Häfen und Orten der Zuflucht. Die aus den jahrzehntelangen Bewegungen der illegalisierten Migrant*innen in den USA hervorgegangenen Sanctuary Cities waren die demokratische Antwort postmigrantischer Gesellschaften auf nationale Abschottungspolitiken und auf die Entrechtung von Migrant*innen und Persons of Color und spiegelten eine weltweite Bezogenheit der Kämpfe aufeinander. Dass diese unhintergehbar geworden ist, zeigte zuletzt inmitten der Pandemie die weltweite Rebellion der Schwarzen Bürgerrechtsbewegung unter dem Hashtag Black Lives Matter nach der Ermordung von George Floyd in Minneapolis durch einen weißen Polizisten.

Yalla, yalla, we'll come united

Selbstbewusster Ausdruck der migrantischen Bürgerrechtsbewegung in Deutschland waren die jährlichen »We'll come united«-Paraden seit 2017, die im Rahmen dieses bundesweiten Netzwerkes die bislang größten migrantisch getragenen Demonstrationen in diesem Land darstellten – so 2018 in Hamburg mit 35.000 Teilnehmenden. Sie ermöglichten unzähligen marginalisierten Positionen und Themen migrantischer Communities Sichtbarkeit, Selbstorganisierung und neue Allianzen. Mit dabei waren viele Angehörige von Opfern rassistischer Gewalt und deren Initiativen, die das Tribunal »NSU-Komplex auflösen« mitgeprägt hatten. Als sich 2019 in Dresden ein bundesweites Antifa-Netzwerk bewusst in diese migrantische Perspektive stellte, schien die arbeitsteilige Trennung von Antira, Antifa und migrantischer sowie Geflüchteten-Selbstorganisierung auch auf der Straße zum ersten Mal überwunden. Was seit der Hoyerswerda-Demonstration von 1991 und der Zerschlagung von Antifa Gençlik immer wieder scheiterte, schien plötzlich greifbar zu werden. Zuvor hatten sich im Sommer 2019 Aktivist*innen der Refugee-Bewegung auf mehreren lokalen und bundesweiten Treffen, vor allem in Ostdeutschland, darüber verständigt, dass es nicht mehr ausreiche, gegen Abschiebung und für Bleiberecht auf die Straße zu gehen, sondern dass man angesichts der erstarkenden rassistischen Gewalt und einer rasant anwachsenden faschistischen Partei in den Parlamenten der Bedrohung von rechts stärker etwas entgegensetzen müsse. In der Folge riefen die organisierten Geflüchteten im Netzwerk zur antifaschistischen Selbstverteidigung auf. Sogenannte Ossis of Color, deren Eltern als Migrant*innen in die DDR kamen, machten mit Nachdruck auf sich aufmerksam, schlossen sich dieser Forderung an und propagierten die Gesellschaft der Vielen auch in Ostdeutschland. Weitere Solidaritätsnetzwerke und Antifa-Gruppen ließen sich schließlich von diesem völlig neuen Impuls mitreißen. Gemeinsam formte sich der Parade-Powerblock »United Against Racism« auf der #unteilbar-Demo in Dresden, der mit 10.000 Teilnehmenden immerhin ein Drittel der gesamten Demonstration stellte. Das Bündnis aus We'll come united, NSU-Tribunal und NIKA fasste diesen Impuls unter dem gefundenen Begriff »Migrantifa« zusammen, der in Dresden zum ersten Mal tausendfach gerufen wurde. Das Schlagwort Migrantifa wurde daraufhin – und endgültig nach den Morden von Hanau – zum viralen Hashtag der Kämpfe der Refugee-Bewegung und des antirassistischen Dreiklangs der letzten fünf Jahre: Ausgehend von den Betroffenen von Rassismus den Schmerz und das Unrecht artikulieren, strukturellen Rassismus aufdecken und Täter*innen zur Verantwortung ziehen sowie umfassende Rechte für eine Gesellschaft der Vielen einfordern und verteidigen.

Migrantifa umkämpft

Während des Lockdowns der Corona-Pandemie erschwerten sich die Möglichkeiten des Austausches zwischen Gruppen und Strömungen. Gleichzeitig spitzten sich 2020 die Entwicklungen der letzten Jahre zu: Einerseits zeigten sich mit neuen kanakisch-jüdischen Sprechpositionen nach dem Terroranschlag in Halle, der enormen Solidaritätsarbeit nach den Morden von Hanau, sowie der weltweiten »Black Lives Matter«-Bewegung, die Angela Davis als eine globale Revolte bezeichnete, neue Formen der Solidarität, deren Ausdruck auch die Bildung zahlreicher Migrantifa-Gruppen im ganzen Land war. Andererseits verloren sich zahllose Menschen in apokalyptischen Verschwörungstheorien, die die Zerstörung des Sozialen und das Auseinanderfallen demokratischer Gesellschaften herbeisehnen. Migrantifa ist darin ein Plädoyer für die Verteidigung der Gesellschaft der Vielen und leistet ihren Beitrag genau in dem Moment allgemeiner Umwälzungen und im Augenblick des Sprungs in eine neue Post-Corona-Weltordnung, auch wenn deren neue gesellschaftliche Paradigmen noch umkämpft sind.

Der Begriff Migrantifa steht für einen Perspektivwechsel im Antirassismus, den die Angehörigen und Freund*innen der Ermordeten von Hanau vorgemacht haben: Sie sind die Opfer von Rassismus, aber sie sind auch die, die gerade alles erklären. Migrantifa bedeutet in diesem Sinne einen Antifaschismus, der in solidarischen und inklusiven Beziehungsweisen zwischen Verschiedenen bereits gelebt wird. Migrantifa steht für einen gesamtgesellschaftlichen Perspektivwechsel, aus dem heraus nicht nur gegen Nazis gekämpft, sondern dies aus dem Erfahrungshorizont von Geflüchteten, Migrant*innen und rassifizierten Menschen getan wird. Die Expert*innen für Polizeigewalt, Behördenwillkür und strukturellem Rassismus reden, vernetzen und handeln jetzt und organisieren den Wissenstransfer zwischen antifaschistischen Schutz- und Recherche-Konzepten und Selbstverteidigung. Es bedeutet eine Einladung an alle, die Kanakisierung der Gesellschaft durchzusetzen. Es ist eine Ermutigung an alle, die rassistische Spaltung der Gesellschaft zu überwinden und neue fortschrittliche Gestaltungsräume zu öffnen, die Differenz bejahen und nicht fürchten.

Darin geht es nicht mehr darum, woher jede*r Einzelne kommt, sondern wie wir miteinander leben wollen. Es geht darin nicht um Herkunft und Hautfarbe, sondern um den Kampf gegen Rassismus, der auf der Einordnung von Herkunft und Hautfarbe basiert und damit versucht, die Gesellschaft zu homogenisieren, aufzuteilen, gegeneinander auszuspielen und letztendlich hierarchisch zu organisieren. Deswegen ist der Begriff Migrantifa kein Passwort für den exklusiven Zugang zu nicht-weißen Gruppen oder Räumen identischer Menschen. Das Selbst in der Verteidigung ist kein identitäres, sondern ein gegenüber Herrschaftsverhältnissen antagonistisches Selbst. Es ist das offene Selbst der Black Panther Party for Self-Defense, die in den USA politische Radikalität jenseits von Identitätskonzepten organisierten.

Migrantifa gehört nicht nur den Refugees, den Migrant*innen, den Jüd*innen oder den Schwarzen Menschen, sondern auch allen, die den Familien Satır, Avcı, Arslan, Kubaşık, Bektaş und Unvar aus

Duisburg, Hamburg, Mölln, Dortmund, Berlin und Hanau zugehört haben. Migrantifa gehört denen, die der jüdischen Gemeinde in Halle zuhören und auch nach dem Ende des Gerichtsprozesses an ihrer Seite stehen. Er gehört denen, die antifaschistische, antirassistische und selbstorganisierende Kämpfe zusammenführen und gegen Rassismus und Antisemitismus in die Offensive kommen wollen. Migrantifa, das sind all die (Post-)Migrant*innen, die seit Jahrzehnten nach Deutschland migrieren, sich ein gutes Leben aufbauen, sich selbst organisieren und absichern und die die deutsche Gesellschaft radikal transformiert und unwiderruflich geprägt haben. Migrantifa, das sind all diejenigen, die sich gegen Lagerunterbringung und Abschiebung einsetzen, die Racial Profiling und rassistische Ausbeutung anprangern, ob auf Spargelfeldern, in Schlachthöfen oder in der Pflege. Das sind all diejenigen, die gegen das europäische Grenzregime kämpfen und globale Klimagerechtigkeit einfordern. Migrantifa, das sind all diejenigen Antifaschist*innen, die sich in Städten und Dörfern organisieren, die migrantisch situierte Bildungsarbeit machen, Recherche-Arbeit, die den widrigen Umständen immer wieder handfest trotzen und den Nazis keinen Fußbreit überlassen. Migrantifa, das ist eine gemeinsame Vision: Für die Kanakisierung aller Verhältnisse. Für die Gesellschaft der Vielen. Yalla, yalla, Migrantifa!

IV.
MEHR ALS NUR KUNST

Esther Bejarano / Joram Bejarano /
Rosario »Rossi« Pennino / Kutlu Yurtseven

Wir sind eine kleine Familie

Kutlu und Rossi | Wir sind eine kleine Familie. Wir können uns
daran erinnern, wie wir zum ersten Mal gemeinsam im Studio saßen – und wir erinnern uns an Esther Bejaranos Tränen. Es waren
Tränen, die uns, die *Microphone Mafia* zunächst verängstigt hatten. Wir dachten, wir hätten sie verletzt, und Esther, ja: Esther hat
getan, was sie danach so oft und immer wieder geschafft hat: sie
hat unsere Herzen erobert. »Nein, Ihr habt mich nicht verletzt, ich
bin bloß gerührt, wie junge Menschen in ihren Texten genau das
wiedergeben, was ich damals oft gefühlt habe. Das schafft Ihr aber
auch nur, weil Ihr den gleichen Rassismus, die gleiche Diskriminierung und Verachtung erleben müsst wie ich. Ja, ich musste das
grausamste und abscheulichste Ausmaß erleben, aber Ihr müsst
auch gehört werden, Ihr habt auch was zu erzählen!« Wir haben
uns respektiert und geehrt gefühlt, diese Worte aus Esthers Mund
zu hören und das ist auch der Grund, warum aus dem Projekt eine
Band und aus der Band eine kleine Familie wurde. Esther hat uns
damit aber auch klargemacht, dass es eine Verbindung von »damals« zu heute gibt. Der »rote Faden«, der sich aus der Vergangenheit in die Gegenwart zieht und der zeigt, in welcher Kontinuität
rassistische Positionen eingenommen wurden und immer noch
werden.

Esther, Joram, Rossi und Kutlu | Für uns haben Antisemitismus,
Antimuslimischer Rassismus, Antiziganismus und der Hass gegenüber schwarzen Deutschen und PoCs den gleichen Ursprung. Es ist

die rassistische Verachtung und Diskriminierung von Menschengruppen aufgrund ihres Aussehens, ihrer Religion, ihrer sexuellen Orientierung und ihres kulturellen Backgrounds bzw. ihrer Familiengeschichte. Wir haben lange darüber nachgedacht, ob wir die oben genannten Arten der rassistischen Diskriminierung getrennt betrachten, deuten und bewerten können. Natürlich haben sie zum Teil eigene Strukturen und Erscheinungsformen. Auch wenn wir uns hier noch mal wiederholen: Ursprung und Wirkung sind für uns gleich. Wir sehen es als ein Ganzes, und so wie wir die Geschichte der Holocaust-Überlebenden Esther Bejarano mit der Geschichte der *Microphone Mafia* als sogenannte »Gastarbeiterkinder« und mit den Pogromen von Rostock-Lichtenhagen und Hoyerswerda, den rassistischen Brandanschlägen von Mölln und Solingen, dem NSU und zahlreichen weiteren rassistischen Angriffen und Morden verbinden, so fassen wir all diese Ereignisse und den »roten Faden« für uns zusammen: Es ist ein Angriff auf die Menschlichkeit, auf Respekt und auf das solidarische Zusammenleben in einer Gesellschaft der Vielen!

Aber worin besteht diese von uns oft erwähnte Kontinuität?

»Hätte es mit Ende des Zweiten Weltkrieges eine aufrechte und konsequente Entnazifizierung der Behörden, der politischen und gesellschaftlichen Strukturen gegeben, dann wäre die Wahrscheinlichkeit höher gewesen, der Kontinuität rassistischer Stigmatisierung, Kriminalisierung, Zuschreibungen und An- und Übergriffen entgegentreten zu können und diese zu bekämpfen.« (Esther Bejarano)

Dieses konsequente Durchgreifen gab es nicht, das Gedankengut konnte sich auch mit dem Ende des Weltkrieges in der Gesellschaft, den Behörden, Schulen, Gerichten, Universitäten und leider auch in Medien festkrallen, weiterhin wirken und Menschen diskriminieren. Ehrlich gesagt war dieses Durchgreifen leider damals wie auch heute nicht gewollt! Es hat sich eine Kultur entwickelt, die es auch weiterhin erlaubt, rassistische Positionen zu entwickeln und einzunehmen. Menschen denken oft bei Kultur an Kunst und Musik, wir denken aber auch an Sprach- und Verhaltenskultur.

> »Es beginnt immer mit der Sprache! Damals hat es auch so begonnen und wo es geendet hat, wissen wir heute – und leider ist es immer wieder möglich.« (Esther Bejarano)

> »Wenn Esther das sagt, dann macht es mir schon Angst, sie weiß, was alles möglich ist.« (Rosario »Rossi« Pennino)

Spätestens mit dem Fall des NSU-Komplexes wurde uns allen klar, dass wirklich vieles möglich ist. Wie einfach es auch im 21. Jahrhundert noch ist, Menschen medial, behördlich und auch gesellschaftlich zu stigmatisieren, zu kriminalisieren, auszugrenzen und zu diskriminieren, ebenso wie die Täter*innen-Opfer-Umkehr kontinuierlich durchzuführen. Begriffe wie »Döner-Morde«, »kriminelles Milieu« oder »kulturell bedingte Gewaltbereitschaft« kursierten in Medien und machten vor ermittelnden Behörden nicht halt. Verstrickungen zwischen Rassisten und Verfassungsschutz kamen ans Tageslicht, und all das zeigte ganz klar: es gibt eine Kultur, in welcher der Rassismus mit all seinen Erscheinungsformen systematisch gepflegt und gefördert wird. Wie sagen auch hier: NEIN, nicht alle Beamt*innen und nicht alle Redakteur*innen sind Rassist*innen, aber es gibt ein System und eine Verhaltenskultur, die sie rassistisch agieren lassen! Für diesen Satz ernten wir oft Kritik, aber dann möchten wir gerne erklärt bekommen, wie es sein kann, dass eine *Berliner Zeitung* am 4. Juli dieses Jahres mitten in der Pandemiezeit von einem »flambierten Döner« sprechen darf. Das tat sie im Zusammenhang mit einer Explosion in einem Hochhaus und einem damit verbundenen Brand in einem libanesischen Schnellimbiss im selben Gebäudekomplex, bei dem vier Menschen verletzt wurden. Es konnte kein rassistisches Motiv ausgeschlossen werden; und mitten in einer weltweiten Rassismus-Debatte, ausgelöst durch den Mord an George Floyd durch einen Polizisten, sprechen sie von »flambiertem Döner«.

Apropos Corona-Pandemie: Auch hier zeigt sich, wie schnell sich rassistische Positionen ausbreiten und festigen. Mit Beginn der Pandemie begann sehr schnell das Trugbild einer »jüdische Weltverschwörung«, die uns alle verseuchen und ausbeuten möchte. Fragen wie »Warum gibt es in Israel kaum infizierte oder Tote« heizten die Debatte an. Nur so viel: Auch in Israel infizierten sich sehr viele Menschen und leider verstarben auch viele. Diese Tatsache scheint einige dieser sich »objektiv« gebenden Menschen beruhigt zu haben. Dieses abstruse Konstrukt ging quer durch unsere Gesellschaft, und es gibt noch immer Menschen, die daran festhalten. Aber schnell finden sich auch neue Feindbilder. Die »unbelehrbaren Türken« an dem einen, und die »asozialen Libanesen« an dem anderen Ort. »Deren Hochzeiten sind schuld, dass die Pandemie sich in unserer Stadt ausbreiten konnte, aber die können nun mal nicht anders, es liegt in ihrer Natur«, bekommen wir zu hören. Berechtigte Kritik an unsolidarischem Verhalten ist wichtig und richtig und, ja, es macht auch wütend. Kritik an Hochzeiten sind berechtigt, wie die Kritik an Studentenpartys am Rhein oder am Brüsseler Platz in Köln, aber die Schuld pauschal einer Volksgruppe zuzuschreiben, ist eine rassistische Position und leider eine Unkultur der heutigen Zeit.

Da wir Musiker*innen bei *Bejarano & Microphone Mafia* und auch Schauspieler*innen sind, wollen wir, wenn auch nur kurz, auf unsere Kulturbranche eingehen. Eine rassistische und/oder diskriminierende Position einzunehmen und sich dann hinter der Meinungsfreiheit bzw. künstlerischen Freiheit zu verstecken, ist für uns unerträglich. Kunst darf fast alles, und bei dem Rapper-Duo Kollegah und Farid Bang hat es richtigerweise funktioniert: Die Kritik kulturell hochwertig und kraftvoll einzusetzen und eine diskriminierende und geschmacklose Zeile öffentlich als das zu kritisieren, was sie ist. Eine Widerstandskultur wird daraus aber erst, wenn nicht mit zweierlei Maß gemessen wird und nur bei zwei Rappern der Aufschrei gegen eine diskriminierende Position groß ist, während andere Künstler*innen, aufgrund ihres Ansehens in Kultur und Gesellschaft, damit einfach so durchkommen. Wir müssen in diesem Zusammenhang aber auch sensibel dafür sein, dass gerade heute, in Zeiten der Pandemie, aber auch schon vorher, die hart erkämpften Räume der künstlerischen Freiheit durch rassistische Positionen unterwandert und mehr und mehr ausgehebelt werden. Wie gesagt, wir sind eine kleine Familie, die seit über zehn Jahren versucht, die rassistischen Kontinuitäten seit dem deutschen Faschismus bzw. dem Ende des Zweiten Weltkrieges bis hin in unsere Gegenwart mit Lesungen, Konzerten und Gesprächen darzustellen und gemeinsam im Kampf und Widerstand gegen rassistische Kontinuitäten neue Wege zu finden und vor allem zu leben. Wir müssen gemeinsam eine Kontinuität des Widerstands gegen die Kontinuität rassistischer Positionen setzen. Dafür brauchen wir einen solidarischen, menschlichen und respektvollen Umgang miteinander – eine Kultur, die mit Leben gefüllt ist. Für eine solidarische »Gesellschaft der Vielen«.

Eko Fresh

German Dream

Wer von uns Migrantenkindern kennt es nicht?

Die Eltern suchen eine Wohnung und machen sich Sorgen, dass sie wegen ihres Nachnamens Schwierigkeiten haben werden. Oder du kommst dir in einem Laden beobachtet vor und benimmst dich irgendwie bewusst besonders korrekt, um möglichen Vorurteilen entgegenzuwirken.

Es ist unter uns sowas wie ein Code, man redet nicht direkt darüber, aber jeder weiß Bescheid.

Ich habe das bis heute: Angst vor Polizeikontrollen, obwohl ich nichts Böses mache. Angst vor Briefen, obwohl es mir sehr gut geht.

Aber gerade weil es mir so gut geht, habe ich auch eine Art Schuldgefühl und die ständige Befürchtung, alles wieder zu verlieren.

Was das ist? Keine Ahnung, wie das heißt, aber es war immer auch mein Antrieb. Mein Antrieb, alles besser machen zu müssen.

Wer meine Karriere als Rapper ein bisschen verfolgt hat, weiß: ich bin für einen Riesen-Output bekannt. Warum auch immer ich nicht aufhören kann. Ich glaube bis heute, dass ich doppelt so gut sein muss wie andere, um halb soviel zu erreichen.

Ob es nun immer noch stimmt oder nicht, es scheint mein Motor zu sein.

Einen Nachteil in einen Vorteil umwandeln? Unterbewusst auf jeden Fall.

Irgendwie haben wir doch alle ein Trauma. Ich erinnere mich zum Beispiel daran, als ich in der Grundschule nach vorne treten musste, um mich für staatliche Zuschüsse für eine Klassenfahrt einzutragen. Neben mir ein türkisches Mädchen und ein indischer Junge.

Ich hatte eigentlich eine schöne Jugend, und obwohl wir nicht viel hatten, hat es mir an nichts gefehlt. Aber dieses Gefühl, anders bzw. weniger wert zu sein, ging eigentlich nie weg.

Heute weiß ich nur, dass ich das für meinen Sohn nicht will.

Ich will nicht, dass ihn jemand fragt, wo er herkommt.

Ich will nicht, dass er irgendwo reingeht und denkt, dass die Leute ihn als fremd betrachten. Er soll wissen, dass ihm die Welt gehört.

Er soll in keinem Moment seines Lebens dadurch gehemmt sein.

Hmm, was also machen?

Es gibt nur eine Antwort: machen!

Ich habe als junger Erwachsener rebelliert, dachte, ein cooles Auto und ein machohaftes Auftreten würden dieses Loch des Minderwertigkeitsgefühls füllen, und so hat auch meine Musik dementsprechend geklungen.

Aber das hat mich zu nichts weiter außer Problemen geführt! Im Nachhinein klar, denn das ist nicht der Weg, den Opa gewollt hätte.

Pass mal auf, ich erklär es dir:

Deine Großeltern kamen mit nichts hierher, sie konnten nicht mal die Sprache. Sie hatten kein Geld und nicht einen einzigen Kontakt, auf den sie bauen konnten.

Es ist also klar, dass dein Klassenkamerad in den 90ern wahrscheinlich eine bessere Ausgangsposition hatte.

In diesem Rennen des Lebens startet er also schon 10 Meter vor dir auf einem besseren Platz.

So, jetzt zähl noch mal 5 Meter dazu, weil du im Gegensatz zu manchen anderen Migrant*innen schon am Äußeren erkannt werden kannst.

Und in meinem Falle noch mal 5, weil der Vater nicht dabei war.

20 Meter also! Puh!

Soll man sich jetzt vergraben, weil einem dieses Gefühl immer wieder begegnet? Soll man extra »Anti« sein und das mit Coolheit überspielen, so wie ich, als ich 20 war? Oder gar irgendwelchen extremen Weltanschauungen verfallen, um ja nicht die Wahrheit fressen zu müssen, dass es kein leichter Aufstieg wird.

Soll man gar versuchen, eine Abkürzung zu nehmen? Kurz über die schiefe Bahn und so alle einholen? Nicht wirklich, oder!

Dann könnte ich Opa nicht in die Augen schauen, schließlich hat er all das für uns gemacht.

Die Wahrheit ist ungemütlich, nicht sonderlich romantisch und macht keinen Spaß.

Sie heißt nämlich: »Lauf, Bruder! Lauf, Schwester, lauf, bleib nicht stehen und schau nicht nach hinten.«

Die Strecke ist da, dein Opa hat sie mit seinen eigenen Händen gebaut, du liegst hinten, also lauf besser so schnell du kannst.

Vielleicht bin ich ein guter Fall für dich zum Erzählen, denn ich bin auf eine Weise angekommen und noch jung genug, mit dir zu reden, dass du es verstehst.

Ich bin unterwegs, wo die meisten nicht hinkommen.

Ich habe jetzt ein Leben, von dem die meisten nur träumen können.

Aber weißt du was? Auf eine Art hat sich nichts geändert: Ich bin immer noch gefühlt der einzige Türke hier, wie damals auf dem Gymnasium.

Darüber mache ich in gewissen Situationen einen Witz, lache laut, wie schwer es war, und dann geht's weiter zum Geschäft. Hab's also verdaut!

Die sozialen Ketten zu durchbrechen, sich etwas Eigenes aufzubauen, ist eines der schwersten Unterfangen in unserer Gesellschaftsform.

Es geht nämlich oftmals gar nicht um den Unterschied der Nationalität, sondern um dein Einkommen.

Ich will mit dir nämlich gerade nicht über Rassismus reden, sondern über deine Ziele!

Du wirst immer als anders betrachtet werden, aber du kannst entscheiden, wie du dem entgegentrittst.

So ist die Welt, ich habe sie nicht gemacht, bin nur ein Berichterstat-
ter.

Ich war nur da, ich hab's gefühlt und jetzt sag ich's dir!

Willst du die Verkäuferin anpöbeln, die dich kritisch beäugt oder ver-
kneifst du es dir in dem Moment, und eröffnest irgendwann deinen eigenen Laden und stellst deine eigenen Verkäufer*innen ein?

Willst du dich mit dem Vermieter anlegen, der dich nervt, oder
möchtest du vielleicht irgendwann, dass dir eine Immobilie gehört?

Du sollst dir nichts gefallen lassen, aber antworte gezielt, bleib fo-
kussiert und verlier keine Zeit mit Bullshit.

Wissen ist Macht! Bete nicht für Geld, bete für Wissen, denn dann
kommt das Geld von alleine.

Sei immer etwas schlauer als die anderen im Raum und dein Einsatz
wird belohnt werden.

Jeder hat die selben 24 Stunden, wie nutzt du deine? Bist du als erster da und gehst zuletzt? Dachtest du etwa, es würde einfach?
Dann kann ich nur lächeln.

Dein Umfeld ist extrem wichtig, wenn Leute nicht mitziehen, sortie-
re sie aus. Klingt gemein, ist es aber nicht! Warum lässt du deine
Energie von anderen aufsaugen, wenn deine Großeltern so viel
für dich geopfert haben.

Jeder Fall ist sicher individuell, und ich kann hier nur EIN Beispiel
geben, aber erst mit Erfolg im Beruf und einer starken Familie
im Rücken konnte ich mit der Vergangenheit abschließen, den
Komplex abbauen und das Loch füllen.

Bzw. drauf pfeifen, ob mich irgendwer akzeptiert – hab viel zu viel
zu tun!

Zahle meine Steuern, versuche mich gesellschaftlich einzubringen
und einen positiven Impact auf das Leben von anderen zu haben.

Denn das ist es doch eigentlich, worum es geht, wenn du alles mit
Abstand betrachtest … Migrant-Owned Business!

Nur so können wir wachsen und das Geld wieder in die Community investieren, andere einstellen und die Umstände verbessern.

Nur wenn uns etwas gehört, können zukünftige Generationen mit der Selbstverständlichkeit und Leichtigkeit aufwachsen, die unserer gefehlt hat.

Ganz ohne Vorbehalte und nicht mit 20 Meter Rückstand starten.

Also hebt euch gegenseitig hoch und *hatet* [hasst] nicht etwas, nur weil es ein anderer versucht!

Los, mach dich auf, deine Träume zu verwirklichen, genauso wie du es dir vorgenommen hast.

Egal wer was sagt, ich gönne es dir vom Herzen und finde dich und deine Ideen wertvoll!

Falls du mich irgendwo mal triffst, erzähl mir deine Ideen und nenn mir deine Ziele, ich höre dir zu.

Ich glaube an dich, du *wirst* es nicht nur schaffen, sondern du *musst* es! Wir brauchen dich!

»Denn wir sind ein gewisser Schlag von Mensch / haben unser ganzes Leben immer hart gekämpft / wenig Kohle, doch mach mal weiter / ich wiederhole: Gastarbeiter.«

Also los, Bruder, also los, Schwester … ich will dich gewinnen sehen!

Deinen Kindern soll es noch besser gehen. Ich weiß, du haust sie alle um, und ich weiß, du holst sie alle ein. Denn genau das ist der *German Dream*, von dem ich seit 20 Jahren rede!

Reyhan Şahin

»Ist das denn überhaupt Rassismus?!« – »Ja! Und sexistisch dazu!«

»Wie, du bist Muslimin? Aber doch nicht so richtig, nejch?« Oder: »Du bist Muslimin? Wieso trägst du dann kein Kopftuch?«, sind zwei der weiteren Klischeefragen, die frau sich anhören muss, wenn sie sagt, dass sie Muslimin sei. Ganz zu schweigen von den ganzen rassistischen Vorurteilen, die dann noch wie ein Rattenschwanz folgen: Musst du nicht fünfmal am Tag beten? Hat dein Vater fünf Frauen geheiratet? Aber du bist nicht so wie die anderen Muslime, oder? Bis hin zu der Bemerkung, dass »der Islam« ja eine gewalttätige und terroristische Religion sei. Sowieso scheinen die Aussagen »Islam« oder »Muslime« eine Art Alarmsignal zu sein, das in unserer Gesellschaft in Nullkommanix auf maximale Aufmerksamkeit stößt, denn jeder Hans und Franz hat im wahrsten Sinne des Wortes etwas dazu zu sagen, ob man dies hören will oder nicht, denn die alten weißen Hobbysprachwissenschaftler oder Hobbyislamwissenschaftler unter uns gibt es an jeder Ecke, insbesondere bei jeder öffentlichen Vortragsreihe oder Lesung, vorausgesetzt, es geht um Islam oder Emanzipation von muslimischen Frauen. Vor allem das letzte Thema scheint eine Wixvorlage für nicht-muslimische Männer zu sein, die sich daran à la Haremsfantasien ergötzen, da sind weißen Männerfantasien keine Grenzen gesetzt, das verhüllte Begehrte, die orientalische Prinzessin und der weiße Mann, der sie aus ihrem goldenen Käfig befreit und so weiter.

Aber zurück zum Islam: wenn man sich also dazu begibt, öffentlich über den Islam zu sprechen, sollte man gewappnet sein, denn die alten weißen Hobbyislamwissenschaftler lungern überall, sie warten nur darauf, das Wort zu erheben und einem ihre oftmals antimuslimische, rassistische »Meinung« aufzudrücken. Nach Differenziertheit bezüglich der Vielfalt von unterschiedlichen Muslim:innen, von Sunna, Schia oder Alevitentum sowie nach unterschiedlichen innerislamischen politischen Strömungen zu suchen, ist vergeblich, Pustekuchen! Als empirische Belege ihrer Aussagen dienen ihnen in den meisten Fällen dann auch noch ihre wenige Wochen langen Aufenthalte »im Iran«, »in Saudi-Arabien« oder »in der Türkei«. Oder auch, sehr beliebt als Quellenangabe: die Berichterstattung des Reisejournalisten und »Nahost-Experten« Peter Scholl-Latour, falls es überhaupt einen Sinn für Quellenbelege gibt. Prost Mahlzeit und şerefe! Dem ist so leicht nicht zu entkommen, es ist total verrückt! Daher verzichte ich bei meinen öffentlichen Lesungen, bei denen es u. a. um islambezogene Themen geht, auf anschließende Frage- oder Diskussionsrunden. Denn ich bin geschädigt von unaufgefordert gehaltenen alten weißen Co-Referaten und hochgradig rassistischen Ressentiments, ich will das nicht hören! Geht und erzählt diesen pauschalisierten, undifferenzierten Bullshit anderen, aber bitte verschont mich damit, sorry! Die ebenfalls Leidtragenden von fehlenden Frage- und Diskussionsrunden sind dann natürlich diejenigen wenigen armen Menschen, die eine wirklich gute Frage stellen würden oder etwas differenziert ausdiskutieren, aber was soll's? Dafür lass ich mich von den Lesungs-Moderatorinnen ausgiebig befragen, in der Hoffnung, dass die eine oder andere differenzierte Frage dabei ist. So ist es eben mit dem Thema Islam in der bundesdeutschen Öffentlichkeit, Thuglife valla!

Zu diesen Fremdzuschreibungen gegenüber muslimisch sozialisierten Frauen und/oder solchen mit türkischem, kurdischem, arabischem Migrationsbezug gehören in meinem Fall auch Haremsfantasien à la: »Was sagen eigentlich deine Eltern zu deiner Musik??« Diese Frage verfolgt mich seit über einem Jahrzehnt und ich werde sie trotz Gegenmaßnahmen nicht los. Zuerst waren es überwiegend weiße Journalist*innen, von denen ich diese Frage in fucking jedem Interview zu hören bekam, oftmals als Highlight-Frage des

Gesprächs untermalt, voller Enthusiasmus und großen begeisterten
Augen wartend auf meine nun alles auflösende Antwort. Mittlerweile wird mir diese Frage auch von Frauen gestellt, es ist kaum
zu glauben, wirklich.»Na, was sollen sie denn dazu sagen? Ich bin
erwachsen, sie mischen sich nicht mehr in meine Angelegenheiten
ein«, lautet dann meine nüchterne, sie enttäuschende Antwort. Da
stehen sie meistens da mit weit offenen Mündern – diese Antwort
haben sie nicht erwartet. Stattdessen erwarteten sie, dass meine
anatolischen Eltern – mit von Außenstehenden reinprojizierten
türkischem und/oder muslimischem Background – gegen meine
Musik sind, da diese Vulgärausdrücke enthält und sie das als türkische bzw. muslimische »strenggläubige« Eltern »nicht erlauben«
würden. Oder noch besser: dass sie mich »ausgestoßen« haben und
ich via »Ehrenmord«befehl gesucht werde. Das weiß ich, dass sie
diese Antworten erwarten und antworte eben genau das Gegenteil,
weil ich weiß, dass es nicht um Unterstützung, Verständnis oder
journalistische Aufarbeitung geht, sondern um (oftmals auch un-
bewusste) rassistische und sexistische Fremdzuschreibungen und
die Bestätigung ihrer Ressentiments – nein danke! Auch wenn ich
diese Art Probleme mit meinen Eltern hätte, würde ich es niemals
in einem solchen rassistischen Umfeld kundgeben, das haben mir
auch andere Frauen mit Migrationsbezug zur Türkei oder zu arabischen Ländern gesagt, und das ist leider auch das deutsche Problem
im Umgang mit diesem Thema.

Diejenigen Leute, die mir diese Frage stellen, sind auch dieselben
Leute, die mich fragen, ob ich denn auch von der »muslimischen
Community« Ablehnungen und Angriffe erhalten habe aufgrund
meiner Kunst, insbesondere auch Ablehnung von »muslimischen
Frauen« »mit Kopftuch«. Dies erfolgt wieder mit derselben enthu-
siastischen Erwartungshaltung, wieder mit großen, erwartungsvol-
len Augen und als eine der wenigen Fragen zu meinem gesamten
Künstlerinnen- und Forscherinnendasein. Und wieder muss ich sie
leider enttäuschen, indem ich ihnen sage, dass ich die meiste Ablehnung und all den Hatespeech bis hin zu Morddrohungen vonsei-

ten der Mitglieder der weißdeutschen Mehrheitsgesellschaft erhielt; dass dieser Hass gegen Lady Bitch Ray bis zur fristlosen Jobkündigung, bis heute andauernden Exmatrikulationsforderungen sowie Diffamierungen und Stigmatisierungen jeglicher Art reichte. (Von wegen irgendwelche Satirikerinnen mit antisemitischen Witzen erleben heute Cancel Culture! Über reelle Cancel Culture, darüber, was ich erlebte und bis heute erlebe, hier zu referieren, würde den Rahmen sprengen, deshalb lass ich's.) Jedenfalls wird dann immer noch weitergebohrt, wenn ich ihnen nicht partout die Antwort des muslimischen Mannes gebe, der mich aufgrund meiner künstlerischen Arbeit abgelehnt oder bedroht hätte oder mit dem Messer hinter meiner Tür wartet, so simpel und primitiv ist die Erwartungshaltung an uns! Es ist wie bei dem Nachbohren bei der »Woher kommst Du?«-Frage: Es wird so lange mit weiteren, auf eine bestimmte Antwort abzielenden Fragen weitergemacht, bis *die* eine erwartete Antwort erfolgt. Bei hartnäckigen Bitches wie mir aber funktioniert dieser Fremdzuschreibungsplan nicht, weil ich das kenne und zig Mal erlebt habe, ich lass mich nicht in diese Irre führen und ohne Weiteres in diese Falle locken. Also antworte ich immer entgegengesetzt, damit das Gegenüber vielleicht irgendwann mal schnallt, dass das Patriarchat überall existiert und nicht ausschließlich nur in Migrationsgesellschaften. Dass es verschiedene Auslegungsweisen und Lebensformen von Muslim:innen oder dem Alevitentum gibt und das äußere Erscheinungsbild oftmals überhaupt nichts über die Religiosität oder Lebensart eines Menschen oder ihr patriarchalisches Umfeld aussagt. Dass die verschiedenen Patriarchate gemeinsam zu kritisieren und zu smashen sind, auch im rassismuskritischen Sinne.

Schon öfters hörte ich von Freundinnen mit Migrationsdefizit, dass ihre Eltern ein richtig großes Problem hätten, wenn sie solche Texte, Kleidungs- oder Ausdrucksweisen wie ich an den Tag legen würden, eine von ihnen formulierte es scherzend mit: »Ey, mein Vater würde mich glatt enterben, wenn ich so abgehen würde wie du!«. »Tja, sagte ich, »mein Vater nicht, dem ist es wichtiger, dass ich studiere und unabhängig werde, solche Äußerlichkeiten wie Kleidung waren ihm ehrlich gesagt immer egal.« Patriarchale, rassistische und sexistische Engstirnigkeit gibt es eben überall, wir müssen nur aufhören, uns das gegenseitig in die Schuhe zu schieben, es scheint ein großes Bedürfnis von Deutschen mit Migrationsdefizit zu sein, Frauen und non-binäre Menschen aus ihren eigenen Reihen als bereits emanzipiert zu betrachten und Frauen mit Migrationsbezug zu muslimisch geprägten Ländern als negativen, nicht emanzipierten Gegenentwurf dazu. Deshalb gibt es die meisten Studien auch nicht zu weißdeutschen Frauen, sondern zu den besagten. Diese Tatsache ignoriert aber die weltweiten Frauen und LGBTQI-Bewegungen wie die von muslimischen/islamischen, Schwarzen Feminist:innen, kurdischen, nord- und südafrikanischen Frauenbewegungen oder jene aus Südamerika, um mal nur einige wenige von diesen zu nennen. Das ist nicht nur eurozentrisch, sondern ignorant.

»Ist doch nicht schlimm!« oder auf Türkisch: »Olsun!«, bekommt man als Alevit:in oder Kurd:in oftmals zu hören, wenn man Sunnit:innen mit Migrationsbezug aus der Türkei sagt, dass man eine oder beide der obigen Identitäten hat. Diese Kommentierung kommt oftmals wie ein unkontrollierter Reflex, wie eine beschwichtigende Relation auf das Gesagte vonseiten des Gegenübers, sie tun so, als sei diese Aussage gutgemeint, und merken es erst später oder gar nicht, dass ihr Kommentar einer rassistischen Beleidigung entspricht, als würden sie einen trösten wollen und sagen, hey, es ist nicht so schlimm, dass du Alevitin bist, ich mag dich trotzdem! Von solchen Menschen möchte frau aber nicht gemocht werden, weil sie rassistisch sind. Zu diesem Rassismus gegenüber Minderheiten, wie etwa gegenüber Alevit:innen und/oder Kurd:innen gehören auch seit Jahrzehnten existente rassistische Stereotype, die bis heute etwa in türkischen Communities verankert sind. Dazu gehört an erster Stelle der Inzestvorwurf, was mit der »Mum söndürmek«-Aussage bekräftigt wird, was man ins Deutsche mit »Kerzen auspusten« übersetzen könnte. Dies geht historisch auf die jahrhundertelange Fluchtbewegungen von Alevit:innen zurück, die zunehmend in ländliche Berggebiete zurückgedrängt wurden. Aus Angst vor türkisch-sunnitischen Angriffen löschten diese ihre Petroleumlampen aus, damit ihre auf Bergen liegenden Häuser so nicht aus der Ferne identifiziert werden konnten. Dass dieses rassistische Vorurteil bis heute vorherrscht, belegte zuletzt vor einigen Jahren ein Late-Night-Moderator aus der Türkei, der mit diesem Inzest-Vorwurf des Kerze-Auslöschens witzelte.

Auch in Deutschland ist man als Alevit:in nicht vor solchen Rassismen geschützt. Neben der Tatsache, dass antialevitischer und antikurdischer Rassismus vonseiten der sunnitischen Mehrheit gegenüber der alevitischen Minderheit auch in hiesigen Communities strukturell verankert sind, wurde dies auch noch im Jahr 2007 in der Tatort-Folge »Wem Ehre gebührt« wieder aufgefrischt. Die Krimi-Folge handelte davon, dass eine junge Alevitin im Film aufgrund sexuellen Missbrauchs vom Vater schwanger wird. Verständlicherweise rief diese Diffamierung eine Demonstration mit 20.000 Alevit:innen in Köln und eine Strafanzeige gegen die Drehbuchautorin hervor. Zu diesen Vorurteilen gegenüber Alevit:innen gehört auch jenes, dass sie »dreckig« seien, weil sie nicht die rituelle Waschung der Sunna vollzogen oder fünfmal täglich beteten. Diese Diffamierung vonseiten der sunnitischen Mehrheit zieht sich bis zur »Ungläubigkeit« hindurch und wurde jahrzehntelang auch in sunnitischen Moscheevereinen in Deutschland propagiert. Früher ist uns mal eine Kassette eines Imams mit solchen Hassreden gegen Alevit:innen zu Händen gekommen, was die Wut meiner Eltern gegen die sunnitische Mehrheitsgesellschaft verstärkte. Zu diesen Rassismen gegenüber Alevit:innen gehört auch die Rassifizierung von Alevit:innen zu Kurd:innen. So werden Alevit:innen vonseiten sunnitischer Mehrheitsgesellschaften nicht nur als Häretiker betrachtet, sondern alle Alevit:innen – sowohl türkische, turkmenische als auch arabische – ob sie es sind oder nicht zu Kurd:innen gemacht. Und da kurdische Alevit:innen aufgrund ihrer ethnischen und konfessionellen Zugehörigkeit eine doppelte Benachteiligung erfahren, ist dies eine Rassifizierung im negativen Sinne. Gängig sind auch sexualisierte Rassismen gegenüber Alevit:innen, diese würde man »viel leichter« ins Bett bekommen, da keine Gläubigen, etc. pp. Ich kannte mal früher ein alevitisches Mädchen, die arme hat während des Ramadans in der Schule zwangsgefastet, da sie von ihren sunnitischen Freund:innen so unter Druck gesetzt wurde, dass sie aus Angst vor Stigmatisierung einfach mitgefastet hat, dreißig Tage lang! Nicht mal ihre Mutter konnte ihr das ausreden, weil sie keine Chance hatte gegen den Druck der Peergroup im Umfeld ihrer Tochter. Ich habe das dann mit ihr geübt, zu sagen, dass sie »Alevitin« ist, weil mich ihre Erfahrung derart mitverletzte, ich habe es ihr Vorgesprochen: »A-le-vi-tin!«, sag es laut! Zunächst fiel ihr das Aussprechen des Wortes schwer. Aber dann hat sie sich nach mehrmaligen Versuchen im gemeinsamen Chor getraut und musste nie wieder zwangsfasten, sondern höchstens im Muharrem, dem Fastenmonat von gläubigen Alevit:innen, auf freiwilliger Basis. Empowerment kann also helfen.

So sollte man im antirassistischen Kampf auch jene Rassismen und Rechtsextremismen innerhalb von Migrationsgesellschaften mitdenken, denn diese sind bei Rassismusdebatten oftmals unsichtbar. Dies soll nicht den bestehenden strukturellen und Alltagsrassismus der deutschen Mehrheitsgesellschaft nivellieren, sondern die einzelnen Nuancen von unterschiedlichen Rassismen sichtbar machen, die immer coexistieren. Bei etwa einer halben Million hier lebender Menschen mit alevitischer Konfession und den von ihnen strukturell täglich doppelt erfahrenen Rassismen von sunnitischer und weißdeutscher Seite ist das nicht mehr weg zu relativieren, und von diesen Minderheiten gibt es weitere, etwa Bahai, Ësid:innen, Aramäer:innen, Armenier:innen etc. Auch in jeweiligen migrantischen Communities existieren beachtliche Hierarchien sowie Mehrheits-, Macht- und Dominanzverhältnisse, auch hier gibt es Privilegien, die sich durch Status, Klasse oder Religion ergeben und für Außenstehende nicht ohne Weiteres erschließbar sind. Denn »weiß« und »Schwarz« als politische oder soziale Disposition erschließt sich eben nicht durch Hautfarbe, sondern durch

Herrschaftssysteme und Machtverhältnisse. Die Kategorie »weiß«, weil zum Beispiel die elitäre Schicht von Menschen in der Türkei genauso privilegiert sein kann wie privilegierte weißdeutsche Menschen aus dem bürgerlichen Milieu, weshalb man diese aus der marginalisierten Perspektive auch »weiße Türken« nennt. Oder die Privilegien, die beispielsweise muslimischen Befürworter:innen der reaktionären islamistischen Partei AKP seit Jahren zugutekommen, die neben ihren Rassismuserfahrungen innerhalb der weißen Mehrheitsgesellschaft – das sollte man nicht vergessen – eindeutige Privilegien in der Türkei und durch entsprechende Vernetzungen auch hierzulande innerhalb muslimischer Communities genießen. Wir müssen auf die verschiedenen Nuancen von Rassismus und Diskriminierung schauen, denn *das* bedeutet Intersektionalität: der Bereich der Mehrfachdiskriminierung, bei der verschiedene Ebenen von Rassismus und Sexismus zusammenkommen. Diese müssen wir selbst erkennen und gemeinsam sichtbar machen – und verändern.

Die hier dargelegten Beispiele der Stationen von Rassismus, die ich mit meinem alltäglichen Lebensexpress durchkreuze, gehören zu den wenigen, die ich hier benannt habe. Ich möchte damit marginalisierte Menschen sichtbar machen, ihnen zeigen, dass sie nicht allein sind mit ihrer Betroffenheit von Rassismus und Ausgrenzung. Durchs Schreiben, durch Kunst und durch Musik. Word. And Squirt. One Love.

Ali Can

Mit zwei Seelen und in Vielfalt geeint

Im Sommer 2018 fand die Fußballweltmeisterschaft statt, und nach dem vorzeitigen Scheitern der deutschen Nationalelf flammte eine hitzig geführte Debatte auf: Die mediale Aufmerksamkeit kreiste bereits Wochen vor dem Turnier um ein Foto des türkischen Präsidenten Erdoğan mit den türkeistämmigen Fußballstars Mesut Özil und Ilkay Gündoğan, die auch bei der WM für Deutschland spielten. Unabhängig von deren jeweiligen Motiven, vernahm ich in der folgenden Auseinandersetzung eine deutlich rassistische Kritik aus breiten Teilen der Gesellschaft – eine Kritik, die zugleich das verkrustete Verständnis von Integration und Deutschsein offenbarte.

Als dieses Foto omnipräsent war, stand die AfD plötzlich nicht mehr alleine da. Ob der Sender ProSieben, Fußballexpert*innen wie Lothar Matthäus, ob der damalige Co-Chef des Deutschen Theaters in München, Werner Steer, der SPD-Politiker Bernd Holzhauer oder viele andere – Personen und öffentliche Stellen äußerten oder verhielten sich rassistisch in der Causa Özil. Als hätte es nur ein Ventil gebraucht, um in die rassistische Trommel zu schlagen und die Mär von der selbstbewussten Multikulti-Nation zu widerlegen.

Wie auch immer man zu Özil stehen mag: Er sprach in seinem nach der WM veröffentlichten Statement unter anderem von seinen Rassismuserfahrungen, der mangelnden Solidarität und davon, dass in seiner Brust eben zwei Herzen schlagen. Natürlich ist letzteres kein gutes Argument gegen den Vorwurf, mit Erdoğan problematische Fotos zu machen, sei verantwortungslos. Doch das Bild von den zwei Herzen ist deshalb so bedeutend, weil es ein plurales Heimat- und Identitätsverständnis voraussetzt – aus dem Munde eines

Nationalspielers wirkte dies für viele wie ein Affront, ja: eine Illoya-lität: Ja nun, man muss sich doch entscheiden! Türkei oder Deutsch-land. Was ist er denn nun für ein *Landsmann*? »Dann soll er doch zurück«, war nicht selten in den Kommentarspalten zu lesen.

Ich spürte bei Freund*innen, Bekannten, Verwandten und im Netz einen Schock wie auch eine lang aufgestaute Unzufriedenheit. Für mich war klar, ich wollte mich gegen den Zwang, *eine* Zuge-hörigkeit zu *einem* Land empfinden zu müssen, wehren. Gegen ein verstörend enges Korsett für hybride Identitäten. Denn nicht nur, dass jemand wie Özil aufgrund, nennen wir es mal: eines Fehlers verbal ausgebürgert wurde. Viele weiße Deutsche ohne Migrations-hintergrund zeigten wieder einmal, wie gut sie doppelte Maßstä-be anzuwenden wissen. Für mich hat der folgende Satz aus Özils Statement das jahrzehntelange Verständnis von Integration und Deutschsein und den allgegenwärtigen doppelten Maßstäben auf den Punkt gebracht: »Wenn wir gewinnen, sind wir Deutsche, wenn wir verlieren, sind wir Immigranten.«

Dieser Satz brannte sich mir ein, weil ich ihn so ähnlich selbst schon mal gedacht hatte und, wie sich bei der späteren #MeTwo-Kampagne zeigte, auch viele andere mit einer vergleichbaren Bio-graphie.

Mit der Rassifizierung und Skandalisierung der Causa Özil im Sommer 2018 tat sich für mich ein Raum zur politischen Refle-xion von doppelten Maßstäben auf: Werden wir Migrant*innen nie deutsch sein, weil das gar nicht in unserer Hand liegt? Wurde ich mal rassistisch ausgegrenzt oder beleidigt, weil ich mich nicht an das Bild des Mustermigranten hielt und nicht gut »lieferte«? Gab es Situationen, in denen ich mich zwischen zwei Kulturen oder Natio-nen entscheiden musste? Fühlte ich mich erst mit überdurchschnitt-lich guten Leistungen und sehr gutem Deutsch genauso viel wert wie ein weißer Deutscher ohne Migrationshintergrund? Wer sagt eigentlich, dass jemand integriert ist, wann, warum und vor allem was legitimiert jemanden, diese Aussagen zu treffen? Diesen Fra-gen bin ich in meinem zweiten Buch (»Mehr als eine Heimat. Wie ich Deutschsein neu definiere«, Dudenverlag) nachgegangen und erst beim Schreiben habe ich gemerkt, wie auch ich diese doppelten Maßstäbe internalisiert und mich in der Vergangenheit bemüht habe, mich entsprechend anzupassen. Es tat weh zu verstehen, wie ich die deutsche Richterperspektive verinnerlicht hatte. Aber es war auch eine Befreiung, weil ich das Korsett ablegen konnte.

Zurück zu Özil. Er war jahrelang ein Publikumsliebling gewesen, in den Augen vieler *der* Vorzeigemigrant, der mit dem Adler auf der Brust Deutschland vertreten und Bilder mit Merkel machen durfte. Er war zuvor interessanterweise sogar mit dem Integrationsbambi ausgezeichnet worden – obwohl er im »Pott« geboren und in Deutschland aufgewachsen ist. Dass selbst jemand wie Özil, der »für Deutschland so viel geleistet hatte«, auf einmal zurück in seine vermeintliche Heimat gehen sollte, bewegte mich. Er war nur solange akzeptiert, wie er den Deutschen gefiel. Die Causa Özil hat einiges in mir ausgelöst und letztlich zu der antirassistischen Kampagne #MeTwo geführt. Zum einen ist da das ähnliche Empfinden von Heimat wie bei Özil: ich habe mehrere Heimaten – diese Pluralform gibt es übrigens im Duden. Meine Heimat im Südosten der Türkei – dort bin ich geboren – schmeckt anders als meine Heimatgefühle in NRW und in Hessen – Orte, an denen ich jeweils ein Jahrzehnt gelebt und geliebt habe.

Auch ich erlebte, dass andere sich anmaßten, mich zu beurteilen, ob ich in der Gesellschaft integriert bin – besonders dann, wenn sie mich nicht für angepasst hielten. Wir alle, die einen sichtbaren Migrationshintergrund haben, spüren den paternalistischen Umgang der Mehrheitsgesellschaft mit uns. Das zeigt sich häufig bereits in Kommentaren wie »Du sprichst gutes Deutsch!« oder »Du bist ja anders, du bist integriert.« Wenn man einen groben Fehler macht, der bei weißen Deutschen erst gar nicht kulturell gedeutet würde, ist man nicht gut integriert. Beispiel Pünktlichkeit: Renate und Gundolf wären immer noch integriert, egal wie oft sie zu spät kämen. Keiner würde auf ihre Kultur zu sprechen kommen. Doch die ungleiche Behandlung zeigt sich nicht nur in solchen

Alltagssituationen: Weiße Deutsche ohne Migrationshintergrund sind mehr privilegiert als Schwarze und People of Color mit Migrationsgeschichte, sodass erstere sogar dann selbstverständlich zu Deutschland dazugehören, wenn sie kriminell handeln. Uli Hoeneß wäre mit seiner millionenschweren Steuerhinterziehung ein gutes Beispiel dafür, von milliardenschwerem Steuerbetrug durch Cum-Ex-Geschäfte ganz zu schweigen. Hat jemals irgendwer Uli Hoeneß schlechte Integration attestiert? Wenn wir also gegen Rassismus kämpfen, müssen wir auch Konzepte wie Integration oder Deutschsein in den Blick nehmen, denn auch in ihnen wurzelt eine rassistische Grundannahme.

Als Migrant*in könnte man meinen, man müsse sich doch nur genug anstrengen. Man versucht vielleicht, auf allen Wegen deutsch zu sein, Klischees zu erfüllen, sich anzupassen, »nett« zu sein. Aber die bittere Wahrheit ist, dass man nie deutsch werden kann, solange man die Deutungshoheit an die weiße Mehrheitsgesellschaft abgibt, sich rassifizieren lässt und beugt. Und selbst wenn man sich als deutsch versteht, formal voll anerkannt wird dank dem deutschen Pass: Das schützt nicht vor Alltagsrassismus und struktureller Benachteiligung. Wozu also deutsch sein wollen? Jeder Mensch, egal ob er oder sie einen deutschen Pass hat oder nicht, sollte vor Rassismus geschützt sein.

Ich dachte nach den ganzen Rassismen im Zuge der Causa Özil: Es muss jetzt einen Aufschrei geben, wenn selbst beim beliebten und berühmten Özil solch eine Kehrtwende im Umgang mit ihm passieren kann. Es musste für alle deutlich gemacht werden, dass Millionen Menschen diese zwei Seelen in ihrer Brust haben. Auch ich habe diese zwei Seiten, doch wegen der türkisch-kurdischen Seele, wegen meines sichtbaren Migrationshintergrundes, wurde ich benachteiligt, ausgegrenzt oder »ge-othert« – um diesen etwas akademischen Jargon aufzugreifen. Ich habe mehr als eine Identität, eine plurale, hybride Identität und als solche will ich die gleichen Chancen haben, mich zu entfalten, wie weiße Deutsche ohne Migrationshintergrund. Ich bin deutsch und gleichzeitig etwas anderes.

Das ist ein neues Verständnis von Deutschsein. Das sahen andere genauso, doch wurden wir Zeit unseres Lebens wegen unserer Hautfarbe, wegen unseres Namens usw. benachteiligt oder ausgegrenzt. Diesen Umstand hatten Künstler*innen bereits vor mir angedeutet, auch Schriftsteller*innen wie Semra Ertan. Doch als die öffentliche Stimmung brodelte, wollte ich einen Raum für *meine* Kritik schaffen.

Ich stand im Kontakt mit dem Online-Magazin *Perspective Daily*, hatte dort bei einem Interview die Journalistin Juliane Metzker kennengelernt. Ich rief sie im Hochsommer 2018 an und sagte »Lass uns was machen, das mit Özil ist heftig!« Daraus entstand ein Kommentar von mir, in dem ich sagte, dass es reif für ein MeToo der Menschen mit Migrationshintergrund ist. Freund*innen fragten mich: »Was ist denn der Hashtag für den Aufschrei, den du einforderst? Gibt es den?« Kurz war ich gedanklich bei MigToo (für Migrationshintergrund), aber für mich ging es immer auch um die verschiedenen Facetten einer Identität, um die zwei Seelen – daher haben Juliane und ich weiter nachgedacht. Am Ende gewann #MeTwo. Innerhalb weniger Tage beteiligten sich Zehntausende Menschen an dieser Bewegung, sie löste in Österreich und anderen Ländern eigene #MeTwo-Debatten aus.

Es war ein hartes Stück kritischer (Selbst-)Reflexion, ebenso die Leistung von anderen Diskutant*innen, Aktivist*innen und Forscher*innen, bis ich meine Meinung über Integration und Deutschsein geändert und mich von dem paternalistischen Umgang befreit hatte. Es war enorm, was die #MeTwo-Debatte geleistet hatte. Erst bei #MeTwo habe ich mich beispielsweise tiefergehend mit Intersektionalität und White Fragility beschäftigt. Es war wichtig, was #MeTwo geschaffen hatte: Raum für uns. Und das erste Mal wurden wir für mehrere Wochen und Monate gehört. Noch immer stehen tausende Erfahrungsberichte unter #MeTwo online.

Viele Menschen, die mich von meiner ersten Aktion kannten, waren etwas verwundert. Es schien, dass ich meinen aktivistischen Ansatz geändert hatte. 2016 hatte ich noch eine Hotline für besorgte

Bürger*innen, also jene, die Ängste und Sorgen vor Einwanderung und Flüchtlingen hatten, eingerichtet. Menschen mit Vorurteilen, auch aus dem Pegida-Umfeld, konnten mich kostenlos anrufen, ihre Meinung loswerden und dann habe ich im Gespräch versucht, ihnen meine Perspektive zu schildern – um kritische Denkprozesse in Gang zu setzen. Ich habe anderen Empfehlungen gegeben, wie sie mit rechten Sprüchen in der Familie oder im Freund*innenkreis umgehen können. Ich hatte nämlich die Erfahrung gemacht, in vielen persönlichen Begegnungen und langen Gesprächen Menschen erreicht zu haben und etwas bei ihnen zu verändern, aber auch selbst geduldiger und verständnisvoller zu sein, wenn ich zuließ, dass sich ein längeres Gespräch entwickelte. Ich versuchte Fragen zu stellen und die Annahmen meiner Anrufer*innen zu hinterfragen. Ich glaube daran, dass es etwas bringen kann, Menschen zur Reflexion anzuregen, an das Gewissen und die Empathie der Menschen zu appellieren. Natürlich klappt das nicht so schnell, wie man es gerne hätte und bei weitem nicht so oft wie gewünscht. Doch eines lernte ich: die wenigsten meiner Gesprächspartner*innen wollen schlechte Menschen sein. Und da mochte ich gerne ansetzen und sie zu einem diskriminierungsärmeren Umgang anregen.

Allerdings war ich am Anfang der Hotline-Zeit gesprächsbereiter als bei der #MeTwo-Kampagne. Ich habe einen Lernprozess durchgemacht und meine Grenzen zu problematischen Gesprächssituationen geschärft. Ich lasse mich nicht mehr instrumentalisieren und will keine Bühne für die Verbreitung von Rassismus bieten. Das Setting ist entscheidend: Bei Wanderungen, bei Konzerten, in der Nachbarschaft, bei Familienfeiern gibt es oft einen Rahmen, in dem Gespräche mit rechtsgesinnten Andersdenkenden gelingen können – ohne dass unsichere Zuhörer*innen von ihnen überzeugt werden. Doch sobald es sich um öffentliche Settings handelt, gilt Vorsicht. Es braucht eine Moderation oder Kontrolle über das Gespräch, das Prüfen von Fakten und auch die Betroffenenperspektive. Insofern rede ich zwar mit besorgten Bürger*innen, aber nicht um jeden Preis und schon gar nicht mit Funktionsträger*innen, die aus Kal-

kül eine Plattform zur Verbreitung menschenfeindlicher Gedanken
suchen. Zu diesem Lernprozess hat unter anderem #MeTwo beigetragen. Und zu #MeTwo haben wiederum andere Aktivist*innen
beigetragen. Ich wünschte, wir würden öfter verstehen, wie wichtig
ein interner Lernprozess ist. Gäbe es nur noch mehr Räume, wo sich
BIPoC treffen, einander Impulse geben und gegenseitig sensibilisie-
ren, hätten wir noch mehr Aktivist*innen, die selbstbewusster sind
und andere BIPoC empowern würden.

Ich hatte schon immer unterschiedliche Ansätze zur Lösung gesellschaftlicher Probleme. Doch #MeTwo wurde für mich der wichtigere Ansatz, weil er die Opfer von Rassismus in den Blick nahm
statt die Täter*innen. Im Vordergrund steht nun immer öfter die
Erlebniswelt der Betroffenen und deren Forderungen, nicht die der
Besorgten. Das ist auch in der öffentlichen Wahrnehmung der Fall –
Eine positive Entwicklung dank harter Arbeit!

Ich war immer Einzelkämpfer, weil ich nie in einer Institution
arbeiten wollte, die nur einen einzigen Ansatz hat. Das hätte mich
ebenfalls eingeengt. Ich habe es nie gemocht, wenn man nur eine
einzige Lösung für ein komplexes Problem erwartete. Um in meinem Aktionsradius flexibel zu bleiben, wollte ich mich auch nie
einer Parteilinie anpassen müssen. Bei #MeTwo ging es um Empowerment von Menschen, die von Rassismus betroffen sind. Die
Dialogprojekte zuvor sollten dagegen Stereotype aufbrechen und
zu einem argumentativen Umgang mit Rechten befähigen. Unsere
Großdemo »Gegen Rassismus im Bundestag« 2017 zielte auf ein
wichtiges, öffentliches Zeichen hin, adressiert waren Politiker*innen. Ich glaube daran, dass der Kampf gegen Rassismus ein Geflecht
aus zusammenwirkenden, unterschiedlichen Ansätzen ist.

Ein neueres Projekt wiederum ist kein Netz- oder Telefonpro-
jekt, sondern täglich in Essen anzutreffen. Gemeinsam mit meinem
guten Freund Reinhard Wiesemann und der von ihm gegründeten
VielRespektStiftung habe ich am 19. Januar 2019 das VielRespekt-
Zentrum in Essen eröffnet – als einen Ort, an dem Respekt und
Vielfalt zu erleben sind. Denn über Rassismus zu reden ist das eine,

Antirassismus zu leben und zu üben das andere. Und dafür braucht es konkrete Orte.

Das Hauptmerkmal des Zentrums: Im Sinne von Vielfalt und Respekt stellen wir kostenlos Räume, Equipment und Gelder für Engagierte zur Verfügung, vor allem für Initiativen, die sich für marginalisierte und rassifizierte Gruppen einsetzen. Unser Videostudio kann genutzt werden, es gibt Co-Working-Plätze und/oder auch mal Gelder. Themen sind übrigens nicht nur Rassismus, sondern auch sexuelle und geschlechtliche Vielfalt, Altersdiskriminierung, Feminismus etc. Hinzu kommen konkrete Pläne für eine Aktivist*innen-Haus-WG in Essen, in der ich mit anderen Menschen, die sich auf unterschiedliche Weise für Diversity einsetzen, leben möchte. In einem Mehrgenerationenhaus wird es Möglichkeiten zum Engagement geben.

Was ich mit dem Aufzählen dieser Projekte sagen möchte: Wir erleben in den letzten Jahren eine fortschreitende Emanzipation und Selbstermächtigung von Schwarzen und People of Color. Ich gehöre zu einer neuen Generation, für die das Thema Rassismus im jungen Alter eine sichtbarere und zunehmend wichtigere Rolle spielt, weil wir öffentlich immer öfter von Rassismus sprechen und uns wehren. Wir sind eine Generation, die sich nicht mehr dem rassistischen Integrationsbegriff unterordnen und sich nur anpassen will. Wir lösen uns von alten Begriffen und Konzepten. Wir bekleiden Ämter und Positionen in viel größerer Zahl und viel selbstverständlicher. Wir kommen immer stärker zu dem, was #MeTwo sagen möchte: Verabschiedung von kultureller Eindeutigkeit.

Die *Black Lives Matter*-Bewegung hat eindrucksvoll gezeigt, dass sich inzwischen 14-Jährige mit Rassismus auseinandersetzen und auf die Straße gehen. Immer mehr fangen einfach mit eigenen Ideen und Projekten an, ohne sich in langsam mahlende Mühlen, in Organisationen zu begeben, in denen sie erst Hierarchien durchlaufen zu müssen. Viele Einzelpersonen sorgen auch für vielfältige Perspektiven. Ich bin überzeugt davon, dass wir viele Ansätze nebeneinander brauchen, um die Gesellschaft zu verändern und Rassismus zu mini-

mieren. Viele Einzelne probieren sich aus mit Demos, Kundgebungen, Kunst, Musik, Ausstellungen, im Netz, Instagram-Beiträgen,
Twitter-Blogs, Facebook-Seiten – und bleiben dabei nicht einzeln.
So schaffen sie mit vielseitigen Formen ein Gegengewicht zu dem
gleichzeitigen Erstarken von rechtspopulistischen Kräften. Dazu gehören auch die Beratung für Betroffene, vorpreschende Aktivist*innen, öffentlichkeitswirksame Stunts, Wissenschaftler*innen mit Migrationsgeschichte – wir brauchen all diese Aktionen und müssen
uns als Verbündete verstehen. Das heißt also nicht, dass wir den
Ansatz des anderen immer gutheißen müssen, aber zu verstehen,
dass kein einziger Ansatz an »allen Fronten« etwas leisten kann, hilft
dabei, dass wir uns nicht gegenseitig lähmen. Denn zu oft vergeuden
wir noch unsere Energie mit der Kritik an Mitaktivist*innen, anstatt
sie gegen Rassismus einzusetzen. Die Leistung der Aktivist*innen in
der Vergangenheit darf hierbei auch nicht in Vergessenheit geraten,
schließlich bauen Debatten und Handlungen aufeinander auf. Vor
#MeTwo gab es andere Hashtags, vor Özil andere Opfer, vor uns
und den BLM-Protesten andere Menschen, die sich engagiert haben
– schon vor 20, 30 und 40 Jahren. Ihnen gilt unser Dank, sie hatten
es schwerer. Und an uns liegt es, neue Möglichkeiten und Ansätze zu
entwickeln, um Rassismus endlich zu verbannen.

Eymen Nahali

Immer noch fremd im eigenen Land?

Rap als Widerstandsform

»Ich habe einen grünen Pass mit 'nem goldenen Adler drauf.
Dies bedingt, dass ich mir oft die Haare rauf.
Jetzt mal ohne Spaß: Ärger hab' ich zu Hauf.
Obwohl ich langsam Auto fahre und niemals sauf…
Ist es so ungewöhnlich, wenn ein Afro-Deutscher seine Sprache
    spricht.
Und nicht so blass ist im Gesicht? Das Problem sind die Ideen im
    System:
Ein echter Deutscher muss auch richtig deutsch aussehen
Und wenn es drauf ankommt, kämpfe ich Auge um Auge, Zahn um
    Zahn.
Ich hoffe die Radiosender lassen diese Platte spielen.
Denn ich bin kein Einzelfall, sondern einer von vielen.
Nicht anerkannt, fremd im eigenen Land.
Kein Ausländer und doch ein Fremder«.

Advanced Chemistry:
Fremd im eigenen Land, 1992

Dies sind Zeilen des Songs *Fremd im eigenen Land*, mit dem die aus Heidelberg stammende HipHop-Gruppe Advanced Chemistry in den frühen 1990er Jahren ihren ersten kommerziellen Erfolg hatte. Advanced Chemistry waren Frederick Hahn alias Torch, der mütterlicherseits haitianischer Abstammung ist, Toni L., der als Kind italienischer »Gastarbeiter« in Deutschland aufwuchs, und Linguist, dessen Vater in Westafrika geboren wurde. Die Gruppe gründete sich 1987 und setzte sich in ihrer Musik kritisch mit ihrer eigenen kulturellen Identität auseinander, aber vor allem mit den unterschiedlichen Formen von Rassismus, die ihnen im Alltag immer wieder begegneten. Rassistische Polizeikontrollen, negative An-

spielungen auf ihre Hautfarbe, Diskriminierung in Schulen und auf
dem Wohnungsmarkt sowie die immer wieder aufkommende Frage
nach ihrer Herkunft sind die Inhalte ihrer Musik gewesen, ebenso
wie rechtsextreme Übergriffe und der notwendige Zusammenhalt
innerhalb der migrantischen Community. Sie spiegelten in ihren
Liedern eine Zeit wider, in der die Unions-Parteien vor der Gefahr
der »Überfremdung« warnten und Unterkünfte von Geflüchteten
durch Neonazis wie beispielsweise in Rostock-Lichtenhagen und
Hoyerswerda in Brand gesetzt wurden. Rap als Musik verließ zu Beginn der 1990er Jahre die Jugendsubkultur der HipHop-Szene, die
sich besonders durch Breakdance und Graffiti auf der Straße oder
in Jugendzentren abspielte und durch die Etablierung der Musik-
sender MTV und Viva plötzlich für eine breitere Öffentlichkeit zugänglich war.

»Ich rapp' für meinen Bruder, denn ich könnte auch das Opfer sein
Falscher Ort, falsche Zeit – da hilft dir auch nicht tapfer sein.
Wie viel Blut muss fließen in innerdeutschen Krisen.
Alter, schau die letzten Jahre haben das mir zu oft bewiesen
Dass die Menschen sich erheben, wenn die Leute nicht mehr leben.
Doch dann ist es zu spät, ihr solltet öfters drüber reden.
Also sag wie ist das möglich? Mal ist es doch tödlich
Gerechtigkeit, denn nicht nur Adriano hat es nötig«.

Afrob: Letzte Warnung, 2000

In der Nacht vom zehnten auf den elften Juni im Jahr 2000, also
acht Jahre nach der Veröffentlichung von »*Fremd im eigenen Land*«,
prügelten die drei Neonazis Christian R., Frank M. und Enrico H.
in Dessau auf den aus Mosambik stammenden Vertragsarbeiter Alberto Adriano ein und verletzten den dreifachen Familienvater so
stark, dass er am 14. Juni im Krankenhaus seinen Verletzungen er-
lag. Rap ist zu diesem Zeitpunkt von einer Untergrundbewegung
zu einem Teil deutscher Popkultur geworden, und eine Vielzahl
von HipHop-Künstler*innen mit Migrationshintergrund wurde
von Major-Labels wie *Universal* oder *Sony BMG* unter Vertrag genommen. Millionen Einheiten von Tonträgern wurden in diesem

Zeitraum verkauft und Rap-Videos liefen auf Rotation im deutschen Musikfernsehen.

Die Ermordung von Alberto Adriano führte jedoch dazu, dass sich noch im selben Jahr die Initiative *Brothers Keepers* gründete, ein Zusammenschluss von überwiegend afrodeutschen Rap-Künstlern mit dem Ziel, durch Musik auf die steigenden rechtsextremen Tendenzen und Gewalttaten in Deutschland aufmerksam zu machen. Neben Künstlern wie Samy Deluxe, Afrob, Seed, D-Flame, Gentleman, Denyo77, Nosliw und Torch waren auch internationale Weltstars wie Ziggy Marley, der Sohn von Bob Marley, oder der senegalesische Sänger und Komponist Youssou N'Dour Teil der *Brothers Keepers*. Im Jahr 2001 erschien deren erstes Album *Lightkultur* und die Single-Auskopplung *Adriano (Letze Warnung)*, die Platz 5 der deutschen Charts erreichte. Die Erlöse der veröffentlichten Musik wurden an die Familien der Opfer rechter Gewalt gespendet. 2002 machten die *Brothers Keepers* eine Konzerttour an Schulen, um in einen direkten Dialog mit Schüler*innen treten zu können und präventiv das Thema Rassismus aufzugreifen.

»Einigkeit, Recht und Freiheit
Alles, was wir wollten hier in diesem Land
In Frieden miteinander leben
Uns die Hände geben, Blumen anstatt Waffen
Menschen bezahlen mit dem Leben aufgrund ihrer Herkunft
Ich kann es nicht fassen
Im Jahre 2020 ist Rechtsextremismus noch immer 'ne Plage, ey
Limburg, Fulda, Kassel, Hanau oder Halle
Dass die AfD im Bundestag sitzt, ist eine Schande
Kein Platz für Rassismus, ich halte dagegen
Solange ich lebe und atme
Zehn Menschen verloren ihr Leben
Doch bleiben bestehen, im Herzen 'ne Narbe«

Azzi Memo: Bist du wach, 2020

Wir schreiben das Jahr 2020, also 19 Jahre nach der Gründung von *Brothers Keepers* und 28 Jahre nach der Veröffentlichung von »Fremd in eigenen Land«. Im hessischen Hanau werden innerhalb von zwölf

Minuten in zwei Shisha-Bars und auf offener Straße neun Menschen
erschossen. Der 23-jährige Ferhat Unvar ist als Kind kurdischer Eltern in Deutschland geboren und aufgewachsen. Er hatte gerade
eine Ausbildung zum Gas- und Wasserinstallateur abgeschlossen.
Die 35-jährige Mercedes Kierpacz war eine Romni mit deutscher
Staatsangehörigkeit und hinterlässt zwei Kinder. Medienberichten
zufolge war sie mit einem dritten Kind schwanger. Der 30-jährige
Sedat Gürbüz war Besitzer einer Shisha-Bar. Der 37-jährige Gökhan
Gültekin und der 20-jährige Hamza Kurtović, der beim Warten auf
seinen Freund an einer Bar starb, wurden genauso wie ihre Ge-
schwister in Deutschland geboren. Der 33-jährige Bulgare Kaloyan
Velkov hinterlässt einen kleinen Sohn, der 23-jährige Rumäne Vili
Viorel arbeitete für einen Kurierdienst in Hanau. Der 21-jährige Said
Nesar Hashemi war als Deutsch-Afghane in Hanau aufgewachsen
und besaß eine doppelte Staatsbürgerschaft. Er war ausgebildeter
Maschinen- und Anlagenführer. Sein 23-jähriger Bruder überlebte
mit schweren Verletzungen. Der 34-jährige Fatih Saraçoğlu war vor
drei Jahren aus Regensburg nach Hanau gezogen und starb ebenso
in der Shisha-Bar. Die 72 Jahre alte Gabriele Rathjen wurde in ihrer
Wohnung erschossen. Sie war die Mutter des Täters und die letzte
Person, die von Tobias Rathjen an diesem Tag ermordet wurde. In
einem Video im Internet begründete Rathjen seine Tat mit rassistischen Theorien und verwendete rechtsextreme Argumentationen,
in denen er unter anderem »reinrassige« Deutsche von »Passdeut-
schen« unterschied. Ein Großteil der Menschen, die in Hanau ihr
Leben ließen, hatte einen »Pass mit einem goldenen Adler drauf«.
Rap wird auch ein Teil des Lebens, ein Soundtrack des Lebens dieser
jungen Menschen gewesen sein, das am 19. Februar 2020 so plötzlich beendet wurde.

Der aus Hanau stammende Rapper Azzi Memmo vereinte auf
dem Benefiz-Song *Bist du wach* achtzehn unterschiedliche Akteur*innen des deutschsprachigen Rap, die sich damit alle musika-
lisch zu diesem fürchterlichen Ereignis zum Ausdruck brachten. Beteiligt waren unter anderem Nate57 aus Hamburg, der angolanische

Wurzeln hat; die Frankfurter Rapper Celo und Abdi, die Kinder von marokkanischen und bosnischen Einwanderern sind; Hanybal, der einen ägyptischen Vater hat; Kool Savas, dessen Vater ein türkischer Exilant ist; Mortel, der als Kind vor dem Bürgerkrieg im Kongo geflüchtet war und seitdem in Trier lebt; Sinan-G und Rapper Milonair, die persischer Herkunft sind; der Kurde Veysel und die Sängerin Rola, deren Mutter aus Ghana und deren Vater aus dem Libanon stammt, beteiligten sich an diesem Benefiz-Song ebenso. Die Liste der Interpreten des Stücks ist so vielfältig wie die Liste der Opfer, die in diesen 12 Minuten ermordet wurden.

Ein Großteil der Menschen, die heute Rap-Musik machen, bilden eine Identifikationsfläche für viele Jugendliche, die Rap als Teil ihrer Jugendkultur leben und erleben. Sie können sich selbst in der Diversität der Akteure und ihrer Geschichten wiederfinden. In Menschen, die ähnliche Lebenserfahrungen gemacht haben, Menschen, die die gleichen äußerlichen Erscheinungsmerkmale haben, Menschen, die durch familiäre Sozialisation eine ähnliche kulturelle Prägung erleben, Menschen, die in ihrer Musik nicht nur die deutsche Sprache, sondern auch türkische, arabische, kurdische oder andere vertraute Dialekte und Klänge nutzten. Aber vor allem ermöglicht Rap-Musik jungen Menschen, sich zum Ausdruck zu bringen, sich mitzuteilen, durch Rap ist es für sie möglich, etwas loszuwerden. Rap ist ein Medium, das Inhalte und Emotionen transportieren kann und somit auch eine Kommunikationsform ist, für die es eigentlich keine sprachlichen Barrieren gibt. Durch Rap kann eine Auseinandersetzung mit sich selbst ermöglicht werden, aber auch mit äußeren Einflüssen, denen junge Menschen bereits früh ausgesetzt sind. Er kann Handlungsfähigkeit im Umgang mit Rassismus oder anderen Formen von Diskriminierung sein und schon in der frühen Adoleszenz reflexive Prozesse anregen. Zum Rappen wird keine musikalische Vorerfahrung oder ein entsprechendes Gesangstalent benötigt und Rap ist daher sehr leicht zugänglich und erlernbar. Rap ist heute mit Abstand die beliebteste Musikrichtung unter Jugendlichen und nach Schlager auch die kommerziell erfolgreichste Musikrichtung in

Deutschland. Gegenwärtig hat das Zeitalter der Digitalisierung und der Sozialen Medien Rap für sich eingenommen. MTV und Viva wurden schon vor Jahren von YouTube, Spotify und Instagram abgelöst. Was die Veröffentlichung von Musik speziell auch für junge Menschen, die nur über begrenzte Mittel verfügen, enorm vereinfacht hat. Tonstudios gehören mittlerweile zur Standardausstattung in deutschen Jugendzentren und auch die Kosten für Videoproduktionen sind im Vergleich zu den 1990er Jahren rapide gesunken. Über Social-Media-Kanäle können junge Menschen heute direkt ihren Lieblingsinterpreten folgen, zugleich ist es für sie möglich, über diese Kanäle ihre eigene kleine Fangemeinde aufzubauen, ihre eigenen Inhalte zu teilen und vielleicht sogar mit einer eigenen Produktion »viral« zu gehen. Die digitalen Veränderungen haben in der Musik eine breitere Partizipation geschaffen, von der Rap als Kunstform der gesellschaftlich Unterdrückten enorm profitiert. Doch die Mechanismen der Unterdrückung sind dreißig Jahre nach der Veröffentlichung von *Fremd im eigenen Land* noch immer dieselben. Wir müssen auch weiterhin über dasselbe rappen. So salonfähig wie Rassismus heute ist, war er für mich in meinem Deutschland noch nie – und die Lage spitzt sich weiter zu.

Im Juni 2019 wurde der Regierungspräsident von Kassel, Walter Lübcke, auf seiner eigenen Terrasse von einem Rechtsextremisten erschossen, weil er sich öffentlich für eine solidarische Flüchtlingspolitik ausgesprochen hatte. Auf das Büro des im Senegal geborenen Bundestagsabgeordneten Karamba Diaby wurden am 15. Januar 2020 mehrere Schüsse abgefeuert. Walter Lübcke hatte einen »Pass mit einem goldenen Adler drauf«, genauso wie Karamba Diaby einen Pass mit einem goldenen Adler besitzt. Seit meiner Geburt in Deutschland 1988 habe auch ich ein »Pass mit einem goldenen Adler drauf«, genauso wie die meisten der Kinder und Jugendlichen, mit denen ich täglich arbeite. Und ich frage mich: sind wir immer noch *fremd im eigenen Land*?

Fatih Çevikkollu

Die Minderheiten werden kippen

Leben ist Aushalten. In der Zwischenzeit, zwischen der Zeit also, die
so ist wie die Zeit zwischen Weihnachten und Silvester, warten wir
und halten aus. Wir warten auf die nächste Nachricht über einen
Anschlag, der uns aus der Warteschleife reißt, schmerzvoll und
doch ohnmächtig zusehend.

In der Zwischenzeit haben wir zu Hause im Warmen ganz fest
die Liebe zum Nächsten gefeiert, während an den Grenzen Europas
die Menschen schlicht erfroren sind an unserer Mitmenschlichkeit.
Wir haben uns ins Koma gegessen und getrunken ... Essen, um zu
vergessen.

Wir warten, auf Silvester, das dieses Mal mit der Besonderheit
des klimafreundlichsten Feuerwerks des Jahres daherkommt.

In der Zwischenzeit hängen wir bewegungsunfähig und träge
herum, irgendwo zwischen Atemnot und Apathie und versuchen,
das Gegessene zu verdauen, bis er wieder ans Kreuz genagelt wird.

Ja, es ist ermüdend, es ist kräftezehrend, aber am meisten ist
es desillusionierend. Das Warten. Die Desillusion besteht in dem
Glauben darin, dass es sich jemals verändern, geschweige denn verbessern wird. Wie ein kleines Kind, das irgendwann erkennt, dass
es weder den Weihnachtsmann noch Geschenke gibt, die von ihm
gekauft werden. Weihnachten ist einfach ein weiterer x-beliebiger
Vorwand, um die Konsummaschinerie auf Hochtouren zu halten.
Mit Liebe, Empathie und Solidarität hat das alles so viel zu tun wie
der berühmte Haken mit dem noch berühmteren Kreuz. Nichts.

In der Folklore der Anschlagsliturgie, die sich zusammensetzt
aus: dem Anschlag, der Betroffenheit, der angeschlossenen An-

schuldigungs- und Beschwichtigungshysterie, um wieder zurück in die Stille zu kehren, damit alles bereit steht für den Wiederanfang, befinden wir uns momentan in der Phase der Stille. Die Stille nach Halle, nach Hanau, nach George Floyd, die Stille vor dem Knall. In dieser Stille höre ich immer wieder die Frage, ob es bei uns auch sowas gibt, solch einen Kniefall?

Gut, wenn wir in Deutschland »Kniefall« hören, denken wir als erstes an Brandt. Willy Brandt in Warschau! Kniefall! Demut! Große historische Geste der Menschlichkeit!

Jetzt hat sich inmitten der Pandemie ein anderer historischer Kniefall zugetragen. In den Vereinigten Staaten hat sich ein weißer Polizist in den Nacken eines schwarzen Mannes namens George Floyd gekniet und ihn auf diese Weise umgebracht. Eine sprichwörtlich tiefe Geste der Unmenschlichkeit, ein Bild der Menschenverachtung, der Brutalität, des Rassismus. Ist das neu? Nein! Neu ist nur, dass es diesmal gefilmt wurde.

Raus aus der Apathie wird für eine kurze Zwischenzeit auch in Deutschland die Diskussion entfacht. Gibt es das bei uns auch? Polizeigewalt? Polizeibrutalität gar? Aber nein! Das gibt es hier nicht!

So wird es in der Mehrheit unserer Gesellschaft erzählt. In Deutschland gibt es keinen Rassismus. Und der Grund dafür ist so einfach wie plausibel: Die Öfen sind aus.

Bei uns in Deutschland, da gibt höchstens freundliche und unfreundliche Menschen, interessierte und desinteressierte, aufmerksame und unaufmerksame, aber es gibt keinen Rassismus. Ich kann das beweisen:

Wenn ich mich zum Beispiel um eine Wohnung bewerbe, sagen wir in Köln, in einem Viertel, in dem man gerne wohnt, wo es schön ist, wo nicht so viele Ausländer leben. Dann schaue ich in die Zeitung, finde die entsprechende Anzeige und melde mich da und sage: »Guten Tag, ich habe Ihre Anzeige in der Zeitung gelesen und wüsste gerne, ob die Wohnung noch zu haben ist.« Mein Gegenüber überrascht mich mit einer Gegenfrage und sagt: »Wie heißen sie denn?«

Und das ist natürlich sehr unhöflich von mir, dass ich meinen Namen nicht genannt habe! Also beeile ich mich und antworte: »Mein Name ist Çevikkollu«, sage ich, und er sagt: »Nein, die Wohnung ist schon weg.« Das ist jetzt wirklich kein Rassismus, sondern Interesse des Vermieters an dem Mieter, ganz einfach.

Jetzt brauche ich aber immer noch eine Wohnung und rufe 15 Minuten später nochmal an, allerdings muss ich mein Bewerbungsprofil dem Anforderungsprofil etwas anpassen, ich rufe ihn also an und wir wissen alle, was jetzt kommt. Er sagt, »wie heißen sie denn?« Was würdest du jetzt sagen? Jetzt könnte man es sich einfach machen und Müller, Meier oder Schmitz sagen, das sind drei der häufigsten deutschen Namen. Einfach können es sich aber nur privilegierte Menschen machen und außerdem funktioniert diese Finte auch nur bis zum Besichtigungstermin. Ich ziehe daher die sichere Variante vor und sage schlicht: »Goebbels!«

Du willst ja sicher gehen, dass du die Wohnung bekommst.

»Mit Gasanschluss?« – »Jawoll!«

Oder ein anderes Beispiel: Wenn ich in eine Verkehrskontrolle gerate und der Polizist zu mir, nachdem er meine Papiere kontrolliert und nichts zu beanstanden gefunden hat, sagt: »Wie kommt es, dass so ein Typ wie du sich so einen Wagen leisten kann?« Dann ist das kein Rassismus, das ist Neugierde! Und natürlich duzt der mich! Warum? Na weil er mein Freund ist! Mein Freund, und mein Helfer! Ich sage dann als Staatsbürger, der die Neugierde des Polizisten, der für uns alle arbeitet, also unser Angestellter ist, ganz freundlich und entspannt und souverän – es ist ganz wichtig, mit seinen Mitarbeitern sehr freundlich und entspannt und souverän zu reden, wie ein guter Chef eben, sonst sind die Angestellten total irritiert und denken noch, man hätte was gegen sie! – ich sage also ganz freundlich und entspannt und souverän auf die Frage: »Wie kommt es, dass ein Typ wie du sich so einen Wagen leisten kann? – »Ich weiß auch nicht, Herr Wachtmeister. Vielleicht, weil ich in der Schule aufgepasst habe?« Neugierde befriedigt, Fall abgeschlossen. Ich sehe da nirgendwo Rassismus!

Wenn heutzutage unser Innenminister – The artist formerly known as the Heimathorst – sich hinstellt und jegliche Untersuchungen zum Racial Profiling, also zu jener Praxis, bei der Menschen willkürlich, einfach aufgrund ihres Aussehens angehalten, kontrolliert, kriminalisiert, diskriminiert werden und so ausgeschlossen und abgelehnt werden, dann macht er das nicht, weil er denkt, dass es das nicht gibt, sondern, weil er wahrscheinlich weiß, wie schlimm die Lage tatsächlich ist und dass das unter keinen Umständen an die Öffentlichkeit gelangen darf. Mit dem Rassismus bei der Polizei ist es nämlich wie mit einem Eisberg: Man sieht nur die Spitze. Und natürlich ist jeder Eisberg ein absoluter Einzelfall.

Und genau dieser Heimathorst sprach davon, dass Migration die Mutter aller Probleme sei. Ein staatlich formulierter Rassismus, vielen Dank auch! Wie schön, dass die Geschichte sich so weitererzählen lässt, dass die Migration, die Mutter aller Probleme, das Problem selbst, nun die Lösung gefunden hat. Die Migration hat den Impfstoff gegen die Pandemie entwickelt. Dass jener geniale Geist aus Köln kommt und türkische Wurzeln hat und sein Vater bei Ford gearbeitet hat, erfüllt mich mit Freude auf so vielen verschiedenen Ebenen!

Der Kölner in mir ruft: *Da simmer dabei, dat is priiiimaaa!*

Der Türke in mir singt: *Hopa hopa şinanay şinanay nay, şinanay yavrum şınana nay.*

Der Gastarbeitersohn in mir sagt: *İyi işler babacığım.*

Es befinden sich in den vergangenen Zeilen genau die Sonderzeichen, die sich auch in den Namen von Uğur Şahin und Özlem Türeci wiederfinden, super ne?

Aber davon soll hier nicht länger die Rede sein. Die Frage bleibt, ob wir zukünftig immer erst anerkannt werden, wenn wir die Welt gerettet haben; und die dann noch viel wichtigere Frage ist, ob Wissenschaftler ohne internationale Biographie überhaupt irgendwelche Erfolge aufweisen könnten. Ich frage ja nur… Die Zukunft ist auf unserer Seite.

Es scheint in Deutschland in der Natur der Sache zu liegen, dass ein Land, das Migranten aufnimmt, diese erstmal davon abhält, an den großen Futtertrögen mit zu essen. Es ist nur eine Frage der Zeit – und an Zeit ist inzwischen schon Einiges vergangen, Kohl ist tot und Merkel ist praktisch raus –, dass irgendwann natürlich die Kinder und die Kindeskinder in dieser Gesellschaft in der ersten Reihe erscheinen. Das ist eine logische Konsequenz. Ein Teil von Deutschland scheint noch bei der Forderung nach Dankbarkeit steckengeblieben zu sein.

Die Zeiten sind vorbei, als es um Dankbarkeit ging. Jetzt, Freunde, reden wir mit und bestimmen mit, was auf den Tisch kommt. Das hat der Aladin schon sehr schön erkannt und beschrieben in seinem »Intergrationsparadox«.

Wir, das sind nicht nur all diejenigen, die an diesem Buch mitschreiben, das sind alle, die hier mitspielen – alle, die hier auch eine Vergangenheit haben und eine Zukunft haben werden, denn das Gegenteil von Zukunft ist nicht Vergangenheit, sondern Herkunft. Die Definition unserer Herkunft wird bestimmt von unserer Gegenwart und die ist nunmal sehr unterschiedlich und sie ist endlich auch selbstverständlich. Ja klar, die Mehrheiten werden kippen, aber keine Sorge, wir werden genau so nett zu euch sein wie ihr es zu uns wart.

Natürlich muss auch gesagt werden, dass die Erfolge von Uğur Şahin und Özlem Türeci in dieser Form vermutlich in der Türkei nicht stattgefunden hätten. Das liegt daran, dass wir, die wir hier in Deutschland leben, in einem guten System, mit einer guten Kinderbetreuung, eine gute Bildung genossen haben, hier unsere Fähigkeiten ausgebaut, unsere Potenziale haben fördern und fordern können, und bei allen gläsernen Wänden, die es gibt, gibt es auch den Fortschritt und die Stärke der Gemeinschaft durch ihre Vielfalt, und das sind wir! Es muss ja nicht jeder ein Eko Fresh werden, es reicht ja auch, ein Mehmet Daimagüler zu sein. Es muss ja nicht jeder Dr. B**** Ray sein, es reicht auch, nur ein Bülent Ceylan zu sein.

Euer Fatih Çevikkollu

Autorinnen und Autoren

Serdar Akin, Kommunalpolitiker und Stadtrat, Bündnis 90 / Die Grünen, Augsburg.

Emre Arslan, Professor für Sozialwissenschaften und Soziale Arbeit an der IU – Internationale Hochschule (Düsseldorf).

İbrahim Arslan, Überlebender des rassistischen Brandanschlags in Mölln (1992).

Esther Bejarano, deutsch-jüdische Überlebende des KZ Auschwitz-Birkenau, Musikerin, tritt seit 2008 als Sängerin von *Bejarano & Microphone Mafia* auf.

Joram Bejarano, Komponist und Musiker; tritt seit 2008 mit *Bejarano & Microphone Mafia* auf.

Karima Benbrahim, Leiterin IDA-NRW, Düsseldorf.

Kemal Bozay, Professor für Sozialwissenschaften und Soziale Arbeit an der IU – Internationale Hochschule (Standort Köln).

Ali Can, Sozialaktivist, Autor und Leiter des VielRespektZentrums, Essen.

Fatih Çevikkollu, Kabarettist, Köln.

Saba-Nur Cheema, pädagogische Leiterin der Bildungsstätte Anne Frank – Zentrum für politische Bildung und Beratung, Frankfurt.

Burak Çopur, Professor für Soziale Arbeit an der IU – Internationale Hochschule (Essen) und Lehrbeauftragter am Institut für Turkistik an der Universität Duisburg-Essen.

Mehmet Gürcan Daimagüler, MPA (Harvard), Rechtsanwalt, Siegburg.

Caleb Duczak, Lehramtsanwärter in den Fächern Philosophie und Sozialwissenschaften, Köln.

Canan Duran, Kulturwissenschaftlerin, Hamburg.

Eko Fresh, Rapper und Schauspieler, Köln.

Funda Göçer, Lehrerin für Geschichte und Praktische Philosophie, Köln.

Serpil Güner, Pädagogin und Masterstudentin, Köln.

Dîlan Karacadağ, freie Journalistin, arbeitet seit dem Anschlag eng mit den Überlebenden von Hanau zusammen, Frankfurt.

Gamze Kenger, Master of Education, Köln.

Romin Khan, Sozialwissenschaftler und Gewerkschafter ver.di, Berlin.

Memet Kılıç, Jurist und Politiker, Heidelberg.

Bengü Kocatürk-Schuster, Wissenschaftliche Mitarbeiterin von DOMiD – Dokumentationszentrum und Museum über die Migration, Köln.

İsmail Küpeli, Politikwissenschaftler, Journalist und Doktorand, Duisburg.

Orhan Mangitay, Doktorand an der Humanwissenschaftlichen Fakultät der Universität zu Köln.

Eymen Nahali, Sozialarbeiter, Anti-Gewalt-Trainer und Rapper, Dortmund.

Marvin Oppong, freier Journalist und Dozent, Bonn.

Rosario »Rossi« Pennino, Gründungsmitglied der Rapgruppe Microphone Mafia, Koch in einer Großkantine, Köln.

Massimo Perinelli, Referent für Migration, Rosa-Luxemburg-Stiftung, Berlin.

Reyhan Şahin aka Lady Bitch Ray, Dr., Rapperin, Linguistin und Autorin, Hamburg.

Çağan Varol, Doktorand im Fach Politikwissenschaften an der Universität Kassel.

Kutlu Yurtseven, Gründungsmitglied der Rapgruppe Microphone Mafia. Beteiligt an der Initiative »Herkesin Meydanı – Platz für Alle« in Köln, Ganztagskoordinator an einer Schule in Hilden.